कवि परम्परा

तुलसी से त्रिलोचन

ज्ञान गरिमा के

72 वर्ष

भारतीय

ज्ञानपीठ

कवि परम्परा

तुलसी से त्रिलोचन

प्रभाकर श्रोत्रिय

भारतीय ज्ञानपीठ

लोकोदय ग्रन्थमाला : ग्रन्थांक 832

ISBN 978-93-263-5156-0

कवि परम्परा : तुलसी से त्रिलोचन
(आलोचना)
प्रभाकर श्रोत्रिय

प्रकाशक : **भारतीय ज्ञानपीठ**
18, इन्स्टीट्यूशनल एरिया, लोदी रोड, नयी दिल्ली-110 003

मुद्रक : आर.के. ऑफसेट, दिल्ली

आवरण : ज्ञानपीठ कला प्रभाग

KAVI PARAMPARA : TULSI SE TRILOCHAN
(Criticism)
by Prabhakar Shrotriya

Published by
Bharatiya Jnanpith
18, Institutional Area, Lodi Road, New Delhi-110 003
Ph. : 011-24698417, 24626467; 23241619 (Daryaganj)
Mob. : 9350536020; e-mail : bjnanpith@gmail.com
sales@jnanpith.net; website : www.jnanpith.net

Fifth Edition : 2018
Price : Rs. 300

झुका हुआ बैठा हूँ
मोमबत्ती के सामने
और पूरी कर रहा हूँ वह कविता
जिसे लिखना शुरू किया था किसी पुराने कवि ने
शायद सदियों पहले
और देखता हूँ कि नीम अँधेरे में
मैंने यही तो किया है
कि हटा दिया है कोई हलन्त
हटा दी है कहीं बिन्दी
उलट दिया है कोई विशेषण
उड़ा दी है कोई तिथि
और तुर्रा यह—
कि मैंने कविता की है

—केदारनाथ सिंह

आशय

हिन्दी साहित्य का दरवाजा पहले तो सन्त और भक्त कवियों ने ही खटखटाया, इसीलिए मैंने सोचा कि एक लम्बी सरणि की काव्य-यात्रा का प्रारम्भ क्यों न इन्हीं कवियों से किया जाए। मंगलाचरण के लिए तुलसी से बड़ा कवि कौन ? न केवल हिन्दी में बल्कि विश्व साहित्य में भी ऐसा कौन है जो प्रबुद्ध जन से लगाकर लोक मन में यक्साँ बसता हो ? आगे बढ़ा तो कबीर, सूर, मीरा से एकदम अनूठी मुलाकातें हुईं। फिर नवजागरण के राष्ट्रीय, छायावादी और प्रगतिवादी कवि नयी ठनगन में मिले, फिर तो नयी कविता के भी कई अग्रणी कवि बहस में उतर आये;—ऐसे भी जिन्हें हिन्दी साहित्य के 'मुग़लिया' में आम तौर पर 'आउट साइडर' माना गया। वैसे अपनी रुचि अक्सर ऐसे 'आउट साइडरों' में ज्यादा रही, जिन्हें वृत्त के कवियों से अधिक मान मिलना था और जिन्होंने अपनी स्वाधीन, स्वाभिमानी और व्यापक संवेदना से हिन्दी साहित्य के मन और रूप दोनों का मान बढ़ाया। यह सूची लम्बी है पर थामने वाले ये हाथ छोटे हैं।

हिन्दी का चरित्र दरबारी नहीं है, यह उस आदमी की जमीन है जिसे कविता की सबसे ज्यादा जरूरत है; जो चौपालों, उत्सवों, बात-बात में कविता से बड़ा सहारा पाता है। अगर उसे कविता सहजता से नहीं मिलती तो वह उधर से मुँह फेर लेता है। अपनी भाषा और जन का रंगारंग स्वभाव न समझने वाले लोगों ने आज कविता की जो 'हदें' खींच दी हैं, उन्हें इस 'बेहद' आदमी की चिंता भी करनी चाहिए। कविता को आपस का मामला बनाकर कब तक ज़िंदा रखेंगे आप ?

कोई पूछ सकता है कि आज वक्त जब इतना बदल गया है कि दस-पाँच साल पहले तक का समय पुराना मालूम होता है, तब 600 वर्ष या उससे पहले के कवियों से बात शुरू कर के तीन-चार दशक पहले तक के कवियों पर

आलोचना को ठहरा देना क्या पाठक की वजह से हुआ है ? तो में कहूँगा हाँ—किसी हद तक; क्योंकि लोक नया तो है पर ऐसा नया नहीं कि लगाव न हो उसका किसी पुराने के साथ। बस करना है उसे पुराने में से नये 'सौन्दर्य और चमक' की शिद्दत से तलाश—बशर्ते उसमें गुंजायश हो। लोक-मर्मी कवि भवानी प्रसाद मिश्र की ज़बानी सुनें :

पुराना और कठोर जैसे स्फटिक
हर चोट पर
फेंकता है नयी से नयी चिनगारी
ऐसी जलाने और सुलगाने के गुण और चमक में
और सौन्दर्य में पुरानी आदिम चिनगारी की तरह
फिंकना चाहिए अर्थ
पुराने से पुराने शब्दों में से
नये सन्दर्भों में।
मेरा आज का मन
नया संदर्भ है
मगर ऐसा भी नया नहीं कि लगाव न हो उसका
किसी पुराने के साथ
लगाव के बिना कुछ भी नहीं रह सकता।

ज्यादा नहीं कहना, इस समय मेरे सामने मुद्दा यह है कि अगर नया पाठक इस पुस्तक को पढ़े तो उसे ऐसा लगे कि किसी बहुत पुराने बुरांस के पेड़ में से कोई नया सुर्ख फूल उग आया है।

इस सरणि में बहुत से कवि छूट गये हैं और कुछ समूचे युग ही। परन्तु यह इतिहास नहीं है, एक चयन है और वह भी अधूरा, क्योंकि जो यहाँ नहीं हैं, वे मन में हैं, आगे कभी आएँगे वे।

वैसे इस तृष्णा का कोई अन्त नहीं। फिर भवानी भाई याद आते हैं :

'...लिखना भी ऐसा है जैसे।
बादल बरसे मन सूखा रह जाए।'

—प्रभाकर श्रोत्रिय

अनुक्रम

तुलसीदास

ध्यान से सुनना, सदियाँ बोल रही हैं

बीसवीं सदी के बेजोड़ उर्दू शायर, माहिरेनक्क़ीद और अंग्रेजी के प्रोफेसर जनाब फ़िराक़ गोरखपुरी की जन्मशती पर 'वागर्थ' में कुछ विशेष सामग्री देनी थी। हमने अपने अज़ीज़ और अज़ीमुश्शान दोस्त रेवतीलाल शाह से इसमें मदद की गुज़ारिश की। (काश, वे हमारे बीच होते!) मर्हूम शाह साहब उर्दू, अरबी, फारसी शायरी के आलिम और हक़ीकतआश्ना थे। हज़ारों शेर उनकी ज़बान पर मचलते रहते थे और उनकी तफ़्सीर भी माशाअल्ला दिलोजान में उतर जाती थी। 'वागर्थ' के इस अंक में कुछ बेहतरीन रचनाओं के साथ शाह साहब का भी एक संज़ीदा मगर दिलकश लेख था। उनका उन्वान था—'हाँ, ध्यान से सुनना, सदी बोल रही है।' यह फ़िराक़ साहब का ही मिस्रा था। फ़िराक़ साहब के बारे में मशहूर था कि वे मुँहफट और तनक़िएताम थे, इसपर वे हिन्दी कवियों को कुछ समझते न थे। लेकिन शाह साहब ने अपने लेख में हिन्दी के ललित निबन्धकार उमाकान्त मालवीय द्वारा फ़िराक़ साहब से लिए एक मुसाहिबे (साक्षात्कार) का हवाला दिया है। यह फ़िराक़ साहब जैसे नक्क़ाद और तुर्शज़बान इन्सान को देखते हुए चौंकाता है :

> 'स्व. उमाकान्त मालवीय के एक साक्षात्कार में इस प्रश्न पर कि "आप इतनी भाषाओं के काव्य से परिचित हैं, किसी एक कवि का नाम आपकी ज़बान पर आएगा तो किसका आएगा।" उत्तर था—"तुलसीदास का और किसका?" आगे पूछा गया—"आपको लगता है कि आप उनके सहयात्री हैं?" किंचित उत्तेजित होकर फ़िराक साहब ने उत्तर दिया—"क्या मूर्खतापूर्ण बात करते हो मैं सूर, तुलसी, कबीर और मीरा के करोड़ मील दूर तक ग़ालिब, इकबाल और टैगोर को नहीं मानता, तो मेरी बिसात ही क्या है?"

खुद शाह साहब ने एक बार फ़िराक़ से तुलसी के बारे में उनकी राय जानना चाही थी, तो कहने लगे :

> *"मियाँ, एक लाख फ़िराक़ मिलकर भी तुलसी का मुकाबला नहीं कर सकते। तुलसी की कविता जब कान में पड़ती है तो ऐसा लगता है कि एक-एक शब्द के साथ कान में अमृत टपक रहा हो।"*

(वागर्थ, जुलाई, 1997)

फ़िराक़ साहब को तुलसी में ऐसा क्या मिल गया था जो अंग्रेजी, उर्दू या दूसरी ज़बानों के साहित्य में न था? यह अमृत न सिर्फ भक्ति का हो सकता है, न दर्शन का, न भावना का, न ज्ञान का, न कथा, न शिल्प, न चरित्र; न सिर्फ आदर्श का। यह महाकवि द्वारा जीवन को समग्रता से आत्मसात करने पर उसके मन्थन से निकला है, तभी तो एक-एक शब्द से टपकता है। मन्थन से निकला विष शायद स्वयं पी लिया गया है तभी न दुनिया में अपने बारे में ज़हर फैलाने वालों को ऐसी बेखौफ चुनौती दी गयी है :

'धूत कहौ, अवधूत कहौ, राजपूत कहौ, जुलहा कहौ कोऊ।
काहू की बेटी सों बेटा न ब्याहब, काहू की जात बिगार न सोऊ॥
तुलसी सरनाम गुलाम है राम को, जाको रुचे सो कहै कछु कोऊ।
माँगि के खैबो, मसीत सोइबो, लैबे को एक न दैबे को दोऊ॥'

ताहम कुछ तंग दिल-दिमाग के लोग आज भी तुलसी को ब्राह्मणवादी करार देते हैं और यह नज़रअन्दाज़ कर देते हैं कि स्वयं तुलसी को ब्राह्मणों से कितना विरोध सहना पड़ा। इसका पता गोसाईं जी के शिष्य रघुवर दास जी द्वारा लिखित 'तुलसी चरित' और बाबा वेणीमाधवदास कृत 'गोसाईं चरित' से चलता है। इसका अर्थ है कि वर्णाश्रम धर्म और ब्राह्मणों का महत्त्व बखानते हुए भी तुलसी में ऐसा जरूर था जो कहीं न कहीं उनके मूल हितों पर प्रहर करता था और सामाजिक विसंगति में हस्तक्षेप करता था। घमण्डी परशुराम पर लक्ष्मण क्या तीर साधते हैं —'द्विज देवता घरहिं के बाढ़े' स्वयं राम के व्यक्तित्व और आचरण में ही ऐसा कुछ था, जो तत्कालीन उच्चवर्ण के अनुकूल नहीं बैठता था। गरीबों, दलितों के प्रति नीच बर्ताव, घृणा, विलासिता जैसे उच्चवर्गीय गुण उनमें कहाँ थे? बहरहाल तुलसी साफ कहते हैं—"मेरे जाति-पाँति न चहूँ काहू की

जाति-पाँति'' फिर भी यह तो दुनिया है—'साधु कहैं महासाधु, खल कहैं महाखल।' खैर, अपना ब्राह्मण, ठाकुर, महार, शिया, सुन्नी अपने खीसे में लिये घूमनेवाले, परंपरा तथा इतिहास के दौरों को न समझने वाले और सर्जनात्मक अंतर्सत्य से अनजान लोग तुलसी को क्या समझेंगे—एक फ़कीर को, जो संसार भर को मंगल बाँटने चला था, शब्द, छंद वगैरह की भभूत लेकर :

'वर्णानां अर्थसंघानाम् रसानां छन्दसामपि।
मंगलानां च कर्तारौ वंदे वाणी विनायकौ॥'

उसे क्या मतलब था ऐसे दमघोटू मतवाद और जातिवाद से? उसे तो उस कविता तक का अभिमान नहीं था, जिसे फ़िराक़ साहब जैसे अदीब दुनिया के सरगमाथे पर रखते थे : 'कवित बिबेक एक नहिं मोरे। सत्य कहहुँ लिखि कागद कोरे॥'

उसका 'भूमंडलीकरण' कोई घृणा, स्वार्थ और शस्त्र का व्यापार नहीं था। उसकी कविता तो गंगा मैया की तरह 'सब कँह हित' में लगी थी। वह आद्यंत मनुष्य के साथ खड़ा था, उसके सुख-दुःख, हारी-बीमारी, उछाह-उमंग, उत्थान-पतन, घर-वन में—हर जगह, हर वक्त छाया की तरह। किसी निपट ग्रामीण से भी आप 'का बरखा जब कृषी सुखाने' सुन सकते हैं या किसी दुष्ट से सताए आदमी से 'खल सन कलह न भल नहिं प्रीती' जैसे उद्‌गार, कोई अस्तिक सहज ही कह देता है— 'हानि-लाभ जीवन मरण जस-अपजस विधि हाथ'। ऐसे जन-व्यापी, जन-रक्षक, जन-रंजक जनता को प्रेरणा और सहारा देनेवाले कवि कितने हैं? शायद फ़िराक ही बताएँ—'जोई बांध्यो सोई छोरै' (तुलसी)।

तुलसी को लोग समाज-सुधारक, परंपरा-पोषक, भक्त, कवि, ज्ञानी जैसे कई टुकड़ों में अलग-अलग देखते हैं। क्या वे बता सकते हैं कि जिस शहद का आस्वाद वे लेते हैं, उसके किस कण में कौन से पुष्प, फल, वृंत, पत्र का रस है? मधुमक्खी ने स्वरस में मिलाकर उसकी तासीर और रसायन बदल दिया है और विभिन्न संग्रहण को एक समग्र रस-सत्ता दी है; और इसमें 'कटु' भी शामिल है। हिस्सों में देखेंगे तो तुलसी नजर ही नहीं आएँगे। उनके व्यक्तित्व और सृजन में समग्र एकात्मता है, न कि विखंडित पाखंड।

कोई कवि कितना ही बड़ा हो, वह दोष रहित नहीं होता। विधाता तक

का 'प्रपंच' गुण-दोषों से मिलकर बना है। तुलसी के राम स्वयं कहते हैं— 'सगुन खीरु अवगुन जल ताता। मिलइ रचइ परपंचु बिधाता॥' तुलसी में दोष होंगे और यह भी सच है कि उनकी कुछ बातें हमारे समय और मानसिकता से नहीं मिलती हैं। परन्तु एक प्राचीन कवि को समकालीनता में पहचानने के लिए हमें एक ओर तो उसे समग्रता में देखना होता है और दूसरी ओर इतिहास तथा परंपरा के तत्कालीन हस्तक्षेप की दृष्टि से उसकी क्रांतदर्शिता आँकनी होती है। क्योंकि मानव-सभ्यता के विकास में सामयिक सीमाओं के ऐसे ही अतिक्रमणों और हस्तक्षेपों की बड़ी भूमिका है।

तुलसी का युग सामंती-युग था। मुगलों का शासन था, जिसके बारे में 'निराला' ने 'तुलसीदास' में लिखा है कि भारत का सांस्कृतिक सूर्य अस्त हो चुका था, चारों ओर अँधेरा छाया था। आगे एक रूपक में वे कहते हैं :

'मोगल-दल बल के जलद-यान
दर्पित-पद उन्मद-नद पठान
हैं बहा रहे दिग्देश ज्ञान शर खर तर;
छाया ऊपर घन अंधकार
टूटता वज्र दह दुर्निवार
नीचे प्लावन की प्रलय धार, ध्वनि हर हर।'

संध्याकाल है, मुगल-सेनारूपी बादल भयंकर वर्षा कर रहे हैं। उन्मत्त पठान दुर्निवार नद हैं। देशकाल का ज्ञान तिरोहित हो चुका है। चारों ओर केवल प्राणों को हरनेवाली हर-हर ध्वनि सुनाई पड़ती है। यह तुलसी का देश-काल है! इसे निराला ने जातीय या साम्प्रदायिक अर्थ में नहीं, सत्ता उन्माद और आक्रामकता में परिभाषित किया है। इस घनांधकार में प्रकाश के उदय-सा एक कवि का उद्भव सहसा उस कविता की याद दिला देता है जो पाब्लो नेरुदा ने पॉल रॉब्सन पर लिखी थी :

हमें जकड़ने के लिए जब बढ़ रहा था अँधेरा
धरती के भीतर बढ़ रही थी जड़ें
अन्धे पेड़ लड़ रहे थे
रोशनी के लिए
सूरज थर्रा उठा था

जल गूँगा हो गया था
और जानवर
धीरे-धीरे बदल रहे थे अपना आकार
धीरे-धीरे बना रहे थे स्वयं को वे
जल और वायु के अनुकूल
तभी से
तुम हमेशा आवाज़ रहे मनुष्य की
आकार लेती धरती का गीत रहे
प्रकृति की गति रहे और लहर का संगीत रहे।'

तुलसी ने जो कथाधार चुना था वह साहित्य, परंपरा और लोक में सुपरिचित था, फिर भी इतने हाथों, मुखों और अवधारणाओं से चलकर आया था कि उसे अपने लिए सुनियोजित और सुपरिभाषित करना तुलसी को जरूरी लगा, क्योंकि उन्हें मात्र भक्ति, प्रेम, सौन्दर्य और लीला के लिए नहीं, देश-समाज-काल के भले के लिए लिखना था। तुलसी ने इस कथा-सरिता के अनेक घाट बाँधे, सोपान बनाए, संगम रचे, वीचियों में खेलते जलचरों, नभचरों के कोलाहल का समा बाँधा। क्योंकि इसे संसार के कल्याण के लिए भाँति-भाँति के मत-मतांतरों और मानवीय स्थितियों के बीचोबीच बहना था। उन्होंने अपने काव्य में निगमागम और लोक-संपदा का भरपूर समावेश किया।...अब वे अकेले नहीं रहे। उनके साथ लोक और वेद की परंपरा, संचित ज्ञान और समय-बोध था। उन्हें सबको साथ लेकर चलना था। यह एक महान लक्ष्य था। उन्हें अँधेरे का नद पार करना था। लोक के भीतर आस्था-विश्वास-उछाह जगाना था। बाहर से भीतर तक फैले अँधेरों को उजाले में बदलना था। इसमें भक्ति बड़ा सहारा थी और कवि के लिए सर्जना का प्रतीक भी :

'राम नाम मनि दीप धरु जीह देहरी द्वार।
तुलसी भीतर बाहिरौ जो चाहसि उजियार॥'

सबको उजियार चाहिए क्योंकि अँधेरे किसी एक देश-काल में नहीं होते, हर देश-काल के अपने-अपने अँधेरे होते हैं; जिन्हें पार करने के लिए मनुष्य को साहस, आस्था और संकल्प की जरूरत होती है। इसी आस्था के सहारे 19वीं शती में भारत के गरीब-गुर्बे जब परदेसों में गिरमिटिया या मजूर बनकर

गए तो उनके पोटलीबंद असबाब में एक बहुमूल्य 'मणि-दीप' था—रामचरित-मानस का गुटका। घोर कष्ट का जीवन बिताने में यह पुस्तक उनका सम्बल बनी। इसी के सहारे उन्होंने अपने अँधेरे समुद्रों को पार किया, विपरीत स्थितियों में भी विश्व में अपनी जगह बनायी और जहाँ गये, उस देश को लहलहाने में अपनी मेहनत और हिम्मत से जुट गये। तुलसी की भक्ति; दूर तक देखने की क्षमता, आस्था, संघर्ष और नैतिक बल ने उनकी मदद की है। इसी के सहारे उन्होंने दलन, ध्वंस और आतंक के विरुद्ध सौजन्य, संघर्ष और विजय की अपनी काल-कथा रची, जो वहीं तक नहीं रह जाती, प्रवृत्ति के रूप में ढलकर युग-युग के प्रतिवाद का बल बनती है। संभवत: महात्मा गाँधी ने भी मानस से प्रेरणा लेकर इतनी बड़ी साम्राज्यवाहिनी के विरुद्ध भारत की निहत्थी जनता का युद्ध नियोजित किया था। उल्लेखनीय है कि गाँधी के आराध्य तुलसी के राम थे। ये राम मरते दम तक उनसे छूटे न थे। गोली लगने पर उन्होंने जो अन्तिम शब्द उच्चारा था, वह था—हा राम! यही उनका 'डाइंग स्टेटमेंट' था।

तुलसी का सृजन-युग भक्ति का था। यह भक्ति उत्तर से दक्षिण और पूरब से पश्चिम तक भाँति-भाँति के नाम-रूपों में फैली थी, जैसे वह युग की सामूहिक आश्यकता हो। तुलसी जैसे समाज-चेता कवि के लिए तो वह किसी हद तक समाज-सुधार का माध्यम और कविता की राजनीति भी थी। जैसे जायसी ने 'पद्मावत' के अन्त में दार्शनिक प्रतीकीकरण और प्रयोजन का संकेत दिया वैसा ही संकेत 'मानस' के उत्तरकांड में तुलसी ने दिया कि उनका प्रयोजन केवल धार्मिक नहीं है, वह सामाजिक, राजनीतिक और मानवीय है। जब वे कहते हैं: 'जासु राज प्रिय, प्रजा दुखारी, सो नृप अवसि नरक अधिकारी', तो इसका सम्बन्ध रामराज्य से नहीं है, क्योंकि वहाँ तो सब सुखी, रोग-शोक मुक्त थे। यह कथन तत्कालीन राजशाही के लिए है। (और आज भी प्रजातंत्र को इसकी ज़रूरत है।)जब तुलसी को विभिन्न क्षेत्रों के समकालीन मुखिया 'पेट' की तरह दिखे होंगे, तभी न उन्हें कथा के बीच में भरत को उपदेश देते हुए, राम के द्वारा कहलाना पड़ा होगा कि मुखिया मुख जैसा होना चाहिए :

'मुखिया मुख सो चाहिए खान-पान
कहुँ एक।
पालइ पोषइ सकल अँग तुलसी सहित
बिबेक॥'

भरत के लिए यह कथन औपचारिक था और शायद अनावश्यक भी। परन्तु कवि को समकालीन प्रधानों, राजाओं, बादशाहों को एक शिक्षा देनी थी। इसलिए त्याग की पराकाष्ठा भरत को राम द्वारा ऐसा उपदेश देते हुए तुलसी को औचित्य की सीमा लाँघनी पड़ी। वैभव और विलास में डूबे तत्कालीन बादशाहों, राजाओं के लिए ही नहीं] आज के स्वार्थी और जननिरपेक्ष नेताओं के निर्देश के लिए भी तुलसी के पास राम का यह संवेदन एक प्रमाण है :

मनि मानिक महँगे किये, सहँजे
तृन, जल, नाज।
तुलसी ऐसे मानिए राम गरीब
नेवाज ॥

आज जब जानवरों के लिए चरागाह खत्म हो रहे हैं, पानी मोल में बिक रहा है, अनाज महँगाई की रोज नयी सीमा छू रहा है, यहाँ तक कि गाँधी का 'नमक' तक शक्कर के भाव है, तब तुलसी के राम की सरकार में हमें अपनी सरकार और सत्ता का कौन-सा चेहरा दिखता है जो 'अन्तिम आदमी' की चिन्ता में मुटा रही है ? यही चीज है जो तुलसी को आज का और आगामी कल का भी कवि बनाती है।

अब इस रचना-विधान पर ग़ौर करें। हम अन्तिम 'आदमी' की बात करते हैं, तुलसी सबसे पहले अन्तिम 'जीव' की बात करते हैं; जो अपनी भूखप्यास भी नहीं बोल सकता। इसलिए क्रम में सबसे पहले है—'तृण'—जानवरों के लिए, फिर 'जल' सबके लिए, अन्त में 'अनाज' जो प्राय: मनुष्य के लिए होता है। जब हम पूरी सृष्टि को अपने संवेद-वितान में रखते हैं तब हमारे भीतर वह भाव उदित होता है जो अपने परे जाता है। भारत की संस्कृति, इसके खेत-गाँव-पकृति इस तरह तुलसी में उतरे हैं, जो यहाँ से वहाँ तक हमारी चेतना को एक मानवीय दीक्षा देते हैं, कर्तव्य बताते हैं। क्या इनकी जरूरत सिर्फ कल थी,' या सिर्फ आज है ?

तुलसी सामाजिक-धार्मिक बिखरावों, कुकुरमुत्ते की तरह उगे पंथों, सम्प्रदायों और पाखंडों से खिन्न थे क्योंकि उनके द्वारा कई तरह के विघटन, भ्रम, संकीर्णताएँ, अंधविश्वास आदि फैल रहे थे :

'कलिमल ग्रसे धर्म सब लुप्त भए सद्ग्रंथ।
दंभिन्ह नज मति कल्पि करि प्रकट किए बहु पंथ॥'

वे समाज में सामंजस्य और सहिष्णुता चाहते थे, इसलिए धर्म में भी; जो समाज को दिशा देता है। तुलसी का 'निगम अनुशासन' कोई कठोर 'कोड ऑफ कंडक्ट' नहीं था, परंपरा से चले आते मूल्य और आदर्शों को वे अपने युग की कसौटी पर कसने पर विश्वास करते थे। कलियुग के वर्णन में उन्होंने जो दोष गिनाये, दरिद्रता और अकाल की जो स्थितियाँ बतायीं, सामाजिक विखण्डन और 'नहि जानत को तनुजा अनुजा' जैसे दुराचारों पर टिप्पणियाँ कीं, वह किसी जड़ निगमानुशासन के तहत नहीं हैं, वह एक सर्जक द्वारा अनेक तरह से अतीत और अपने वर्तमान के आड़ोलन से निकला भावी सामुदायिक जीवन का स्वस्थ प्रकल्प है। क्या इसकी आज जरूरत नहीं है?

उन्होंने जो कहा, वह किया भी। एक कवि और भक्त के रूप में वे संवेदना और शील का संगम थे। उन्होंने अपनी भक्ति में सबको अवकाश (space) देकर सबके लिए एक सर्जनात्मक संकेत दिया। मानस में राम द्वारा शिव की पूजा और शिव द्वारा राम की आराधना, झगड़नेवाले शैवों-वैष्णवों को परस्पर आदर सिखाती है। मानस के बालकाण्ड में ही उन्होंने अपना भक्ति-आग्रह छोड़कर यह स्थापना दे दी थी—'सगुनहिं अगुनहिं नहिं कछु भेदा।' जिसपर उत्तरकांड में फिर मुहर लगाई—'भगतिहि ज्ञानहिं नहि कछु भेदा। उभय हरहिं भव संभव खेदा॥' जाहिर है कि तुलसी ने दूसरे के मत का भी सम्मान किया और कौशल के साथ अपने मत का प्रतिपादन भी कर दिया। यही तुलसी की शैली है, दूसरों को स्पैस देने की और अपने लिए स्पैस लेने की। दोहावली में उन्होंने विलक्षण परा-प्रज्ञा से निर्गुण ब्रह्म और सगुण ईश्वर के बारे में जो कुछ कहा, उसकी कोई सानी न परंपरा में थी, न आज है। वे कहते हैं कि निर्गुण अंक हैं और सगुण उसका रूपांतर 'अक्षर' में है। दूसरे शब्दों में निर्गुण 'कोड' है और सगुण 'डिकोड' है। यह बात उन्होंने जैसे कम्प्यूटर सिद्धांत को सामने रखकर कही हो :

अंक अगुन आखर सगुन समुझिअ उभय प्रकार।
खोएँ राखें आपु भल तुलसी चारु बिचार॥ —(252)

यानी निर्गुण अंक (1,2,3) के समान है और सगुण अक्षर (एक, दो, तीन) के समान है। अब दोनों को समझें और सोचें कि किसे रखने में कल्याण या लौकिक सुविधा है—कोड को या डिकोड को? अपना भला-बुरा स्वयं सोचने की लोकतांत्रिक छूट उनके यहाँ है। वेद-पुराण की साक्षी वे इसीलिए देते हैं कि

अपने कथन में औरों का विश्वास जगा सकें (भले ही वे स्वयं उनके विचार हों।) आत्मनिरपेक्षता उनके यहाँ गजब की है—'इहाँ न पच्छपात कछु राखहुँ। बेद पुरान संत मत भाखउँ।' मानस के उत्तरकांड में वेदांत से लगाकर अन्य मतों का उन्होंने जैसे महासम्मेलन ही करा दिया है। 'गोसाईं चरित' के रचयिता बाबा वेणीमाधव दास ने एक जरा-सी पंक्ति में तुलसी के आविर्भाव का अभिप्राय विस्तार से बता दिया है—'मतवाद विवाद मिटावन को। सज्जन उर मोद बढ़ावन को॥' और यह सच है कि तुलसी ने विभिन्न संप्रदायों का मतभेद मिटाने की कोशिश की और कहा कि इन मतभेदों-विवादों से सज्जनों, सामाजिकों को बड़ा कष्ट होता है। यह है लोक या पाठक-मन की समझ।

वास्तव में धर्म-संप्रदाय आदि बहुत संवेदनशील होते हैं—अपनी उदारता से ये समाज को जोड़ते हैं और संकीर्णता से तोड़ते हैं। इनका मूल संबंध संवेगों और विश्वासों से होता है जो कर्मकाण्डों का रूप ले लेते हैं, जब ये ही प्रमुख हो उठते हैं और भेद-भाव का माध्यम बन जाते हैं, तब बाहरी भेद-भाव और टकराहटें उभरती हैं, जो अस्तित्व के संकट में बदल जाती हैं और 'आध्यामिक' विश्वास से आगे बढ़कर सामाजिक, राजनीतिक यहाँ तक कि आर्थिक जगत में फैलकर समाज को प्रदूषित कर देती हैं। इसलिए गोसाईंजी की अपील है कि मतभेद होने का मतलब मन-भेद होना नहीं है। सबके धर्म और विश्वास के पालन का वे सम्मान करते थे। इसीलिए उन्होंने इस्लाम धर्म पर टिप्पणी नहीं की, बल्कि 'यवन महिपाल' यानी बादशाह की इस बात के लिए आलोचना की कि उसकी राजनीति के चार खम्भों में से तीन खम्भे—साम, दाम और भेद—गायब हैं, वह केवल 'दण्ड' के सहारे राज करता है। अपने समय की राजनीतिक व्यवस्था, अत्याचार और पक्षपात से गोसाईंजी बहुत आहत थे, इसे उन्होंने बराबर रावण-पक्ष के जरिए और अन्यत्र प्रकट किया है। परन्तु संवेदित मुद्दों को वे हर जगह बहुत एहतियात से छूते हैं, क्योंकि उनका उद्देश्य समाज को सँजोना है, बिखेरना नहीं। वे उसे टूटने से बचाना चाहते हैं, पर बचाने के जोश में ऐसा मार्ग नहीं दिखाते, जो उसका और विनाश कर दे। वे उससे सदा ऊपर उठने का आह्वान करते हुए सृजन का सार्थक उपयोग करते हैं। फिर से पूछना चाहता हूँ कि उद्दण्डता और घमण्ड से सबकुछ का तिरस्कार करनेवाले आज के कुछ लेखकों के लिए क्या तुलसी सबक या सर्जनात्मक आचरण की साखी नहीं हैं?

जो कवि बेसहारों का सहारा बनता है, देश, काल और विचारों की खाइयाँ पाटता है, सुख में दुःख में, सच में स्वप्न में, हमेशा साथ रहता है, उससे बड़ा कवि कौन और उससे बड़ी कविता कौन?

बीसवीं शती के सबसे बड़े हिन्दी आलोचक आचार्य रामचंद्र शुक्ल तुलसी को एक ओर अपना लक्ष्य कवि बनाते हैं और कोई पाँच सौ वर्ष पूर्व रचित साहित्य के मूल्य-मान पर परंपरा और आधुनिकता का मूल्यांकन करते हैं, तो दूसरी ओर इस शती के सबसे बड़े मार्क्सवादी आलोचक रामविलास शर्मा तुलसी के काव्य-सौन्दर्य पर वृहत् ग्रंथ लिखते हैं। कथावाचक अपने रंग-ढंग में तुलसी को बाँचते हैं और चौपाल से चौपाटी तक उसपर चर्चा होती है। यह देखकर लगता है कि लोक और प्रबुद्ध जगत में एक-सा मान्य तुलसी जैसा कवि और उसका काव्य विश्व के साहित्येतिहास की अनोखी घटना है। और इसका रहस्य सिर्फ विलक्षण प्रतिभा में निहित नहीं होता, क्योंकि ऐसे रचनाकारों की दुनिया में क्या कमी? —इसका रहस्य उस उदात्त, उन्मुक्त, सर्वसमावेशी और जोखिमभरी उत्कटता में है जो मर्यादा के नाम पर रूढ़ियों को नहीं पोसती, जो मतवाद के नाम पर संकीर्णता को नहीं पालती, जो तलवार की धार पर चलती है और ऐसी भूमि पर अलख जगाती है जो किसी की नहीं और सबकी है। जैसे चौहद्दी मैदान में 'कबीरा' सोता है, वैसे ही तुलसी अपने राम का पुर उस चौरस्ते पर बनाता है जो न घर है और न वन है : 'तुलसी घर बन बीच में राम प्रेम पुर छात', यही मर्म है सर्वस्वीकृति का।

कृष्ण को भी जब गीता का ज्ञान देना हुआ तो उन्होंने दो युद्धोन्मत्त सेनाओं के बीचोबीच ('सेनयोरुभयोर्मध्ये') खड़े होकर दिया था। शायद दो भूमियों के बीच, दोनों ओर का जोखिम उठाते हुए कही एक निष्पक्ष, निश्छल वाणी ही इस लड़ताझगड़ती दुनिया को समन्वय की राह दिखा सकती है। गाँधी इसका आधुनिक प्रयोग नोआखाली की तलवारों के बीच धँसकर कर चुके हैं।

परंपरा से जो सर्जनात्मक ब्यौरे हमारे पास आते हैं; जो कथा, जो चरित्र आते हैं, वे ऐसे होते हैं जैसे उपग्रह से खींचा धरती का चित्र। वहाँ हमें अपना घर, शहर, देश नहीं दिखता, एक घूमती हरियाली, मैदान, समुद्र, पर्वत के आभास दिखते हैं यानी हमें एक वृहत्तर दुनिया का अहसास होता है; जिसमें कहीं हम, हमारा गाँव और हमारा देश भी है, और हाँ, अपना काँपता, थरथराता, युद्धरत समय भी। अतीत की बड़ी और गतिशील कविता हमारे समय का ऐसा ही

घूमता आईना होती है।

हमें लगता था कि तेजी से बदलने वाली 21वीं सदी में तुलसी अप्रासंगिक हो जाएँगे,पर इस भोग-प्रधान बाजार युग में तो वे और भी प्रसंगवान हो उठे हैं। वे भोग की जगह कर्म को केंद्र में रखते हैं—'करम प्रधान विस्ब रचि राखा।' भले ही यह या ऐसे अनेक अंश आध्यात्मिक अभिप्राय से लिखे गए हों (क्योंकि वह उस युग की और तुलसी की भी अभिव्यक्ति का माध्यम था) परन्तु वे अपने वृत्त-युग में रहते हुए भी रचना-समय के साक्षी हैं, साथ ही 'सामाजिक' के गतिशील पाठ-समय की माँग पूरी करते हैं। इसे हम अज्ञेय की 'असाध्य वीणा' के सहारे किसी हद तक समझ सकते हैं जहाँ केश कंबली की वीणा सुनते हुए हर व्यक्ति उसका अपने मन, कर्म और चेतना के अनुरूप आस्वाद ले रहा है; अपने-अपने बिम्ब बना रहा है, और ये सर्जनात्मक बिम्ब हैं। लेकिन इसके लिए केश कंबली जैसा वीणावादक चाहिए और तुलसी जैसा कवि जिसके हृदय के तार अपने सितार से ही नहीं, लोक-वीणा के तारों से जुड़े हों; यह लोक, दृश्य के परे दृश्यांतर और युगांतर में भी हो।

और अन्त में कवि की अग्नि-परीक्षा का एक संकेत :

आज हम गर्भवती सीता के निष्कासन को राम का सबसे अनुचित काम मानते हैं। यह प्रसंग जनकवि तुलसी को भी सदा बेधता रहा। इसीलिए राम के सम्पूर्ण चरित्र के गायन का संकल्प लेकर लिखे महाकाव्य में इस प्रसंग को उन्होंने स्थान नहीं दिया, क्योंकि राम के जिस आदर्श चरित्र को वे जनसामान्य के सम्मुख प्रस्तुत कर रहे थे, यह निर्मम प्रसंग उसके प्रतिकूल था। अवश्य ही इसे वे राम के शुभ्र चरित्र पर कलंक मानते होंगे। तभी आद्यंत कथा लिखने की प्रतिज्ञा उन्होंने खण्डित कर दी और स्वयं अपने अत्यंत सशक्त महाकाव्य का एक कमजोर अन्त कर दिया। अपनी आत्माहुति द्वारा राम जैसे बड़े व्यक्तित्व की आलोचना करने की यह विधि तुलसी जैसे बड़े कवि से ही संभव थी। अपने मुक्तक काव्य 'दोहावली' में तुलसी की यह पीड़ा किस कदर घनीभूत होकर उतरी है :

'वैरि बंधु निसिचर अधम, तज्यो न भरे कलंक।
झूठे अघ सिय परिहरी, तुलसी साईं निसंक॥'

एक बड़े सर्जक का काव्य-न्याय अपने अभिव्यक्ति चरित्र और लोक के बीच किस कदर चमकता है—जैसे अँधेरे बादल में बिजली की कौंध!

कबीरदास

तोड़ने और रचने की समझ

जब सृष्टि पल-पल बदलती है, एक क्षण का पर्यवसान दूसरे में होता है, तब 600 साल पहले का संत-कवि, जिसके काव्य में तत्कालीन स्थितियाँ, दबाव और चिंताएँ थीं, आज क्यों प्रासंगिक हुआ जा रहा है ?—संवेदना, सर्जनात्मकता, सत्य की खोज, अनुभूति की उदात्तता और विराट चेतना के कारण या वर्तमान परिस्थितियों और घटनाओं के कारण ? यदि कारण दूसरा है, जैसा कि बहसों में दिखाई देता है, तो क्या हम उसी मध्यकाल में लौट गए हैं, जहाँ कबीर थे और दोनों हाथ उठाकर चेता रहे थे—''जागत रहियो भाई !'' कवि की 'चेतावणी' और इतिहास के अनुभवों का क्या हुआ ? मानव-सभ्यता की अग्रगामी यात्रा क्या मुर्दा शब्दावली है ? क्या डबरे के पानी की तरह हम अब तक आवर्त में ही घूमते रहे ?

वही कठमुल्लई, पाखण्डवाद, बाह्याचार, मनुष्य के श्रम की अवमानना, रूढ़ियाँ, संकीर्णताएँ, फिरकापरस्ती, मंदिर-मसजिद-काबा-कैलास के झगड़े, झूठ का बोलबाला, वही हत्या और ज़िबह, बल्कि उससे ज्यादा। ऐसे में अपनी प्रासंगिकता कबीर को स्वयं ही उजागर करेगी—''जुगन जुगन समुझावत हारा। कही न मानत कोई रे !''

कवि की प्रासंगिकता की जड़ें तो अपने समय के बीचोबीच उसकी सजीव और सार्थक उपस्थिति में होती हैं। अगले युगों में तो वह कस्तूरी-मृग जैसी प्राणवान गंध-यात्रा करती है, क्योंकि इतिहास के प्रवाह में कविता की तात्कालिकता क्षरित होती जाती है और वह चिरंतन संवेदन, चेतना, मर्मस्पर्शी जीवन-दृष्टि, काव्य-गुणों आदि की अंत:सरणी में प्रवाहित होती रहती है, जिसे काल के विनाशकारी हाथ छू नहीं पाते। परन्तु क्या यह विडंबना नहीं कि आज हम स्थूल घटनाओं और स्थितियों की आवृत्तियों का प्रतिरोध करने के लिए कबीर को पुकार रहे हैं ! यहाँ प्रासंगिकता से अधिक चिंतनीय प्रसंग हो जाता है। ऐसे वक्त गुहार

लगाने से कबीर गौरवान्वित नहीं होते, बल्कि हमें अपनी ऐतिहासिक निष्फलता की ही याद दिलाते हैं और शायद यह याद ही 'आत्म-दण्ड' के रूप में हमारे बीच कबीर को अधिक प्रासंगिक बनाती है।

प्रासंगिकता का दूसरा पहलू भी शायद कबीर से ज्यादा हमारे समय से जुड़ा है जो आज भी कबीर के साथ लगभग वैसा ही व्यवहार कर रहा है, जैसा उनके युग में हुआ था। तब सच बोलने पर जो लोग उन्हें मारने दौड़ते थे, मर जाने पर शव के लिए भी झगड़े और झगड़ते हुए भी न जाना कि कबीर क्यों तो जिए और क्यों मरे ? वे न उनके साईं को समझे, न मर्म को, न सत्य को और न उनकी व्याकुलता को। उन्हें कबीर की क्षार हुई अस्थियाँ ही बाँटे में मिली थीं। और आज फिर वही! उन्हें मतवाद में, पंथवाद में बाँधने की कोशिशें! कोई उनकी सामाजिक-मानवीय चिंता को भूलकर कोरे धार्मिक सन्त की तरह उनकी पूजा-आरती उतार रहे हैं, तो कोई उनके आध्यात्मिक-दार्शनिक स्वरूप को नजरअंदाज कर उन्हें भौतिकवादी क्रांतिकारी और समाज-सुधारक घोषित कर अपना झण्डा और नजरिया उन्हें थमा रहे हैं यानी कबीर के बहाने अपने ही मतवादों की स्थापना में लगे हैं। अगर कबीर होते तो कहते —'अरे इन दोउन राह न पाई!'

कबीर के दो चेहरे नहीं थे, 'साँच ही कहत और साँच ही गहत हौं ' उनका सीधा-सच्चा, स्पष्ट मार्ग था। किस वक्त सच बोलना, कितना सच बोलना, किस वक्त चुप हो जाना, किसके आगे धर्म कहना, किसके आगे जगत या माया, कहाँ साहस दिखाना, कहाँ दुम दबाकर बैठ जाना—ऐसी भेद-बुद्धि कबीर में होती तो वे इतिहास की शिलाओं को फोड़कर हमारे बीच प्रकट नहीं हो सकते थे, क्योंकि ऐसे हिसाबी-किताबी लोग रोज मरते और रोज पैदा होते हैं। 'दो कबीर' या 'खण्डित कबीर' की अवधारणा सचमुच एक संश्लिष्ट कवि के साथ घटी त्रासदी है।

कबीर न तो चन्द आक्रामक लौकिक उक्तियों के प्रवक्ता हैं, न आत्म-मुक्ति की खोज में किसी कंदरा में अलख जगानेवाले जोगी, जती, संन्यासी। एक ओर उनका अध्यात्म इस भीड़-भरी दुनिया के बीच से गुजरता है और दूसरी ओर यह दुनिया उनके आध्यात्मिक आँवे से गुजरकर एक नया जीवनार्थ पाती है। कबीर आध्यात्मिक उमंग में जब गाते थे :

हमन है इश्क मस्ताना, हमन को होशियारी क्या।
रहे आजाद इस जग में, हमन दुनिया से यारी क्या ?

तो वे कहीं भीतर से दुनिया की 'होशियारी' और मनुष्य की 'पराधीनता' से विचलित भी होते थे।

इसमें कोई सन्देह नहीं कि कबीर की समाज-सुधारक और विद्रोही चेतना के केन्द्र में अध्यात्म है। (जो तब समय के केन्द्र में भी था।) कबीर जिस ज्ञान की आँधी की बात करते हैं, उसे भी कोई ऐहिक दर्शन और तर्क नहीं समझा सकता। वह भौतिकतावादियों का मुहावरा नहीं, एक संत का विस्फोट है, जिसकी परिणति आँधी के बाद बरसने वाला पानी है। 'आँधी पाछे जो जल बरसै तिहिं तेरा जन भींना।' यह आँधी और इसके बाद की बारिश मिलकर ही उस ज्ञान को सार्थक करती है जिससे मन के और शायद लोक के भी सारे अँधेरे छँट जाते हैं। कबीर क्यों जीवन-भर आँधी उठाते रहे, दिन-रात जूझनेवाला संग्राम लड़ते रहे? वे अंततः चाहते क्या थे? बारिश, प्रेम की बारिश!—यानी राग का विस्तार और उदात्तीकरण। वे अध्यात्म-रस को जीवन-रस में बदलकर सबसे बाँटकर पीना चाहते थे। उनका अधिकांश काव्य-सिद्धान्त-कथन या आत्म-संबोधन नहीं है—लोक-संबोधन है। वे कहीं साधू को संबोधित करते हैं, कहीं अवधूत को, कहीं भाई को, कहीं पाण्डे को, मुल्ला को, दरवेश को, जोगी को, माया को। ऐसा विराट संबोधन-काव्य पूरे हिन्दी साहित्य में दुर्लभ है और विशेष कि यह उपदेश-काव्य नहीं, उद्‌बोधन, आलोचना, आक्रमण, व्यंग्य और आत्मानुभूति से भरा है।

यह समझना मुश्किल है कि कबीर को तोड़ने-छाँटने की जरूरत क्यों पड़ी? कबीर का धर्म वह धर्म तो नहीं, जो बाँटता हो या अफीम पिलाकर सुलाता हो या संसार के सारे कर्म को त्यागकर निवृत्ति की ओर ले जाता हो। वे तो दो-टूक बात कहते हैं—'हाथ पाँव कर काम सब, चित्त निरंजन नालि।' (हाथ-पाँव से काम करो ओर मन में निरंजन को रखो) जीवन और अध्यात्म की ऐसी साझेदारी तो एक तरह से निठल्लों के 'धर्म' के विरुद्ध खड़ा 'प्रति-धर्म' है, जो अकेले की मुक्ति नहीं, जगत की मुक्ति चाहता है, अपना हक नहीं, मनुष्य का हक चाहता है। तभी तो वे सबकी कहते हैं—'मैं तो सबही की कहौं' इसलिए कबीर का धर्म अनायास ही समाज-सुधार और मनुष्यता का प्रतिमान बन जाता है। उनका सामाजिक कथ्य, उनका विद्रोह अध्यात्म में गुँथा हुआ है और विद्रोह में अध्यात्म यह ताना-बाना है। इसे अलग-अलग करने पर उनकी चादर ही तार-तार हो जाती है।

कबीर की सामाजिकता ने उनके अध्यात्म को एक विरल दृष्टि दी और उनके अध्यात्म ने उनके समाज को सबसे बड़ी वस्तु दी—निर्भयता—भय से मुक्ति, मनुष्य की स्वाधीनता एवं समानता के प्रति अविकल्प निष्ठा। धर्म के धरातल पर खड़े कबीर सबको इसीलिए निर्भय होने को कह सके कि वे स्वयं 'जनम-मरण' के भय से मुक्त हैं। संतत्त्व ने ही उन्हें 'साँचा सूरमा' बनाया, सत्यनिष्ठा दी, आत्म-त्याग, उदात्तता, प्रेम जैसे तत्त्व दिये जो धर्म से अधिक जीवन के काम के हैं। परन्तु उनकी लौकिकता को आध्यात्मिकता से विलग कर समझना एक तरह से उनके शक्ति-स्रोत और समष्टि-दर्शन को ही काट देना है। उन्हें अध्यात्म से जो मिला, वह जीवन ने पाया है और जीवन से जो मिला, उससे उनका अध्यात्म पुष्ट और सटीक हुआ है। उनकी अध्यात्मवाणी लोक तक जाती है और लोक से अध्यात्म की ओर लौटती है। इस तरह केन्द्र से परिधि और परिधि से केन्द्र की आवाजाही उनमें बनी रहती है।

कबीर अपनी अनुभूति और ज्ञान को जन-सामान्य तक पहुँचाना चाहते थे। ज्ञान को पण्डितों की तरह पेंच और गाँठ में नहीं रखते थे, बल्कि वे ऐसे ज्ञान से डरने की सलाह देते थे—'कहे कबीर वा सिष को डरिए, हिरदय गाँठ न खोलै।' उनकी सहज समाधि सामान्य जनता के लिए ही है, क्योंकि साधकों, सिद्धों के लिए तो 'समाधि' सहज ही होती है। वे लोगों को 'उरझावनहारी' बात नहीं, 'सुरझावनहारी' बात कहते थे। कथनी और करनी में उनके यहाँ कोई भेद नहीं है। इसलिए उनकी वाणी में विश्वसनीयता है। वह जनसामान्य में समझदारी, आत्मविश्वास और आत्मबल पैदा करती है।

अपनी सत्यनिष्ठा और निर्भयता के चलते ही काशी में रहते हुए भी वे धार्मिक मतवादों और पाखण्डों का विरोध कर सके। यह धर्म पर आक्रमण नहीं था क्योंकि वे तो स्वयं आस्तिक संत थे, उनका आक्रमण पाखण्डों, बाह्याचारों और फिरकापरस्ती पर था; जबकि धर्म के तमाम ठेकेदारों ने इन्हें ही 'धर्म' की सत्ता दे दी थी। इसलिए वे पाखण्डों पर आक्रमण को धर्म पर आक्रमण कहते थे और जनता द्वारा भी शायद यही समझा गया, क्योंकि भारत की जटिल सामाजिक संरचना में धर्म के साथ उलझे बाह्याचारों को उससे अलग करना बहुत मुश्किल है और ऐसी उत्तेजना को रोकना भी, जो बाह्याचारों पर आक्रमण को धर्म पर आक्रमण मान लेने से पैदा होती है, क्योंकि लोग यह नहीं समझ पाते कि धर्मों की प्रणालियाँ और प्रविधियाँ, जो कभी ईश्वर को पाने के लिए विकसित की

गयी थीं, जाने कब निर्जीव रूढ़ियों का रूप लेकर स्वयं इष्ट-प्राप्ति की बाधा और जनता को बाँधने, तोड़ने का काम करने लगती है।

कबीर का जोखिम बहुस्तरीय था। वे जिस मध्यकाल में हुए थे, उसमें बहुत से आन्तरिक विखण्डनों के बावजूद प्रमुख रूप से दो ही जातियाँ थीं, जिनके बीच ऐतिहासिक और तात्कालिक कारणों से भयानक वैमनस्य और अपने में अड़े रहने की ज़िद थी। इससे कई सामाजिक, नैतिक समस्याएँ उठ खड़ी हुई थीं। विद्वेष को समाप्त करने के दो ही उपाय उन्हें दीख रहे थे—एक तो दोनों को बाह्याचारों की व्यर्थता बताना और दूसरा, भीतर के अद्वैत से साक्षात्कार कराना। मर्म को न समझना और मिथ्या को सच का दर्जा देना उस युग की विडम्बना थी :

'हिन्दू कहे मोहि राम पियारा तुरुक कहे रहिमाना।
आपस में दोउ लरि लरि मूए मरम न काहू जाना॥'

लेकिन कबीर के लिए यह समझाना बहुत मुश्किल था—खासकर भीतर का अद्वैत दिखाने के लिए बाहर का कूड़ा-करकट हटाना, क्योंकि कबीर जन्म से जुड़ी किंवदंती के बावजूद, मुस्लिम जुलाहा परिवार के सदस्य थे—तो, मुसलमान होकर इस्लाम को ललकारना (जिसकी एक राजनीतिक सत्ता भी थी) और मुसलमान होकर पण्डितों, जोगियों और हिन्दू धर्म को काशी में ललकारना—दोनों पैर आरी पर रखकर चलने के समान था। लेकिन कबीर चल पड़े और ताजिन्दगी चलते रहे। वे सच्चे बागी थे जो साधारण घोड़े को नहीं, अड़ियल घोड़े को ही फेरा करते हैं : 'सु असली तुरंग कहा फेरे, अफरत फेरे सो बागी है।'

अपने बागी धर्म के निर्वाह के लिए कबीर इंकार की पराकाष्ठा पर पहुँच गए थे—'ना मैं हिन्दू ना मुस्लमान।' वे जातियों के बाहर और धार्मिक मतवादों से ऊपर खड़े हो गए—'पण्डित मुल्ला जो लिख दीया छाँड़ि चलै हम कछू न लीया।' नतीजन वे सब तरफ से कटकर अकेले रह गये थे—'चला अकेला संग न कोई।' उनका संग निभाता भी कौन? उनके प्रेम का घर खाला का घर तो था नहीं कि सीधे घुस गये, वहाँ सीस उतारकर धरती पर रखना और फिर घुसना था। लोग तो जीने के लिए साथ करते हैं, भला मरने के लिए संग कौन करेगा? मनुष्य की उदारता किस तरह उसे अकेला कर देती है, यह कबीर में देख सकते

हैं। पर उन्हें इसकी परवाह नहीं थी। वे ललकार उठे कि सच्चा ही सच्चे के साथ रहे तो बेहतर है, झूठे आएँ तो उन्हें मार भगाना ही ठीक है—'साँचे के संग साँच बसत है, झूठे मार हटाए।' यह ठसक जीवन-मरण के चक्कर में फँसे, ठगिनी माया की फाँस में कसे आदमी की नहीं हो सकती। उन्होंने बलि, हत्या, मन्दिर, मसजिद, बाँग, माला सबके खिलाफ तो कहा ही, उन योगियों को भी नहीं बख्शा जिनका प्रभाव उनकी धर्म-साधना पर था : कहते हैं—'मन न रँगाए रँगाए जोगी कपड़ा', और यहाँ तक कि :

'जंगल जाय जोगी धुनिया रमौले।
काम जराय जोगी होई गैल हिजरा॥'

कई जगह वे चार्वाकों की तरह तर्क देते हैं, परन्तु अन्त में एक आस्तिक सन्त के ही मुकाम पर पहुँचते हैं। यही उनमें और नास्तिकों, अनात्मवादियों और भौतिकवादियों में अन्तर है। देखें—

'नाँगे फिरे जोग जो होई, बन का मिरग मुकुति गया कोई।
मूँड मुड़ाए जो सिधि होई, सरगहिं भेड़ न पहुँची कोई॥
बिंदु राख जो तरिए भाई, तो खुसरै क्यूँ न परम गति पाई।'

लेकिन अन्त में कहते हैं कि ये वे ही लोग कहते हैं जिन्होंने 'आतम राम' नहीं चीन्हा : उन्हें भला सिद्धि कैसे मिल सकती है—'राम नाम बिनु को सिधि पाई।'

ऐसे कथनों को उनके अध्यात्म से काटकर पेश करना क्या उचित होगा? हम चाहें तो आध्यात्मिकता को अपने जीवन से खारिज कर दें, परन्तु कबीर के जीवन से उसे खारिज करने का हमें क्या अधिकार है?

यह ठीक है कि कवि को अपने समय में उपलब्ध करने का एक अर्थ कवि में से अपने कवि को चुनना होता है। आज के लोग इसे अपना 'उत्तर-आधुनिक' पाठ कहते हैं। परन्तु अपने कवि को चुनते हुए हम वे प्राणवाही शिराएँ नहीं काट सकते जिनके बिना कवि की जगह हमें उसका कंकाल मिलता हो और उसका मौलिक प्रयोजन या निष्पत्तियाँ विफल हो जाती हों।

सन्त और सुधारक के द्वन्द्व में या कबीर को लेकर छेड़ी गयी भाँति-भाँति की

बहसों में उनका कवित्व प्रायः अलक्षित रह गया, जो उन्हें हम तक लाने या साहित्यिक-बौद्धिक चर्चा में उन्हें शामिल करने का मुख्य आधार है। हैरत है कि साहित्य की परीक्षा में भी कबीर के काव्य-सौन्दर्य पर प्रायः प्रश्न नहीं पूछे जाते। यदि कहीं उनके कवित्व की विवेचना होती भी है, तो झरने, वन या अनगढ़ पहाड़ के सौन्दर्य की भूमिका पहले दी जाती है, मानो कवि के रूप में कबीर के मूल्यांकन में कोई छूट चाही गयी हो, जबकि कबीर जैसे विराट और अगाध कवि को ऐसी सहानुभूति या सहायता की कोई जरूरत नहीं है।

यह गौर करने की बात है कि सिर्फ सन्त-कवि होने के नाते ही कबीर इतने महत्त्वपूर्ण नहीं हैं, क्योंकि उनके युग में और उनके पहले भी अनेक सन्त-कवि हुए हैं। कबीर के कथ्य और उनके कथ्य में क्या भेद है? सभी निर्गुणपंथी हैं, सभी नाम-स्मरण, सद्गुरु, सत्संग, अनहद नाद, इड़ा, पिंगला, सुषुम्ना, समाधि की महत्ता बताते हैं, सभी पूजा-स्थलों, मूर्तिपूजा, पाखण्ड, बाह्याचारों, जाति-पाँति, ऊँच-नीच के विरोधी हैं, सभी माया को बन्धन मानते हैं, मुक्तिकामी हैं, साधक हैं, दलित हैं और छोटे-मोटे श्रम से परिवार पालते हैं, सब साधु-चरित्र हैं, सबकी भाषा पंचमेल है, सबने पद्य में अपनी बात कही है। यह भी असंभव नहीं कि कबीर से अधिक ज्ञानी, तत्त्ववेत्ता, साधक उस युग में रहे हों और कई तो पाखण्डों पर प्रहार करने में कबीर से भी अधिक कटु-कठोर हैं। फिर भी कबीर उनके बीच से उभरकर क्यों आये और लगभग पूरे भारत में इस कदर कैसे लोकप्रिय हुए? रवीन्द्रनाथ, लिंडा हेस, निनेल गफुरोवा या अली सरदार जाफरी ने उनके पद चुनकर अपनी-अपनी भाषाओं में अनूदित करना क्यों जरूरी समझा और कुमार गंधर्व जैसे गायकों ने अपने तड़प-भरे, आह्लादक और प्राण उड़ेलने वाले स्वर में उन्हें क्यों गाया? इसका कारण उनके संतत्त्व की विरलता की बजाय उनके कवित्व की विरलता में खोजना चाहिए। उनकी इसी सृजन-शक्ति ने उन्हें वर्तमान में भी प्रासंगिक बनाये रखने में सर्वाधिक भूमिका निभायी है।

काव्यत्व की दृष्टि से कबीर का कथ्य कितना चुनौती-भरा था, इसका अनुमान इसी से लगाया जा सकता है कि आचार्य शुक्ल दर्शन और रहस्य में कविता की संभावना से ही इनकार करते हैं। सन्तों में सबसे अधिक कबीर ने ही उनके दर्शन को सर्वाधिक लोक-व्याप्ति और लोक-दृष्टि दी। अलौकिक, अमूर्त वस्तु को लौकिक, मूर्त वस्तु में बदलने की अप्रतिम क्षमता कबीर में थी और कविता के लिए यह सबसे अधिक आवश्यक भी है, क्योंकि स्वयं कविता

लौकिक या ऐहिक वस्तु है। ऐहिक होकर ही वह ऐसी 'आँख' बनती है जो अपनी मर्मबेधिता से आर-पार देखती है और अपने छोटे-से पटल पर वे सारे दृश्य अंकित करती है जो पाठक की आँख में परावर्तित होते हैं।

पारदर्शिता आखिर कहते किसे हैं—जो प्रकाश के पीछे छिपे अँधेरे को या अँधेरे के पीछे छिपे प्रकाश को देख या दिखा सकती है। हम उनके निर्गुण-सगुण के झमेलों में ही उलझे रहते हैं, जबकि कबीर के राम, माधव, गोविंद, शिव, ब्रह्मा सबके तात्त्विक अर्थ सगुण न होने पर भी काव्यत्व की प्रतीति की दृष्टि से संमूर्तन हैं। 'शिव के भवन भवानी' कहते ही शिव और भवानी मूर्त होते हैं—उनके स्त्री-पुरुष रूप, उनके दाम्पत्य-सम्बन्ध, उनसे जुड़ी प्रतीतियाँ, फिर भले ही वे ब्रह्म और माया को प्रतीकीकृत करने के उद्देश्य से हों। स्वयं माया को भी कबीर ने इतने ढंगों से रूपायित किया, यहाँ तक कि उससे ठिठोली की है कि वह प्रतीक में अमूर्त होते हुए भी प्रतीति में मूर्त हो जाती है।

एक प्रसंग में वे माया से बातचीत करते हैं—'मेरी बहन (माया) तुम घर जाओ, तुम्हारी आँखें जहरीली हैं, मैंने अंजन रूप संसार छोड़कर 'निरंजन' अपना लिया है, मेरी किसी से लेना-देना नहीं है। मैं उसकी बलि जाता हूँ, जिसने तुम्हें भेजा है, हम दोनों तो भाई-बहन हैं।' तो माया कहती है, 'अरे, मेरी इस लाल तलवार (कटीली, रतनारी आँखों) को देखो, मैं स्वर्ग से उतरकर आयी (अपसरा) हूँ और तुम्हें पति बनाना चाहती हूँ।' तो कबीर पूछते हैं कि आपको वहाँ क्या तकलीफ थी जो यहाँ चली आयीं? अब इन पंक्तियों को देखिए—

'सरगलोक में क्या दुःख पड़िया, तुम आयीं कलि माँही।
णाति जुलाता नाम कबीरा अजहूँ पतीजौ नाहीं।
तहाँ जाहु जहँ पाट-पटंबर अगर चँदन घिस लीनां।
आइ हमारे कहा करौगी हमतौ जात कमीनाँ॥'

यह पूरा पद अत्यंत काव्यात्मक है। यहाँ कच्चे धागे से बँध जाना, पानी में आग लगाना, मालिक का लेखा माँगना, ईश्वर को मछेरा और खुद को मछली मानना, माँ और मौसी का एक होना जैसे कितने ही मुहावरे, कहावतें, उपमा, प्रतीक महीन और सघन कौशल में गुँथे हैं। एक पूरा विषम या वर्गभेदी संसार है; लोभ, आकांक्षा और रिझाने का तामझाम है।

कबीर की काव्यात्मकता के लिए अकसर कोमल और रागात्मक उदाहरण

दिए जाते हैं, लेकिन विकृतियों और बाह्याचारों के लिए फटकारते हुए भी उनका काव्य एक महीन कौशल से अनायास ही मर्म को छू लेता है। एक पद में वे मुल्ला से पूछते हैं कि मसजिद में तुम इतनी जोर से क्यों पुकारते हो, क्या तुम्हारा साहब बहरा है ? अरे, वह तो चींटी के पैर में बँधे नूपुर की आवाज भी सुन लेता है—'चींटी के पग नूपुर बाजै सो भी साहब सुनता है।' बाँग के बरक्स चींटी के पैर में नूपुर बजता सुनना किसी कवि के खुदा के लिए ही संभव है, कोरे संत के परमात्मा के लिए नहीं। ऐसा काव्यत्व कबीर के उन तमाम पदों और साखियों में है, जो अकसर धर्मपंथों के अलावा बाहर भी गायी जाती हैं। इससे लगता है कि कवित्व को न पहचाना जाए तो क्या हुआ, कविता का प्रभाव तो तब भी होता ही है। ठीक है कि कबीर में पुनरावृत्तियाँ, शुष्क, दार्शनिक पद भी बहुत हैं परन्तु एक रचनाकार की उत्कृष्टता, उत्कृष्ट रचनाओं से ही जानी जाती है—वे ही उसका मानक होती हैं।

यों सभी सन्त वाचिक परम्परा से आये थे, परन्तु विभिन्न भाषाओं के शब्दों का जितना सार्थक, धारदार, काव्यात्मक उपयोग कबीर ने किया है, जितना बतरस कबीर में है वैसा और उतना किसी सन्त-कवि में नहीं है। वे धिक्कारने, आक्रमण करने में ही नहीं, ठिठोली करने, व्यंग्य करने और मजाक उड़ाने में भी अव्वल थे—'आतम मारि, पखानहि पूजै इनमें बहुत गुमाना' जैसी पंक्तियाँ उपहास ही तो हैं। प्रेम, दया, अकेलापन, तृप्ति, समझाइश, खीजे—यानी उनमें इतनी अधिक भावदशाएँ, जीवन-वृत्ति, आत्मव्यंजक सम्बोधन, भाषा और शिल्प के अनूठे प्रयोग हैं, और काव्यवस्तु ही नहीं, अभिव्यंजना की इतनी लम्बी सरणी है, जन-साधारण के इतने जीवन सन्दर्भ, उपमा, प्रतीक, बिम्ब हैं कि एक पूरा काव्यशास्त्र तो सिर्फ कबीर की कविता से ही निकल सकता है और दुर्लभ।

सन्त कबीर की निर्मलता, निर्भयता, उदात्तता, निस्संगता, फक्कड़पन, कवि के ऐहिक अनुभव, पीड़ा, संवेदन-सब कुछ मिलकर उनकी कविता को जो विशिष्ट अर्थ और अनुभूति की सच्चाई देते हैं वह उनकी अद्वितीय धरोहर है। यह संकेत काफी होगा कि सन्त कवि जब सृजन की पराकाष्ठा पर पहुँचता है तो ऐहिक अनुभव भी उसी पराकाष्ठा में उसके साथ होते हैं। इसलिए अगर कोई कहे कि सन्त-कवि का समाज के पचड़ों से क्या लेना-देना, तो वह 'कवि' शब्द से अपनी नासमझी ही प्रकट करेगा। शून्यमहल पर कोई संत अकेला चढ़ सकता है, कवि तो वहाँ भी अपनी गृहस्थी के साथ ही चढ़ता है।

सबसे जटिल तो कबीर की वह रचना-प्रक्रिया या बुनावट है जो उनके काव्य में साँस की तरह चलती तो है, दिखाई नहीं देती। क्योंकि यह कविता ही नहीं, उनका जीवन भी है जो एक जटिल बुनावट की कहानी है। कहाँ जन्मे, कहाँ पले, कैसे समाज में, युग में रहे, कहाँ-कहाँ घूमे, कहाँ टूटे, कहाँ जुड़े, गृहस्थ रहते हुए भी वैरागी रहे, सांसारिक अर्थ में अपढ़ लेकिन कुलीनों, ज्ञानियों, पण्डितों के आगे खंभ ठोंककर खड़े—उनके जीवन का विचित्र ताना-बाना था, वे इसे गुनते रहे, बुनते रहे, वे सचमुच जुलाहा थे। उनका स्वभाव भी जुलाहा और कवि-कर्म भी जुलाहा-कर्म। वे क्या-क्या बीनते नहीं हैं, हरि नाम को बीनते हैं, उनकी सुरत का चरखा चलता ही रहता है। इतना ही नहीं, जो भी चीज उन्हें मिली, उसे ही बीनते रहे—चाहे भाषा हो, समय हो, समाज हो, धर्म-दर्शन हो, लोक-परलोक हो, जाति-पाँति हो, कुछ हो। परन्तु बीनते हुए पूरी सावधानी और सोद्देश्य कुशलता भी ताकि कोई गलती न हो। यही बुनावट तो है जो कबीर को बड़ा सन्त भी बनाती है और बड़ा कवि भी। यहाँ तक कि कबीर में जो खण्डन दिखाई देता है, वह भी भीतर-भीतर आत्माओं, आत्मा-परमात्मा या विभिन्न ईश्वरों के बीच अद्वैत बुनावट ही है। भिन्न-भिन्न धागों को एक कर, रंग-बिरंगी चदरिया बनाना, जिससे देह भी ढँकती हो और प्राण को ऊष्मा भी मिलती हो, साधारण बीनाई नहीं है। जीवन ने, जीवन-दर्शन ने, साधना ने पूरा संरजाम पक्का कर दिया था, तो ऐसा बुनना उनके लिए अनायास हो गया। कबीर का यह भेद इस मार्मिक पद में खुलता है—'धागा ज्यूँ टूटें त्यूँ जोरि', क्योंकि जुलाहा ही जानता है कि टूटते ही धागे को तुरन्त क्यों जोड़ना चाहिए, उसे सुलझाए रखना चाहिए, वरना गाँठ पड़ जाएगी, उसे माड़ी से मजबूत करना होता है।

इस पद को सांसारिक प्रेम की बुनावट और मजबूती के रूप में भी ले सकते हैं, यद्यपि यह एक आध्यात्मिक पद है ओर ईश्वर-प्रेम का व्यंजक है, परन्तु प्रेम किसी भी स्तर पर उपजे, वह एक मूल्य ही है जिसमें लौकिक-अलौकिक का भेद नहीं। इसी अर्थ में कबीर का काव्य अकसर दो स्तरों पर चलता है।

वर्तमान में दलित आन्दोलन के साथ कबीर को जोड़ा जाता है, जो एक हद तक सही है, परन्तु ऐसा करते हुए कबीर के प्रयोजन को भी ध्यान में रखना होगा। यह बिलकुल ठीक है कि कविता की रचना में प्रतिभा और साधना ही नहीं, जीवनानुभूति की भी बड़ी भूमिका होती है। ऐसी कविता अधिक सच्ची

और मार्मिक होती है। संयोगवश कबीर गरीब और दलित वर्ग के थे और जो सहानुभूति उच्च वर्ग का कवि संवेदन-विस्तार के माध्यम से दलितों या निम्नवर्गों को देता है (क्योंकि सच्चे कवि की संवेदना हमेशा दीन-हीन, दलित, पीड़ित के साथ ही होती है।) वह कबीर में आत्मानुभूति या जीवनानुभूति के स्तर पर है। अन्य सन्तों की स्थिति भी उनसे भिन्न नहीं थी, परन्तु कबीर की जीवनानुभूति और काव्यानुभूति में जो 'मणि-कांचन' योग है, वह उन्हें उच्चवर्गीय कवियों और अन्य सन्त कवियों से विरल बनाता है। उदाहरण के लिए कबीर जहाँ माया कहते हैं वहाँ उनके भीतर बराबर धनी वर्ग, सामंती तामझाम, विलासिता का एक समानांतर चित्र चलता है। ऊपर के उदाहरण में जब वे कहते हैं कि माया, तुम वहाँ जाओ, जहाँ पाट-पाटंबर हैं, अगर-चंदन है, हमारे पास क्या रखा है, हम तो जाति से ही कमीन हैं, नीच हैं और दरिद्र; तो स्पष्ट ही उनकी आँखों में माया की जगह अमीरी है। साथ ही दोनों का अन्तर भी सजग है।

यहीं रुककर कहना होगा कि दर्शन की 'माया' और दुनिया की 'माया' ने उनके भीतर एक भारी गड़बड़झाला भी किया है। ये दोनों उनके काव्य में 'स्त्री' में रूपांतरित हो गयीं, और इससे उनके काव्य में स्त्री का अत्यंत कुरुचिपूर्ण चित्र उभरा, जो उनकी संवेदना और विवेक दोनों पर प्रश्नचिन्ह लगाता है। मुझे लगता है कि उसके पीछे उनका दार्शनिक और लौकिक 'माया-बिम्ब' है, क्योंकि यह कबीर ही हैं जो स्त्री के प्रति विकृत धारणा को मूर्खता कहते हैं :

'नारी जननी जगत् की पाल पोष दे तोष।
मूरख राम बिसार कर ताहि लगावै दोष॥'

ऐसे कथनों से लगता है कि जब स्त्री को उन्होंने इन बिम्बों से अलग देखा होगा, तभी वे उसे स्त्री की सत्ता दे पाये होंगे।

उनके अन्य बिम्बों के पीछे भी दूसरे बिम्ब काम करते दिखाई देते हैं। मसलन जहाँ-जहाँ, हत्या, जिबह, बलि वगैरह का जिक्र आता है, वे बहुत उग्र हो जाते हैं, जैसे 'साधो पाण्डे निपुन कसाई' या 'घर में रोजा रखत हैं रात हनत हैं गाय...' आदि। ऐसे प्रसंगों के पीछे निम्न जाति के प्रति होनेवाली हिंसक क्रूरता और बीभत्स कृत्य के प्रति उनके आक्रोश को पढ़ा जा सकता है।

यहाँ यह भी नहीं भूलना चाहिए कि कबीर कवि के रूप में दीन-हीनों के कवच हैं। अपनी ओर से वे पाखण्डियों या भक्षकों को चाहे जितनी गाली दें,

कभी दलित को प्रत्याक्रमण के लिए नहीं उकसाते क्योंकि इसका नतीजा वे जानते हैं कि छुरी गर्दन पर पड़े या गर्दन छुरी पर, कटना गर्दन को ही है। इसलिए वे उसकी गर्दन को बचाने का उपाय करते हैं और छुरी के आगे अपनी छाती अड़ा देते हैं। उनके समझाने का तरीका देखिए :

'खूब खाँड है खीचड़ी, माँहि पड़े टुक लौन।
पेड़ा रोटी खाई कै गला कटावै कौन॥'

क्या यहाँ दलित व्यक्ति को छोटे-मोटे प्रलोभनों में न फँसने की सलाह प्रकारांतर से नहीं दी गयी है कि भाई, बकरे को जो खिलाया-पिलाया जाता है, वह उसे पुष्ट बनाने के लिए नहीं, खिलानेवाले की निगाह उसकी हत्या के बाद बढ़िया और अधिक मांस पर होती है। इससे तो अपनी शक्कर और 'टुक' नमक डली खिचड़ी ही अच्छी! उनका ऐसा ही एक अत्यंत मार्मिक पद है : 'हिरना, समझि बूझि बन चरना।' वे वन के अत्यंत निरीह, कोमल जीव के बहाने संसार के निरीह लोगों को सचेत, सावधान करते हैं इस हत्यारी दुनिया से। अन्यथा वह उसे मारकर खा जाएगी और उनके चमड़े को सिंहासन पर बिछाएगी। वे 'गो-धन' से लगाकर 'रत्न धन' तक को बेकार किस वास्ते बताते हैं ? इसलिए कि एक स्तर पर वे धनियों को धन की व्यर्थता का बोध कराते हैं और दूसरे स्तर पर इस व्यर्थता से गरीब को दूर रखते हैं। बार-बार धन को 'धूल' वे दोहरे प्रयोजन से कहते हैं। और फिर ऐसी पंक्तियाँ—'चींटी लै सक्कर चली हाथी के सिर धूरे'—गरीब के भीतर कितना आत्मविश्वास जगाती हैं और कहती हैं कि महाजनों को जीवन के सारे वैभव से क्या मिलता है, जबकि लघुजन को जो संतोष मिला है, वह धनवानों को भी दुर्लभ है।

वे धर्म के पाखंडी ठेकेदारों से ही नहीं, कुफेरों और सामंतों के पाखंडी (सामंतों के पाखण्ड) से भी नाराज थे, क्योंकि इसका परिणाम वे अपने जीवन में भोग रहे थे। वे तो भोगने के बावजूद उससे संत के रूप में ऊपर उठ गये थे, परन्तु एक कवि होकर वे समाज की भागीदारी से बच नहीं सकते थे। अध्यात्म की बानी में, जगत् की बेईमानी का स्पष्ट और आक्रामक चित्र इस पद में है : 'मन बनियाँ बनिज न छोड़ै...' इस पद का अन्त 'हरामी' से है। ऐसे दोहरे कथ्य की बुनावट कबीर ही कर सकते हैं। वे ही 'कमीना' का उत्तर 'हरामी' दे सकते हैं। आक्रमण भी उनके द्विअर्थक हैं—'जहाँ-जहाँ पाखंड, ठगी, बेईमानी हो वहाँ-वहाँ उनकी आँख में उँगली डालकर प्रत्यक्ष दिखाना और जो-जो उसके

शिकार हों उन्हें सचेत करना, और सिर्फ उपदेशपरक ढंग से नहीं, एक स्पष्ट सामाजिक चित्र खींचकर।'

कबीर जैसे जीवनमुक्त संत को यह विशेषता उनकी कविता ने दी है जो उनके व्यक्तित्व में अत्यंत प्रातिभ, दीप्त उर्जा में है। इसी ने उन्हें अपने समाज की समझ और विषमता समाप्त कर उसे प्रेम के परिवेश में ढालने की इच्छाशक्ति दी है। कबीर के काव्य में लोगों ने जो विरोधाभाव देखे हैं, वे भी उनके संत और कवि के अन्तस्सम्बन्धों के नजीते हैं, क्योंकि विषमता को समाप्त करने की उनकी जो संत दृष्टि थी, वह कवि से कहीं-कहीं यह माँग करती है कि सिर्फ विद्रोह न हो, विद्रोह का सकारात्मक सामाजिक परिणाम निकले। इसी सामंजस्य के लिए उनके काव्य में सगुण की उद्‌भाजना या उसके प्रतीकों का समावेश है, इसलिए जहाँ वे वेद और कुरान से पूरी तरह इनकार करते हैं वहीं यह भी कहते हैं — 'वेद कतेव कहो क्यों झूठा, झूठा जो न विचारै' (वेद, कुरान को झूठा क्यों कहते हो, झूठा वह हैं जो उनपर विचार नहीं करता।) इन पर सही ढंग से विचार करने की सलाह देते हैं। वे इस पीड़ा को जानते हुए भी कि 'निरधन आदर कोई न देई।' उसका शमन भी करते हैं—'निरधन सरधन दोनों भाई। प्रभु की कला न मेटी जाई।' यह वैचारिक अन्तर्विरोध नहीं, एक उत्तरदायी सामाजिक कवि का सृजन-विवेक है। समाज में समरसता स्थापित करने में कबीर की भूमिका को देखते हुए नाभादास का कबीर के बारे में यह कहना सटीक लगता है : 'पच्छताप नहिं बचन सबहिं के हित की भाखी।'

कबीर पर समग्रता से विचार करते हुए उनकी आध्यात्मिकता, कवित्व और विद्रोही चेतना को जोड़कर देखना इसलिए जरूरी है कि ये सब मिलकर एक ऐसे सामाजिक न्याय को जन्म देते हैं, जो द्वेष, घृणा, असहिष्णुता आदि को एक वर्ग से दूसरे वर्ग में स्थानांतरित नहीं करता, बल्कि सहिष्णुता, संयम, आत्मबोध और सत्याग्रह से स्थितियों को बदलने की कोशिश करता है। कदाचित् इसीलिए आज तक किसी कबीरपंथी या कबीरवंशी ने नकारात्मक या आतंकवादी हिंसक मनोवृत्ति का प्रमाण नहीं दिया। कबीर के साथ महात्मा गाँधी की संभवतः इसीलिए तुलना श्री पीतांबरदत्त बड़थ्वाल ने की है। उन्होंने एक लेख लिखा हैं—'कबीर और गाँधी।' गाँधी में भी कम विद्रोह नहीं है, परन्तु उन्होंने भी निर्भयता, संवेदना, संयम, अनुशासन, सत्याग्रह, प्रेम आदि के माध्यम से सामाजिक परिवर्तन की पहल की थी। कबीर की करुणा और विद्रोह गाँधी में किस तरह

प्रतिबिंबित होता है, इसका उदाहरण देते हुए बड्थ्वाल कहते हैं :

> *'गाँधी जब लंदन में गोलमेज कान्फ्रेंस में गरीबों पर भाषण दे रहे थे, तो लगता था कि उनके मुँह से कबीर बोल रहे हैं।'*

इन्हीं मानव–मूल्यों के लिए, ऐसी ही संवेदना, उदात्तता, करुणा, निर्भयता, आत्मविश्वास और सामंजस्य के लिए कबीर को समग्रता में पुकारने पर संभवतः आज की जटिल समस्याओं का कुछ समाधान मिले। क्योंकि सिर्फ धर्म और सिर्फ विद्रोह द्वारा हिंसा को संस्थागत रूप मिल जाने के दुष्परिणामों से हम आज खूब परिचित हो चुके हैं।

भीतर नैन बिसाल

अपनी बोली-बानी, रहन-सहन, आचार-विचार और मेल-मिलाप में भक्तियुग का कवि साधारण-जन जैसा था। भक्ति, कविता और लोक उसके भीतर हाथ में हाथ लिये चहलकदमी करते थे। जैसे शरीर के अवयव अलग-अलग नाम से पुकारे जाते हैं, पर भीतर रहनेवाली आत्मा एक होती है, वैसे ही ऊपर से सगुण-निर्गुण, राम-कृष्ण आदि थे पर भीतर वे अद्वैत थे। कबीर का निर्गुण कविता में सगुण बनकर आता था। (हरि मेरो पीव मैं हरि की बहुरिया/ कबीर कूता राम का मुतिया मेरो नाउँ...) तो तुलसी का सगुण, निर्गुण ब्रह्म की प्रतीति देता था (केशव कहि न जाइ का कहिए/ देखत तव रचना विचित्र अति समुझि मनहिमन रहिए/ शून्य भीति पर चित्र रंग नहिं तनु बिनु लिखा चितेर...)। मठाधीश युद्धरत थे, पर भक्त कवि के राम और शिव एक दूसरे के पूजक थे। कहते हैं, मीरा ने संकट में सलाह माँगी तो तुलसी ने लिखा—'जाके प्रिय न राम वैदेही/ तजिए ताहि कोटि वैरी सम जद्यपि परम सनेही।' क्या तुलसी मीरा की कृष्ण-प्रीति को नहीं जानते थे? क्या वे राम-भक्ति की तरफ उसे खींच रहे थे? नहीं, वे अपने आराध्य के बहाने उसे अपने आराध्य में डटे रहने की सलाह दे रहे थे। उनके लिए नाम-रूप सिर्फ निष्ठा का प्रतीक था। जायसी के सूफी-दर्शन में वेदांत, नाथ पंथ आदि की कैसी गोपन धारा बह रही है! और इधर सूर की गोपियाँ उद्धव से सगुण-निर्गुण या प्रीति और योग खेल रही हैं। वहाँ उपालंभ है, द्वेष या घृणा नहीं है। उपालंभ प्रेमाभिव्यक्ति का ही एक प्रकार है। सूर के कृष्ण और जायसी की पद्मिनी में क्या भेद है, दोनों परमात्म-स्वरूप हैं।

भारतीय लोक-मन में एक निश्छलता, खुलापन, सहिष्णुता है, अपने में मगन रहने की विशेषता है, अपनी विशिष्ट आस्था होते हुए भी वह हर मन्दिर और मज़ार के आगे सिर टेक देता है—भक्त कवि की अपनी-अपनी आस्था है,

पर दूसरे की आस्था के लिए भी वह नम और झुका हुआ है। क्योंकि वह भक्त कवि ही नहीं लोक-कवि है। उसमें से लोक-मानस झाँकता है। इस कथन में न अति है, न कल्पना—यदि अति या कल्पना है तो ऐसी दंतकथाओं में जिनमें भक्त कवियों को अविचल मतवादी की तरह पेश किया जाता है मानो वे मठाधीश हों। जैसे तुलसी के बारे में प्रचलित यह किंवदन्ती कि वे कृष्ण मन्दिर में गये, सिर नहीं झुकाया और कहा—'तुलसी मस्तक तब नमै धनुष बाण लो हाथ।' यह कपोल कल्पना या गपोड़ीपन है, क्योंकि ऐसा कवि क्या 'कृष्ण गीतावली' लिखता? 'पार्वती मंगल' लिखता?

सूरदास की कविता तक आने के लिए यह पृष्ठभूमि जरूरी थी, ताकि जिस लोक-मार्ग की यहाँ बात की जा रही है, उसके बीच में पड़नेवाले पुष्टिमार्ग, कर्मकाण्ड वगैरह को फिलहाल थोड़ा अलग रखकर हम सीधे सूर के भाव-जगत में प्रवेश कर सकें।

सूर ने बाल स्वभाव पाया था। ग्वाल-बालों के संग खेलते-झगड़ते कृष्ण उनके दोस्त थे। राधा और गोपियाँ कृष्ण से ज्यादा उनकी सखियाँ थीं। दूध, दही, मक्खन और मिट्टी से सने उनके सारे खेल सूर की जीवन-लीला थे। ब्रजभूमि, यमुना का किनारा, ब्रज की कुंज गलियाँ, मन्दिर की चौपाल उनके खेल के मैदान थे। अगर सूर की कविता में थोड़ी देर के लिए भक्ति को विराम दे दें तो लोक-जीवन बचता है और भक्तिसहित लोकजीवन का स्वाद लें तो वह प्रेम हो जाता है।—ऐसा अकुंठ, निर्मल और मुक्त प्रेम, जिसके संरक्षण में गोपियाँ घर-बार छोड़कर कृष्ण की बाँसुरी और माधुरी के पीछे पगलाई दौडा करती थीं। यह सब कृष्ण-भक्ति परम्परा में था, पर सूर ने इसे कविता की भूमि बनाया और संप्रदाय की बजाये इसमें गाढ़ा लोक-रंग भरा। इसलिए कि सूर में फक्कड़ प्रेमी का मन और गायकी थी।

सूरदास ने पुष्टिमार्गी भक्ति के 'अनुग्रह' की जगह प्रेम-गर्व को कविता के आसन पर बिठाया है—'लेवा-देई बराबर की है कौन रंक को भूप' जैसा अभिमान सूर की गोपियाँ या गोप ही प्रकट कर सकते थे। प्रेम की तीव्रता और वियोग की वेदना के भीतर जिस विचित्र संयम, अभिमान और ठसक का परिचय सूर की गोपियों ने दिया है, वह कोरी अनुग्रह-लालसा नहीं है। सूर के काव्य में

प्रकट निरीहता, दयनीयता, प्रार्थना और विगलन वास्तव में कटूक्ति, उपालंभ और प्रेमाभिमान का एक मुहावरा है जो तीर की तरह बेध देता है। गोपियाँ उद्धव के आगे मुजरिम या प्रार्थी की तरह नहीं गिड़गिड़ातीं, वकील की तरह जिरह करती हैं। प्रेम और कर्मण्यता के गर्वीले तनाव और अंत:सूत्रों से बुनी सूर की कविता उन्हें न केवल अन्य कृष्ण-भक्तों से अलग करती है बल्कि अपने पूर्ववर्ती विद्यापति और परवर्ती बिहारी की निपट शृंगारिक लालसा और समकालीन नन्द दास की निपट तार्किकता से भी अलग करती है—'ऊधो अब नहिं स्याम हमारे। मधुबन बसत बदलि से गे वे माधव मधुप तिहारे।' जैसी भाव प्रवण तीखी बात न तो शृंगारिक लालसा भर है, न सूखी तार्किकता; वह लोक की मेधा, प्रखरता, भावानुभूति और उपालंभ की अभिव्यक्ति है।

भक्ति की सीमा को लाँघकर सूर ने प्रेम की जिस गरिमा को स्थापित किया उससे प्रेम ही भक्ति और सामाजिक शील में बदल गया। गोपियों ने जब उद्धव से कहा था कि 'पाके चोर हृदय के कपटी तुम कारे और वोऊ' (तुम और 'वह' कृष्ण दोनों ही कलूटे; पक्के चोर और मन के कपटी हो।), तो दरअसल उन्होंने कपट नेह और उपदेशात्मकता की भर्त्सना के बहाने कहा यह था कि प्रेम ही शील है, प्रेम ही मर्यादा है, प्रेम ही समस्त मूल्यों का प्रतिमान है। यह ठीक है कि भक्ति मार्ग की पारपंरिक धारणा के कारण यह अधिक संभव हुआ, परन्तु यहाँ एक सर्जक की भूमिका से भी इनकार नहीं किया जा सकता। तुलना के लिए हम तुलसी के आदर्श और आध्यात्मिकता के तनाव, प्रेममार्गियों के आध्यात्मिक प्रतीकीकरण और सिद्धान्तनिरूपण के उलझावों को ले सकते हैं जिनसे प्रेम और लीला को लौकिक और सहज मानने में रुकावटें आती हैं।

प्रेम की अनौपचारिकता और प्रेम-गर्व को सूर ने अपने भीतर जिया है। अपने पूरे काव्य में कहीं भी उन्होंने आराध्य से, उसकी सर्वशक्तिमानता का बखान करते हुए भी, अपने लिए आँखें नहीं माँगीं। गोपियों की अँखियाँ अगर 'हरिदरसन की भूखी' थीं तो क्या सूर की नहीं थीं? फिर वे अपनी भूख-प्यास कैसे बुझाते होंगे? क्या व्यक्तित्व के सबसे बड़े अभाव को कविता ऐसा भराव देती है? हम तो जरा-जरा-से कष्टों से व्यथित, व्याकुल और एकाकी हो जाते हैं और कुंठित अकेलेपन की एक फिलासॉफी ही खड़ी कर लेते हैं! पता नहीं सूर में कैसी महाप्राणता, कैसा आत्मविन्यास और कौन-सा अविरल अन्त-स्रोत होगा! अंग्रेजी के कवि मिल्टन भी अन्धे थे। पर उन्होंने तो अपने अन्धेपन के

लिए बहुत आँसू बहाए और दुनिया भर को कोसा है। लेकिन सूरदास न सिर्फ दयनीय नहीं हैं, उलटे रस से सराबोर हैं। वे अपने आराध्य को जैसे चुनौती देते हैं कि जो चीज तुमने नहीं दी, उसके बिना भी सौन्दर्यानुभूति को, आँखवालों से ज्यादा भरपूर, अंतर्दृष्टिसम्पन्न कवि (सूर) जीता है। उनके बारे में प्राणनाथ ने ठीक कहा है—'बाहर नैन विहीन सो, भीतर नैन बिसाल।' सौन्दर्य का ऐसा अप्रतिम और अविरल साक्षात्कार कोई अंधा कवि कर सका, यह कवि मात्र के लिए गर्व का विषय है। क्योंकि कवि में अंतर्दृष्टि का प्रमाण सूर से अधिक कहाँ मिलेगा, जिसके पास दृष्टि है ही नहीं, सिर्फ अंतर्दृष्टि है। सूर में एक दिलचस्प पंक्ति है, कृष्ण को लाये बिना खाली हाथ लौटै नंद से यशोदा कहती है — 'फूटि न गयी तुम्हारी चारों कैसे मारग सूझे' (हाँ, हाँ, तुम्हारी तो चारों आँखें फूट गयी हैं न कि कोई रास्ता या सूरत कैसे दिखती, कृष्ण को लाने की।) इन चार में दो आँखें भीतर की हैं। इन्हीं आँखों से सूर आँखवालों से ज्यादा देख सकते हैं। इसमें दिखानेवाले और देखनेवाले—दोनों का गर्व छिपा है—'जाकी कृपा पंगु गिरि लंघै अंधे को सब कछु दरसाई।', 'सब कछु' पर गौर करें। जो प्रभु आँख न दे सके उसे अंतर्दृष्टि के व्याज से 'सब कछु' दिखाने के लिए गौरव देना, एक स्तर पर भक्त को भगवान से बड़ा बनाता है। (यह एक तरह से मनुष्य की जीवट और गर्व की प्रतिष्ठा भी है।)

सूर का यह प्रेमाभिमान, सौन्दर्यबोध, समर्पण और पारदर्शिता उनके व्यक्तित्व और आत्मा से छनकर गोपियों के व्यक्तित्व और आत्मा में समा गये हैं। इसे ही पात्रों में रचनाकार का अन्त:प्रवेश कहते हैं।

सूर को लेकर निर्गुण-सगुण की बहुत बहसें हुईं, खासकर 'भ्रमर गीत' प्रसंग में। परन्तु निर्गुण मार्ग का विरोध करना न सूर के कवि का मुद्दा था, न भक्त का। आज कुछ लोग निर्गुण मार्ग में लोक-सामान्यता देखते हैं, लेकिन सूर ने लोक-सामान्यता में बाधा मानकर ही उसका त्याग किया था—'सब विधि अगम अगोचर ताते सूर सगुण लीला पद गावै'। सूर का मन प्रेम में डूबा था और योगमार्ग ज्ञान प्रधान था। प्रेम के अभाव में उन्होंने योगमार्ग को नामंजूर कर दिया था। हम यह भी कहें तो कोई हर्ज नहीं कि उन्होंने प्रेम में ही योग को रूपान्तिरित कर लिया था। उद्धव के योग-उपदेश के जवाब में गोपियाँ निर्व्याज सहजता से पूछती हैं कि 'उद्धव, इन तमाम गोपियों में तुम्हें कोई पटम्बर (रेशमी वस्त्र)पहने हुए या शृंगार किये हुए दिखती है? हम तो खुद जोगन हैं :

ऊधोजू जोग तबहि हम जान्यो।
जा दिन तें सुफलक सुत के (अक्रूर) संग रथ ब्रजनाथ पलान्यो।

X X X

तजि माया संसार सार की ब्रज बनितन ब्रत ठान्यो।
नयन मुँदे, मुख रहे मौन धरि, तन तप तेज सुखान्यो॥'

योगी भला और कहते किसे हैं! गोपियों ने 'प्रेम-योग-तप'की साधना की है। वे वियोग की समिधा में भक्ति-योग को प्रज्वलित करती हैं। इस तरह वे दुर्लभ अध्यात्म की सीढ़ी से उतरकर आम जनता में समा जाती हैं। प्रेम में योग की समाहिति सूर की भक्ति को विशिष्ट बनाती है। कृष्ण के देवत्व को सूर ने लौकिक रूप देने की कोशिश में उन प्रसंगों को विशेष उभारा है जो सामान्यजन से जुड़ते हैं। जैसे—सुरपति की पूजा भूलकर सारा ब्रज कृष्ण का अनुयायी हो जाता है क्योंकि उनकी कृपा से दूध-दही-अन्न पाता है। इस तरह कृष्ण लोक-सहायक हैं, लोक-सखा हैं। यह महज लीलावाली सख्य भक्ति नहीं है, इसके ठोस सामाजिक और आर्थिक कारण हैं। इस लोक 'तत्त्व पर बल देना सूर की भक्ति-भावना को सामाजिक अर्थ देता है। इसलिए यह कहना अनुचित न होगा कि सूर भक्तकवि के साथ जनकवि भी हैं।

मथुरा में राज्य करते हुए भी सूर के कृष्ण अपने सहज स्नेह और दुर्लभ ग्रामीणता से नहीं उबरते। गोपियों से मुँह की खाकर जब उद्धव मथुरा लौटे तो कृष्ण ने उनसे अपनी मनोव्यथा कही कि ब्रज की कितनी याद आती है। इससे प्रतीत होता है कि गोप-गोपियों से, माता-पिता और ब्रजभूमि से उनका जो लगाव है, वह जीवन की लोकभूमि है जिसपर उतरे बिना पूरा राजत्व और शालीनता भी गायब है।

ज़ाहिर है, सूर और उनके कृष्ण के भीतर लोक में शामिल होने की ललक है। यह बात हम रचना के कई स्तरों पर देख सकते हैं। जैसे भाषा को ही लें। लोकभाषा के भीतर संस्कृत और सांस्कृतिक प्रतीति उत्पन्न कर सूर ने उसे अभिज्न भाषिकी तक ऊपर उठाया। लोकभाषा की दिशा में यह वही काम है जो उन्होंने भक्ति की दिशा में किया है। उन्होंने अपने कृष्ण को और अपनी भाषा ब्रज को मार्मिक व्यंजनाओं, सौन्दर्यपरक उपादानों और काव्यात्मकता से इतना सम्पन्न कर दिया कि यह पूरा सरंजाम सांस्कृतिक लौकिकता के अनुष्ठान में

बदल गया। सम्पन्न जनभाषा के सहारे जन ऊपर उठा और जन के सहारे जनार्दन आपाद मस्तक सौन्दर्य से नहा गया।

अगर समग्रता से देखें तो यह साफ हो जाता है कि पूरा भक्ति-साहित्य लोक-साहित्य है, जन-साहित्य है। कृष्ण भक्ति-कविता भी भक्तियुग की इसी बहुलतावादी संस्कृति की सामूहिक सर्जना है। कितनी जाति के लोग इसमें शिरकत कर रहे थे?— जो परस्पर विजातीय और निम्न जाति-वर्ग के थे। रसखान और रहीम मुसलमान थे, कृष्णदास शूद्र थे और कुंभनदास, चतुर्भुजदास किसान थे, खुद खेती करते थे। यहाँ तक कि सूर की जाति भी निश्चयपूर्वक नहीं कही जा सकती। कुछ लोग जाट मानते हैं तो कुछ का कहना है कि कम से कम वे ब्राह्मण तो नहीं ही थे। जो हो, सूर में उच्च जाति का अभिमान रत्तीभर नहीं है, और सिर्फ यही बात किसी भी जाति में जन्म लेने के बावजूद उन्हें वर्गविहीन सिद्ध कर सकती है, क्योंकि जन्मतः कोई कुछ भी हो, मूल प्रश्न है कि वह अपने को कहाँ जोड़ता है और क्या आचरण करता है?

ऐसे में भक्तियुग को वर्ग विभाजित समाज के किसी खाते में डालना एक तरह से उन लोगों के खाते में डालना है, जो अपनी धारणा से भक्तिकाव्य को जोड़ते और धर्म का पृथक्करण करते रहे हैं। वस्तुस्थिति यह है कि भक्तकवि तमाम सामाजिक और राजकीय प्रलोभनों से मुक्त साधु-संत थे। उन्होंने स्वयं किसी वर्ग-विभाजन को सामने रखकर कविता नहीं की। यदि कुछ कवियों के भीतर उच्चवर्गीय संस्कार और गतानुगतिक सामाजिक और सांस्कृतिक धारणाएँ बनी हुई थीं तो भी उन्होंने उससे मुक्त होने की कोशिश की। संस्कारों की अभिभक्ति महत्त्व की नहीं है, महत्त्वपूर्ण है उनमें रहते हुए उनसे लड़ना तुलसी, जिन पर लोग तरह-तरह के लांछन लगाते हैं, वे 'मांगि के खाइबो, मसीत (मस्ज़िद) में सोइबो'— वर्ग से जुड़ते हैं। वे संस्कृत के पण्डित होते हुए भी लोकभाषा तक उतरते हैं। लोकभाषी द्वारा लोकभाषा में लिखने की अपेक्षा संस्कृतभाषी का लोकभाषा में लिखना किस कदर कायान्तरण है, इसे समझना और समझाना दोनों मुश्किल है, क्योंकि कुछ चीज़ें हैं, जो किये से ही समझी जा सकती हैं और समझायी तो जा ही नहीं सकतीं।

यह ठीक है कि कृष्णभक्ति जनता की अपनी निधि होने पर भी दूसरे स्तर पर कहीं ठाकुरजी के ठाठ-बाट और मन्दिरों की भव्यता से भी जुड़ी है जहाँ निम्न जाति के लिए मन्दिर प्रवेश की समस्या रही है। सूर और कृष्णभक्त कवि

यथासम्भव सहिष्णुता और प्रेम से सबको जोड़ते रहे परन्तु सम्प्रदाय, धर्म और मन्दिर उन्हें किसी हद तक अलगाते भी रहे। परन्तु इससे भक्तकवियों द्वारा बनाया वातावरण और मानसिकता का महत्त्व कम नहीं होता, क्योंकि आगे जाकर जातिविहीन समाज-रचना-क्रांति को इससे आंतरिक बल अवश्य मिला होगा। लगता है प्रेमचंद की 'रंगभूमि' के सूरदास में अगर गाँधी हैं तो कहीं सूरदास भी जरूर हैं।

पाँच सौ बरस की युवती

समय के जिस दौर में मीरा की जन्मपंचशती आयी है, वह स्मरण के कर्मकाण्ड में ही फँसी न रह जाए और मीरा को हम जीवित उपलब्ध कर सकें तो स्त्री-स्वाधीनता की सच्ची प्रतिनिधि को अपने बीच चलती-फिरती पाएँगे, और पाएँगे कि वह आधुनिक स्त्री से ज़्यादा आधुनिक और क्रांतिकारी है; स्त्री स्वाधीनता का एक समूचा दर्शन है; देश, काल, देह और मन पर रची जीवित चित्रशाला है।

सिर्फ विचार में नहीं, व्यवहार में मीरा समाज के अंतिम व्यक्ति से लगाकर पहले व्यक्ति तक के बंधन काटती है। समाज की अंतिम बंधक है स्त्री और पहली बंधक है राजरानी या भद्र स्त्री। इसलिए जब मीरा बंधन काटकर बाहर आती है —सड़क पर, तो एक साथ कई बंधन तड़ातड़ टूटते हैं—पहला अंत:पुर का, दूसरा घराने का, तीसरा वैभव का, चौथा समाज का, पाँचवा 'देश का, छठा काल का और सातवाँ विवाह का। —तब कहीं एक राजरानी की मुक्ति होती है।

मौखिक परंपरा से आये 'हरजस' के एक गीत में देखिए कि मीरा को संसार किस तरह सात फेरों में बाँधना चाहता है और मीरा उसके उलट, अपने फेरे लगाती है कि वे तो खुलते जाते हैं और आत्मा का सहचर उससे लिपटता जाता है। यही तो स्वाधीनता है न कि दूसरे बांधना चाहे तो आप इन्कार कर सकें और आप बंधना चाहें तो दूसरे इनकार न कर सकें।

—बारात आयी है, फेरे पड़नेवाले हैं। लेकिन वह कृष्ण की प्रतिमा झोली में डालकर मंदिर में साँकल चढ़ाकर जा बैठती है। बाहर फेरों के लिए उसे बुलाया जा रहा है और वह भीतर फेरे ले रही है। दादाजी बुलाने आते हैं, 'मीरांबाई, खोलो नीं सजड़ किंवाड़', पर तब वह पहला फेरा ले रही है, माँ आती है तब दूसरा, काका आते हैं तब तीसरा, काकी आती है तब चौथा, पाँचवें में भाई, छठे में भाभी और सातवें में बुआजी। हर कोई अपना वास्ता देता है—दादाजी सफेद बालों की लज्जा रखने का, माँ दूध का, काका-काकी गोद में

खिलाने का, भाई राखी का, भाभी घूँघट का और बुआ तो बरस ही पड़ती है—‘हमारे कुल में तू ही बस कुँवारी है, तूने कुल को कलंक लगा दिया!’ जैसे-जैसे मीरा गिरधर के साथ फेरे ले रही है, दुनिया के फेरे खुल रहे हैं! एक गिर्री में धागा लिपट रहा है, दूसरी गिर्री का खुल रहा है। बाहर हाहाकार, भीतर समाहार : ‘हे जोशी दायाँ हथलेवा दीनानाथ का है तूं तो बायाँ जुड़ा’—‘जीवणूं हथलेवौ दीनानाथ को रै जोशी डावोड़ो हथलेवौ जुड़ाय।’

इतिहास मीरा का विवाह और पति की मृत्यु दर्शाता है, विद्वान उससे वैराग्य परिभाषित करते हैं, न पर मीरा इस विवाह से ही इनकार करती है; और वह वैरागिन है कहाँ, वह तो कुसुंभी साड़ी पहनकर गिरधर के रंग ‘राती’ है; उसका गिरधर उसकी साड़ी की गोटा-किनारी है—‘साँवरो म्हारै सालूड़ा री कोर।’ भगवा मीरा में केसरिया के अर्थ में आता है जो एक ओर दुनिया से नाता तुड़ाता है तो दूसरी ओर ‘केसरिया बालम’ से जुड़ाता भी है—‘साँवरिया के दरसन पास्यूँ पहर कुसंभी सारी।’

मीरा की भक्ति पर विचार करने के साथ ही उसके प्रेम और उसके कवि पर भी विचार करना चाहिए। क्योंकि दुःख की अधिकता से व्यक्ति वैरागी भले हो ले, लेकिन न कवि हो सकता है, न प्रेमी। बिना गीत के तो मीरा खुल कर प्रेम भी नहीं कर सकती। ऐसे वक्त जब प्रेमी मूक हो जाते हैं, मीरा गीत गाते हुए तन खोलकर साँवरिया से मिलती है—‘औ झुरमुट में मिल्यो साँवरो खोल मिली तन गाती।’

हाथ में तम्बूरा, दिल में प्रेम और कंठ में गीत लिये मीरा चलती-फिरती आग की लपट थी। आग जब क्षार (खार) को जलाती है तो जो भी क्षार है, उसको जलाती है। क्रांति की यह बड़ी परिभाषा अब तक हमारी समझ में नहीं आयी। जब हाशिये पर पड़ी स्त्री, स्वाधीनता की पुकार करती है तो हाशिए में जो भी पड़ा है, उसकी आज़ादी माँगती है। लेकिन हमारा दलित और स्त्री-विमर्श परस्पर नहीं जुड़ सका, एक साथ खड़ा नहीं हुआ और अपने भीतर ही खण्ड-खण्ड हुआ पड़ा है। जबकि मीरा के भीतर सम्पूर्ण स्त्री- समाज और सारे दलित साथ मिलकर अपनी लड़ाई लड़ रहे हैं। मीरा का एक ‘हरजस’ गीत है : राणा को (इस ‘राणा’ के बारे में बात बाद में) सोते में सपना आया कि मीरा वैरागिन हो गयी है। वह आग-बबूला हो गया। अधरात में ही सीढ़ी उतरा और घोड़े पर सवार हो दन्नाता हुआ सुबह-सवेरे मीरा के देश यानी मेड़ता जा पहुँचा।

ग्वाले से रास्ता और पनहारिन से दूदोजी राव (मीरा के दादाजी) का घर-द्वार पूछा। चला तो रास्ते में ही साधुओं की जमात में नाचती मीरा मिल गयी! हाथ में मृदंग, पैरों में घुँघरू.—गोपाल के गुण गाती। राणा का क्रोध सातवें आसमान पर। कटार निकाली, पर एक की जगह चार-चार मीरा नज़र आ रही हैं— किसे मारे? इधर मीरा कह रही है—'गुरुजी शीष पर हाथ धर दो। मीराबाई को चेली बना लो।' वे बोले—

मीरांबाई म्हं तो जात रो चमार
तूं तो बडां घराँ की डावड़ी.. एजी

मीरा बोली :

गरुजी जाति-पाँति रो कारण कोय नीं
बाई ने गरु मिल्या ओ रविदास

घर-द्वार-कुल-समाज के बन्धन तोड़कर सड़क पर उतरी, चमार को गुरु बनाती, जात-पात को ठेंगा दिखाती मीरा क्या पाँच सौ साल की बुढ़िया लगती है या आजकल की जवान छोरी? उसने खुद तो अपने बंधन की शृंखला तोड़ी ही, ऊँच-नीच का जग-धंधा चौपट कर दिया। एक साथ स्त्री-विमर्श और दलित-विमर्श की बैठकी से कम नज़ारा नहीं है यह!

कुछ लोग कहते हैं, मीरा गोसाईं विट्ठलनाथ की शिष्या थी। कुछ कहते हैं, तुलसीदास की, कुछ उन्हें जीव गोस्वामी की शिष्या बताते हैं। कुछ लोग रैदास और मीरा के समय का अंतर बताते हुए सप्रमाण दावा करते हैं कि वह रैदास की चेली नहीं हो सकती। कुछ विद्वानों के मत में रैदास का समय सन् 1388 से 1518 और कुछ के मत में 1482 से 1527 है। और मीरा का जन्म सन् 1503 में और विवाह 1516 में ठहरते हैं। 1523 में मीरा के पति मेवाड़ के राणा भोजराज की मृत्यु हो गयी थी। कुछ विद्वानों का मन नहीं मानता कि भोजराज के जीवित रहते मीरा सन्त हो गयी होगी या उसने रैदास का शिष्यत्व लिया होगा। पर मीरा तो छुटपन से ही भक्तिन थीं और उसके काव्य से ऐसा नहीं लगता कि उसके भीतर मृत्यु-वैराग्य है! यह ठीक है कि उसकी माँ बचपन में चल बसी थी, विवाह के सात साल बाद ही पति का निधन हो गया था, बाद में पिता और ससुर का भी सात-आठ साल के अन्तराल में देहांत हो गया। भोजराज के बाद राणा हुआ उसका छोटा भाई रत्नसिंह भी 1531 में चल बसा और मेवाड़ की गद्दी पर उसका सौतेला भाई विक्रमादित्य बैठा। प्रसंगवश, यही विक्रमादित्य

मीरा के काव्य में प्राय: 'राणा' या 'राणाजी' प्रतीत होता है, जिसे वह अकसर ताने और चुनौती देती है। समस्त प्रतिबंधों का खलनायक शायद यही है। यही जहर का प्याला, साँप की पिटारी, काँटों की सेज वगैरह मीरा के लिए भेजता है, जो अमृत के प्याले, माला और फूलों की सेज में बदल जाती है। क्योंकि इसी राणा के काल में मीरा अपने घर मेड़ता चली गयी थी और वहाँ से द्वारिका।

जन्मभूमि मेड़ता से द्वारिका तक की मीरा की यह यात्रा कृष्णमय रही है—सांसारिक वियोग या मृत्यु-दु:ख को उसने मन पर लिया ही नहीं। तो, जो कुछ मरा था या खोया था, वह उसका सगा था ही नहीं, तो किसका दु:ख और क्यों वैराग्य! इसलिए अगर विवाहित-काल में ही मीरा ने रैदास को गुरु बना लिया हो, (और इससे भी पहले) तो क्या अचरज? वे उसकी सास (राणा साँगा की पत्नी) के भी गुरु थे। और समय-निर्धारण के संशयों या अन्य मतभेदों के चलते अगर कोई साक्ष्य देना हो तो वह होगा मीरा का क्रांतिकारी चरित्र, उदारता और उसकी कविता। उसने गीतों में गुरु रविदास का पचीसों बार उल्लेख किया है और बड़े गर्व से —'मीरा ने गरु मिल्या छै रविदास सुरंगा (स्वर्गों) से आयी पालकी।' मीरा ने संयोगवश नहीं, साभिप्राय रैदास को गुरु बनाया होगा, क्योंकि उसके भीतर की विद्रोही-चेतना और बहती करुणा को अध्यात्म के क्षेत्र में भी इससे कम मंजूर न था।

मीरा आधुनिक स्त्री के लिए आईना है— अलंकरण, शोभा, भोग वगैरह के नए बंधनों में बंधी, स्वतंत्रता का दंभ भरती आज की फैशनपरस्त स्त्री क्या देख पा रही है कि उसके आसपास सोने के पिंजरे लिये बाज़ार घूम रहा है और वह भी उन्हीं पिंजरों में से कोई पिंजरा चुनने को न सिर्फ बाध्य है बल्कि स्वेच्छा से परख रही है कि कौन-सा पिंजरा ज्यादा जड़ाऊ है, ज्यादा जगमगाती। मीरा को देखिए, स्वाधीनता के मूल्य के लिए वह बिलकुल आज की लड़ाई लड़ रही है (गीत हरजस से ही) :

मीरा की माँ कहती है :

एकर मीरांबाई आंगणिये पधार
थांनै जीमाद्यूँ चूंट्यो चूरमूं जी भगवान

तो मीरा कहती है :

चूरमा थारां कंवरा नै जीमाय
भंवरां ने जीमाय

म्हारै लिख दीन्हा ठण्डा टुकड़ा ओ हर राम!

(माँ कहती है कि मीराबाई, एक बार मेरे आँगन में पधार जाओ, आपको चूरमा खिलाऊँगी। मीरा कहती है—माँ, चूरमा तुम अपने कुँअर (राजकुमार) और भंवर (पति) को खिलाओ, मेरी किस्मत में तो ठंडे टुकड़े ही लिखे हैं।)

क्या सचमुच मीरा की किस्मत में ठंडे टुकड़े लिखे आए थे? यह उसका वरण था, क्योंकि यह आज़ादी की कीमत थी, हर तरह के प्रलोभनों और लगावों का निषेध।

गहने ऐसा आकर्षक बंधन हैं जिनके कारण युग-युग से स्त्री बंदिनी रही है। मीरा ने अपनी आज़ादी के लिए राजपाट, गहनों-गाँठों—सबको लात मार दी। देखें :

मेवाड़ी राणा तूं तो कांई जाणै म्हारा घट की
सुसरा जी हट की काण न राखी पट खोल्या घूंघट की
गेहणू गाँठो म्हैं तो सब तज दीन्हा, म्हं तो पैली ही नटगी

छायावादी मुक्ति और निर्मल प्रेम के दो अग्रणी कवि हुए—घनानंद और मीरा। पहली मीरा है जिसने कविता के ही नहीं, अक्षरशः जीव-बंध के सारे छंद तोड़ दिये हैं। उसने समाज-वर्जित प्रेम किया है—कृष्ण से। कृष्ण की भागवत-आवृत्ति मीरा की देह और देहोत्तर-वाक् में हुई है। उस जैसी विह्वलता, मार्मिकता, निर्भयता और सहज उन्मुक्तता के गीत जब भक्तिकाव्य में भी कम ही हैं तो इस बिकाऊ युग में कहाँ से होंगे?

मीरा ने पहली बार बताया कि प्रेम और भय साथ नहीं चलते। यह मीरा की ही हिम्मत है कि वह अपने प्रिय को आधी रात को यमुना नदी किनारे बुलाती है—'आधी रात प्रभु दरसन दीजो प्रेम नदी के तीरा।' वह चौड़े में कहती है मैंने गोविंद को खरीद लिया : 'माई री, मैं तो गोविंद लीयो मोल।' और मोल लिया तो बुद्धू जैसा ठगाकर नहीं, खूब मोल-तोल करके : 'कोई कहे भारी कोई कहे हलको, लियोजी तराजू तोल।' यह तराजू बनिये की नहीं है, प्रेमिका की है— एकदम खरी, कोई कान नहीं है इसमें। वह रीतिकालीन प्रेमी की तरह फँसती नहीं कि कोई 'मन' भर लेकर 'छटाँक' भर भी न दे। (मन लेहु पै देहु छटाँक नहीं—घनानंद)। वह ऐसे तुले-तुलाये, परखे हुए बालम के हाथ खुद बिक जाए तो भी घाटा नहीं। (मीरां गिरधर हाथ बिकानी, लोग कहे बिगरी।) उसमें इतना साहस है कि जब विवाहित पति भी अधिकार जताये तो तड़ाक से

कह दे—'हे राणा, बता तूं परणां री सेन'—शादी की पहचान बता। अपनी निष्ठा में वह इतनी पक्की है कि दुनिया से ही नहीं, देवी-देवताओं तक से पंगा ले लेती है :

चाहे रूस ज्यावौ जग सारो रै मत रूसो किरतारो रै
बिरमा रूसो, इन्द्र रूसौ, रूसौ कैलास वाळो रै
तैंतीस किरोड़ देवी-देवता रूसो, रूस ज्यावौ जग सारो रै
मीरां मिंदर आवे जावे ना कोई रोकण वाळो रै।

यह निर्भयता, यह दीवानगी एक तरह से नारी-स्वातंत्र्य का ही नहीं, मनुष्य की स्वाधीनता का शंखनाद है। भले ही इसका केन्द्र भक्ति हो, लेकिन उसमें सारे लक्षण आज़ादी के हैं।

यों कृष्ण साहित्य स्त्री को समर्पित साहित्य है, यहाँ तक कि वह स्त्री-आराधना का साहित्य है। कृष्ण-मार्ग में राधा की मुख्य उपासना होती है। परंतु इस साहित्य की प्रतिनिधि मीरा ही है। मीरा के काव्य से स्त्री-काव्य की तीखी सुगंध आती है। यह उसे भक्तिकाल के अन्य कवियों से अलग भी करती है। यमुना के किनारे प्रेमलीला के प्रसंग पुराणों से साहित्य तक भरे पड़े हैं, पर किसी ने यमुना को 'प्रेमनदी' नहीं कहा सिवाय 'मीरा' के, क्योंकि वह कविता ही नहीं कर रही थी, प्रेम कर रही थी। जो प्रेम करता है, उसके लिए वह स्थान, वह हवा, वह नदी—सभी प्रेममय हो जाते है। यही तो कविता का विभावन व्यापार है। अन्यत्र देखिए कि पुरुष कवियों के काव्य में पपीहा बोलता है तो 'नायिका' के हृदय में हूक उठती है, वे उसे ताने देती है, आदि, लेकिन मीरा कहती है—'पपीहा पिऊ की बानी न बोल।' मतलब, वह मेरा प्रिय है, तू कैसे कह सकता है उसे 'पिउ'? खबरदार फिर बोला तो चोंच कटवा दूँगी। लेकिन स्वयं वियोगिनी के मन के किसी कोने में इस पुकार से आशंका के साथ आशा भी अटकी है, तो वह उसे ठीक से रोक नहीं पाती और यह भी कह देती है कि अगर तेरे बोल से मेरा प्रिय से मिलन हो जाए तो तेरी चोंच सोने से मढ़ा दूँगी। यह इनकार, यह क्रोध, चिढ़ और छिपी हुई आशंका-आशा का रसायन मीरा जैसी कवि-हृदय वियोगिनी में ही सम्भव है। जब सूर की गोपियाँ कहती हैं 'हमारे हरि हारिल की लकरी' और मीरा कहती है—'मेरे तो गिरधर गोपाल दूसरा न कोई' तो इस अनलंकृत वाणी में जो प्रिय-निर्भरता है, वह अधिक

स्वाभाविक है। पुरुष के द्वारा स्त्री की प्रेमानुभूति में एक देह-बाधा रहती ही है और परमात्मा को पुरुष मानकर प्रेमिका-रूप में की गयी साधना में देह-कपट भी; जबकि यह नारी की देह में स्वाभाविक संवेदन है। मीरा की अनेक सादा पंक्तियाँ मामूली अलंकरण से ही इसीलिए बहुत भरोसेमंद हो गयी हैं :

तुम बिच हम बिच अंतर नाहीं जैसे सूरज घाम।

X X X

ऐसी प्रीति लगी मोहन ज्यूँ सोने में सोहागा।

X X X

मीरां प्रभु गिरधर मिले ज्यों पाणी मिलिगो रंग॥

X X X

आत्म-विस्मृति की पराकाष्ठा में भी मीरा की कविता आत्मवान लगती है। उसकी ग्वालिन सूर और कृष्ण भक्त कवियों की ग्वालन से थोड़ी अलग है। शायद सूर को उनकी तरफ से यह हक़ नहीं मिला है कि वह अपने प्रिय को ही चौड़े बाज़ार में बेच दे :

'ले मटकी सिर चली गुजरिया आगै मिले बाबा नंद के छौना
दधि को नाम बिसरि गयो प्यारी ले लेहु कोई स्याम सलोना।'

दही लो, दही लो कहते-कहते श्याम लो, श्याम लो कहना केवल अपने व्यापार को भूलना नहीं है, प्रेमाधिकार की निश्छल और खुली अभिव्यक्ति है जो मीरा के भीतर देश-काल के अखंड प्रवाह से उपजी है। उसके बारे में कहा जाता है कि ललिता नाम की सखी का अवतार थी। जब ललिता कालावरण को चीरकर यहाँ तक चली आयी है तो कृष्ण वहीं कैसे छूट जाते!

कृष्ण-लीला-साहित्य में बाल और किशोर प्रेम कब युवा-प्रेम में बदल जाता है—पता ही नहीं चलता। उम्र जैसे व्यवधान ही न हो, एक फैंटेसी हो! कृष्ण की बाललीला पर मुग्ध गोपियाँ युवा कृष्ण के साथ वैसी की वैसी जवान बनी रहती हैं और वियोग में आँसू की नदियाँ बहाती रहती हैं] मानो दीन-दुनिया की शर्म-हया ताक पर रख दी हो।

वहाँ प्रेम इस पराकाष्ठा में है कि दुनियावी बोध अतार्किक हो उठता है। मीरा में भी वही है। कभी तो वह गिरधर के हाथ बिक जाती है (मीरां गिरधर

हाथ बिकानी), कभी उनकी चाकर बन जाती है (प्रभुजी म्हाने चाकर राखौजी, चाकर रहस्यूं बाग लगास्यूं नित नित दरसन पास्यूंजी), कभी कृष्ण ही उसके चाकर बन जाते हैं—'म्हारी सेवा में सालिगराम।' कृष्ण को तो अपने पलँग पर मनुहार से बुलाती है —'हिंगलू के पलँग पर साँवरिया पाँव रखो।' और पति को परे हटा देती है- 'राणाजी थें तो दूरां से करल्यो बात।' जमाने से माँ और पति मर चुके हैं पर मीरा के भीतर सब जीवित हैं, संबोधित हैं! जीवन से एक अजस्त्र प्रवाहात्मक रिश्ता होता है प्रेम में आकंठ डूबनेवाले का। उसके लिए वह सब उलटा है जो दुनिया के लिए सीधा है, वैसे और वह सब सीधा है जो दुनिया के लिए उलटा है। दुनिया के डॉक्टर्-वैद्य बताते हैं कि अधिक देखते रहने से आँखें दुखती हैं। पर मीराबाई की आँख प्रिय के न दिखने से दुखती हैं—'दरस बिन दूखन लागै नैन।'

ऐसी अभिव्यक्ति एक समूची स्त्री, एक सम्पूर्ण प्रेमिका ही कर सकती है, जिसकी अनुभूति का पाट चौड़ा हो और गहराई की कोई थाह न हो। यह गौर करें कि कृष्ण मीरां की आँखों का 'नीर' है। इसी नीर-भरी आँखों से वह दुनिया को देखती है—करुणार्द्र।

मैथिलीशरण गुप्त

कविता का नया आभिजात्य

यह भ्रांत धारणा है कि मैथिलीशरण गुप्त और उनका युग 'इतिवृत्तात्मक' है। वास्तव में यह नव शास्त्रीय अथवा नव आभिजात्यवादी युग है और गुप्त जी उसके अन्यतम कवि हैं।

इतिवृत्तात्मकता शास्त्रीयता का एक लक्षण मात्र है। इसे युग का पर्याय मान लेने से खड़ी बोली हिन्दी काव्य के सुसंगत और ऊर्ध्व विकास की अनिवार्य सरणि अनदेखी रह गयी है। और एक युग-कवि की प्रकृति को न समझने के कारण, उस पर दोयम दर्जे के होने जैसे ढेरों अवैज्ञानिक और मनमाने आरोप लगाकर हमने उसके आधारभूत और व्यापक अवदान का सही मूल्यांकन न करके अपने को ही सही परिप्रेक्ष्य से वंचित कर लिया है। गुप्त जी के गुणों पर मुग्ध होनेवाली आलोचनाओं का भी, क्योंकि दृष्टि-केन्द्र वही है, इसलिए वे भी अतिमूल्यन की शिकार हुई हैं। अवमूल्यन की तरह ही अतिमूल्यन भी साहित्य के लिए एक घातक प्रवृत्ति है। कुछ लोग, गुप्त जी के विपुल काव्य से कुछ पंक्तियाँ खोज-बीनकर उन्हें हर युग का अग्रणी दिखाने और उनपर लगाये हर आरोप को खारिज करने की कोशिश करते हैं, बिना यह जाने कि इससे उनका चित्र धुमैला ही होता है। क्योंकि वे जिस काव्य-युग का प्रतिनिधित्व करते हैं, वह स्वयं ऐसी जड़ों की तरह है जिसमें पत्तों की आकृति, पुष्पों की गंध और फलों का रस अंतर्हित और अदृश्य होता है, लेकिन हम उन्हें पत्र, पुष्प या फल नहीं कहते।

यह ठीक है कि गुप्त जी हिन्दी काव्य के विविध बदलावों के साक्षी कवि हैं। बीसवीं शती के पहले दशक से लगाकर छठे दशक तक के उनके सृजन-काल में हिन्दी कविता अनेक पड़ाव पार करती हुई अत्याधुनिक युग में प्रवेश की तैयारी कर रही थी। गुप्त जी जैसे कवि का इन तमाम साहित्यिक और सामाजिक बदलावों से असंपृक्त रहना सम्भव नहीं साहित्य में गहरी दिलचस्पी तथा

जिज्ञासुवृत्ति के कारण भले ही उनकी रचनाओं में जब-तब ऐसे स्फुल्लिंग छूटते रहे, जिनसे उनकी भीतरी हलचल का पता चल सकता है लेकिन समग्रत: ऐसा बदलाव रेखांकित नहीं किया जा सकता, जिससे शास्त्र-युग से भिन्न उनकी कोई विशिष्ट पहचान उभरती हो; अर्थात् नवशास्त्र-युग की सीमाएँ गुप्त जी की सीमाएँ बनी रहीं। इसलिए वहीं उनकी असीमताओं का पता भी पाया जा सकता है।

गुप्त जी के काव्य की एक सांस्कृतिक सत्ता ही नहीं, सांस्कृतिक दृष्टि भी है, जो अपने गुण-दोषों सहित अप्रतिम है। न तो हर युग को सन्तुष्ट करनेवाली दो-चार पंक्तियाँ लिखकर ही वे बड़े कवि बने हैं और न इतिवृत्तात्मकता, स्थूलता और पारम्परिक आदर्शों का आरोप लगाकर उनके महत्त्व को खारिज किया जा सकता है। यह स्पष्ट हो जाना चाहिए कि अगरचे गुप्त जी का सर्वेक्षण और रचना-कर्म बहुत व्यापक और लम्बी कालावधि को छूता है, फिर भी चौतरफा गतिशील सर्जनात्मक अवदान की तुलना में उनका ऐतिहासिक योगदान अधिक मूल्यवान है। यह ऐसा योगदान है जो अपनी बाहुति से कम की माँग नहीं करता। अन्य बातों को फिलहाल छोड़ भी दें तो सिर्फ यही क्या कम है कि गुप्त जी की भाषिक और सांस्कृतिक उपस्थिति के बिना छायावाद के उदय की कल्पना भी नहीं की जा सकती थी। उनका अवमूल्यन करनेवाले आधुनिकों से मैंने अन्यत्र पूछा था कि 'अगर गुप्त जी भाषा की टार रोड न बनाते तो आप अपनी रॉल्स रॉयल कहाँ दौड़ाते?' इन लोगों को परम्परा की चर्चा तो शायद दकियानूसी लगे, लेकिन जो इस प्रत्यक्ष अवदान को भी न मानें, उन स्मृतिहीनों से बहस करना ही बेकार है।

जहाँ तक गुप्त जी की समावेशिता का सवाल है, वह उनके युग-कवित्व की अनिवार्य माँग है। असल बात यह है कि शास्त्र युग एक पुश्तैनी मकान की तरह होता है, जिसमें पूरे कुनबे के लिए जगह होती है, वहाँ तीन काल एक साथ रहते हैं। यहाँ तक कि चाकू और सरौतियों की भी कई पीढ़ियाँ जमा होती हैं। उसके लिए इतिहास और जीर्णता भी वहाँ उतना ही बड़ा मूल्य होता है, जितना बड़ा वर्तमान और अनागत। बारहखड़ी की किताब, पाणिनी का व्याकरण और ऋषियों के उपनिषद् वहाँ एक-से सुपूजित होते हैं। 'कुणाल गीत' में गुप्त जी ने यह जो लिखा है, वह दृष्टि शास्त्रीय युग के बिसात की ही हो सकती है :

'अहा! यह भविष्य की झाँकी
विकसित वर्तमान की आँकी

लुठित कंधरा पर क्या बाँकी
वे अतीत की अलकें!'

बहती हुई नदियों का वर्णन करते हुए जब 'साकेत' के 'राम' यह सूत्र देते हैं :

'जितने प्रवाह हैं, बहें अवश्य बहें वे
निज मर्यादा में किन्तु सदैव रहें वे।'

तो, वह राम की मर्यादा से अधिक शास्त्रीय कवि की बहुविध समावेशी मर्यादा की ही प्रतीति कराता है। सौन्दर्य के उत्सव पर यह युग, जो बाहरी पाबंदियाँ लगाता है; आवेग को बाँधने, ठहराने और तोलने के प्रति जो इतनी सजगता बरतता है वही बहते हुए प्रवाहों पर 'मर्यादा' का अंकुश है।

मुझे लगता है कि इस सन्दर्भ में 'रीति-युग' का स्मरण, कदाचित् आभिजात्य युग को स्वीकार करने के मार्ग में बाधक बना है, क्योंकि परिपाटी-विहित उस काल को शास्त्रीय युग मान लेने का भ्रम, मैं हिन्दी आलोचना के लिए कोई बहुत बड़ा भ्रम नहीं मानता। खैर] शास्त्रीय युग से रीति युग की तुलना करने का भी कोई औचित्य नहीं है, क्योंकि वह तो एक अर्थ में लक्षण ग्रंथों की पूँछ पकड़कर वैतरणी पार करनेवाला युग था। इसलिए उस बखेड़े में न पड़कर यहाँ सिर्फ इतना कहना काफी होगा कि किसी भी साहित्य में आभिजात्यवादी युग की स्वस्थ और समर्थ उपस्थिति उसके आगामी विकास के लिए बहुत महत्त्वपूर्ण होती है। उसी के कन्धे पर पैर रखकर पीढ़ियाँ, उसे छोटा करते हुए, आसमान नापती हैं, और इसमें शास्त्रयुग को कोई एतराज नहीं होता, नहीं होता उसे एतराज इस पर भी कि उसका रस पीकर आप उसे शुष्क बनाएँ और उसकी शुष्कता पर एक अनपहचानी उपेक्षित निगाह डालें। इसीलिए, शास्त्र-युग के स्वरूप और गुण-दोषों पर विचार करने से पहले उसके महत्त्व की ओर इशारा करना मुझे जरूरी जान पड़ा।

अतीत का आवेग आभिजात्यवादी युग में लगभग प्रतिबद्धता का रूप ले लेता है—गोया स्मृति के संरक्षण का उत्तरदायित्व उसी पर आ पड़ा हो। पुरातन से किसी तरह की भिड़ंत उसकी कल्पना से परे है। यद्यपि समयांतर में स्थित रहने के कारण शास्त्र-कवि को भी कभी-कभार गत युग की गतिविधियों और चरित्रों में विसंगतियों के आभास होते हैं, लेकिन या तो वह उन्हें टालने की

कोशिश करता है या उचित ठहराने के लिए ऐसी युक्तियाँ गढ़ता है जो समकालीन पाठक को तर्कसंगत लगें। 'गुरुगुल' के 'उपोद्घात' की ये पंक्तियाँ अनजाने ही आभिजात्यवादी कवि का आत्म-स्वीकार बन गयी है : 'पंचककारों के सम्बन्ध में कच्छ और कृपाण के समान केश और कंघी का महत्त्व नहीं मानते हुए भी उनके विषय में युक्तियों की कल्पना की गयी है।' पल-भर को आप सोच सकते हैं कि ऐसी क्या मजबूरी थी कि जिस बात का महत्त्व कवि स्वयं नहीं मानता, उसे दूसरों के गले उतारने के लिए 'युक्तियों' की 'कल्पना' करता है! इसलिए कि उसके मन में 'गुरुओं के प्रति श्रद्धा' है। दूसरे शब्दों में यह 'श्रद्धा' गुप्त जी के मन में समस्त महापुरुषों और महान सांस्कृतिक विरासत के प्रति है जो उनकी रचनाओं की उपजीव्य है। इसलिए वे चाहे उससे असहमत हों, तब भी उन्हें उसका पक्ष लेते हुए 'युक्तियों' की 'कल्पना' करना ही है। उपजीव्य का, वे वर्तमान के लिए, संपूर्णतः आदर्शीकरण करना चाहते हैं। इसलिए शायद अपनी ओर से वे उसके साथ ऐसी कोई छेड़छाड़ करना नहीं चाहते, जिससे उनकी समझ में, उसके द्वारा स्थापित आदर्श में कोई खोट या सन्देह पैदा हो।

जो हो, गुप्त जी का कवि कड़ी मर्यादा में दीक्षित है, क्योंकि इस मर्यादा में वह लोकहित देखता है। यद्यपि यह भी सच है कि अंतरात्मा के विरुद्ध, औपचारिक या ऐच्छिक प्रयत्न से, रचना में पाठक को विन्यस्त और आश्वस्त करने वाली भाव-गहनता नहीं आती, तथापि शास्त्र कवि की यह जिद होती है कि वह मर्यादा और आदर्श में कहीं कोई फाँक नहीं रखेगा, भले ही इससे उसकी कविता का क्षरण होता हो। इतना ही नहीं, मुझे लगता है कि परम्परा को मूल्य का स्थानापन्न मानने की भ्रांत धारणा भी किसी हद तक उसमें होती है। गुप्तजी के काव्य में अगर यह प्रायः दिखाई नहीं देती (इसका मतलब यह नहीं कि वह वहाँ है नहीं) तो इसका श्रेय मुख्य रूप से कवि के वस्तु-चयन को जाता है। क्योंकि भारतीय संस्कृति और इतिहास से गुप्त जी ने प्रायः ऐसी विषयवस्तु और चरित्र चुने हैं, जो चिरंतन मानव-मूल्यों के धारक और संवाहक हैं। एक सीधी-सादी पंक्ति में गुप्त जी ने इसे प्रकारांतर से स्वीकार भी किया है। वे एक स्वउत्तरित प्रश्न करते हैं कि 'पर, क्या न विषयोत्कृष्टता होती विचारोत्कृष्टता?' यानी अगर आप उत्कृष्ट विषय चुन लें तो वे स्वयं ही वैचारिक उत्कृष्टता बन जाएँगे, जैसे अन्यत्र वे कहते हैं, राम का चरित्र स्वयं ही काव्य है, जो इसे

उठाएगा स्वतः कवि बन जाएगा। इस प्रक्रिया से, यानी उत्कृष्ट विषय के चयन से, गुप्त जी अनायास ही उस धर्मसंकट से बच गये हैं, जिसमें अगर फँस गये होते तो उन्हें जाने कितनी स्वयं की 'असहमतियों' को दबाकर दूसरों को आश्वस्त करनेवाली 'युक्तियों' की 'कल्पना' करनी पड़ती।

श्रेष्ठ चरित्रों और प्रसंगों के चयन से गुप्त जी का 'श्रद्धा-भाव' भी बना रहा और अन्तःप्रेरणा को भी धक्का नहीं पहुँचा। दूसरी ओर उन्हें ऐसा भारतीय पाठक भी मिल गया जो सदा से इन महापुरुषों, प्राचीन विचारों और कथाओं से शक्ति तथा प्रेरणा पाता रहा है। गुप्त जी की सफलता और लोकप्रियता का एक बहुत बड़ा कारण यह भी है कि उनका समकालीन भारतीय मनुष्य अत्यंत आस्थावान, वृत्तधर्मी और संस्कृति-प्रेमी था। उनके समानांतर जारी गाँधी-युग में राजनीतिक चेतना का आधार भी राष्ट्रीय, सांस्कृतिक और आदर्शवादी था। इसलिए गुप्त जी की उन कृतियों को जिन्हें आज हम इतिवृत्तात्मक, स्थूल, पद्यमात्र कह बैठते हैं—उस जमाने में प्रेरणा और कवित्व का मानक माना गया था। क्या इससे यह सिद्ध नहीं होता कि इस परिवेश में, साहित्य में, उसी युग और वैसे ही कवि की जरूरत थी—जैसे गुप्त जी थे? या यों कहें कि गुप्त जी साहित्य से अधिक अपने समय की उपज थे। इसलिए स्वयं वे और उनका युग इस दृष्टि से भी प्रासंगिक था। यहाँ यह कहना चाहता हूँ कि जो अपने युग में अप्रासंगिक है, किसी अन्य युग में उसकी प्रासंगिकता का कोई अर्थ नहीं होता। किसी भी युग में वही कवि प्रासंगिक होता है जो अपने युग में अप्रासंगिक न रहा हो। (यह अलग बात है कि उसे उस युग में पहचाना न गया हो। सौभाग्यवश आधुनिक युग में ऐसे दो रचनाकारों को पहचानने में साधारण जनता ने भी भूल नहीं की—एक प्रेमचंद और दूसरे मैथिलीशरण गुप्त। बहरहाल, मर्यादा और युक्तियुक्तकरण गुप्त जी के काव्य को बड़े पैमाने पर जो क्षति पहुँचा सकता था, उक्त कारणों से मात्र अपवाद होकर रह गया।

शास्त्रवाद एक तरह का पुनरुत्थानवाद है। उसका कवि इतिहास या पुराकथा को न तो सिर्फ अलगनी मानता है, न वर्तमान के लिए अवांछित या पीछे छोड़ दिये जानेवाला मृत युग। वह नये युग की अनुरूपता में ढालकर प्राचीन को एक प्रेरक उपस्थिति के रूप में दर्ज करता है। पारंपरिक मूल्यों की पुनर्स्थापना—क्योंकि वह उन्हें शाश्वत मूल्य मानता है—उसका मोहक सपना होता है, मानो अतीत गुरु हैं और वर्तमान शिष्य। शिष्य को तो दीक्षा ही लेनी होती है, अनुगमन

ही करना होता है—प्रतिगमन उसके लिए वर्जित है! गुप्त जी का सम्पूर्ण काव्य अतीत के प्रति ऐसा ही सश्रद्ध है। वे भव्य या पुण्य अतीत की वापसी के लिए विह्वल दिखाई देते है :

'भगवान भारतवर्ष को फिर पुण्यभूमि बनाइए'

'फिर' पुरातन की वापसी का आग्रह है। इसके कारण भी हैं। वे महसूस करते हैं कि उनका वर्तमान भीतर-बाहर से खोखला, जड़वत् और पतित हो चुका है। अतीत के आदर्श ही उसे उबार सकते हैं। 'हम कौन थे?' का अनवरत चिंतन गुप्त जी के यहाँ उज्ज्वल अतीत के परिप्रेक्ष्य में मूल अस्मिता के साक्षात्कार का पर्याय है, और 'क्या हो गये हैं' पर्यालोचन का। लेकिन 'और क्या होंगे अभी?' को वे कारण-कार्य के न्यायानुसार पर्यवसायी कार्य नहीं मानते। क्योंकि इसका लक्ष्यार्थ निकर्षजन्य नहीं, मननजन्य है जिसमें आशंका के साथ पारस्परिक विचार-विमर्श के द्वारा भविष्य को बदलने का सुझाव भी गर्भित है। जाहिर है, वर्तमान के आलोचक होते हुए और भविष्य के प्रति सशंक होते हुए भी वे निराशावादी नहीं हैं। उनका विश्वास है कि वे 'दिन यहाँ फिर आयेंगे, फिर आयेंगे, फिर आयेंगे।' विश्वासपूर्वक ऐसी पुनरावृत्तियाँ कोई निराशावादी भला क्यों करेगा?

'जय भारत' में नहुष कहता है कि 'फिर उठूँगा और बढ़कर रहूँगा मैं; नर हूँ, पुरुष हूँ, चढ़ता रहूँगा मैं।' धीमे-धीमे मशक्कत के साथ लगातार ऊपर चढ़ती ये पंक्तियाँ अनवरत संघर्षशील आत्मविश्वासी गति की सूचना देती हैं। नहुष का चरित्र ही वास्तव में स्वर्ग तक ऊपर उठकर गिरने का चरित्र है—स्पष्ट ही यह वर्तमान भारत का प्रतीक है जो कभी उन्नत था, लेकिन आज [illegible] है, (बात गुप्त जी के जमाने की थी, लेकिन क्या आज किसी माने में प्रासंगिक नहीं है?) लेकिन इस पतन के बाद ऊपर उठने का संकल्प, नहुष के जरिये भारत को प्रेरणा और आत्मबल देता है। इसलिए गुप्त जी की आस्था अतीत से भविष्य तक के कालपट पर तनी हुई है। वे समय-चक्र पर भरोसा करते हैं जिसके प्रत्यावर्तन से अन्धकार के बाद प्रकाश आता है। परन्तु जिस तरह दयनीय दशा को प्रत्यक्ष देखते हुए भी वे निराशावादी नहीं हैं, उसी तरह काल-चक्र के नियति-न्याय पर भरोसा रखते हुए भी वे भाग्यवादी नहीं हैं। इस माने में केवल वर्तमान के लिए रोना रोनेवालों और भाग्य के भरोसे बैठे रहनेवालों से वे अपने को एक खास स्तर पर जुदा कर लेते हैं। मसलन, वे पूछते हैं कि अगर उत्थान के बाद पतन होता है,

तब इससे उलटा क्यों नहीं हो रहा है ? और हम गिरते ही क्यों चले जा रहे हैं ? अगर 'काल नेमिक्रमेण' सिद्धान्त स्वचालित और नियमित हैं, तो इस पहिये को अपने-आप घूमना चाहिए था। अगर नहीं घूम रहा है, तो इसका मतलब तो यही हुआ न कि वह चक्र तो जरूर है, मगर अपने-आप नहीं घूमेगा। उसे घुमाना होगा। भाग्य और नियतिवाद से किस खूबसूरती से गुप्त जी कर्म-सिद्धान्त पर आ गये हैं।

'और क्या होंगे अभी ?' के सन्दर्भ में ऊपर कहा गया है कि अगर हम उस दशा से नीचे गिर गये हैं तो और क्या होना है—यानी पता नहीं हम और कितने गिरेंगे—सामान्यतः इस कथन का यही निष्कर्ष निकलना था। मगर इसी जगह पारम्परिक न्याय-सिद्धान्त में गुप्त जी ने एक खूबसूरत हस्तक्षेप किया कि उस 'होने' को बचाने के लिए सुझाव दिया कि 'आओ विचारें आज मिलकर से समस्याएँ सभी।'—अगर गिरना ही नियति होता तो मिल-बैठकर क्या विचारना था ? फिर तो मर्सिया पढ़ना ही बाकी रहता।

गरज यह है कि गुप्त जी ने अतीत का पुनरुत्थान तो करना चाहा है, मगर एक संतुलित विवेक-दृष्टि से उस अतीत के श्रेष्ठ तत्त्वों का इस तरह संयोजन किया है कि कहीं ऐसा नहीं लगता कि वे भारतीय संस्कृति, दर्शन, विचार आदि का विरोध कर रहे हैं। वे ठीक उस मौके पर जहाँ विचार या अवधारणा अनुपयुक्त हो गये हैं, उन्हें आहिस्ते से छोड़कर दूसरे में रूपांतरित कर देते हैं, ताकि संस्कृति की विसंगतियाँ नहीं, उसके सार-संयोजन घनीभूत हो उठें।

शास्त्रीय कवि अपनी विरासत के प्रति रूढ़िवादी नहीं होता। विवेक, शास्त्रीयता का एक महान लक्षण है। दूसरी बात यह है कि एक शास्त्रीय कवि के लिए अपनी संस्कृति, परम्परा, नीति, दर्शन आदि का गहरा ज्ञान और नीर-क्षीर मूल्यांकन जरूरी होता है, तभी न वह आगे आनेवाले युग की विश्वसनीय जमीन बनाता है। इस अवदान को क्या हम मामूली कह सकते हैं ? बहरहाल!

गुप्त जी की पुनरुत्थानवादी मनोरचना पर यहाँ एक दूसरी दृष्टि से भी विचार करना चाहूँगा। समय-चक्र के सम्बन्ध में गुप्त जी यह भी कह सकते थे कि अगर आज अंधकार है तो कल, हमारे प्रयास से, प्रकाश भी होगा। लेकिन नहीं, वे यों नहीं कहते। वे कहते हैं कि अगर आज अंधकार है तो 'कल' प्रकाश रहा ही होगा। आज अगर हम अवनत हैं तो उन्नत हुए बिना अवनत कैसे हुए होंगे ? क्योंकि उन्नति और अवनति अथवा प्रकाश और अंधकार सापेक्ष हैं :

'उन्नति तथा अवनति प्रकृति का नियम एक
अखण्ड है।
चढ़ता प्रथम जो व्योम में गिरता वही मार्तंड है।
अतएव अवनति ही हमारी कह रही उन्नति
कला।
उत्थान ही जिसका नहीं उसका पतन ही क्या भला?'

(भारत-भारती)

जिस कवि को अपने अतीत पर आस्था न हो, वह अपने पाठक को कैसे आस्थावान बना सकता है? गुप्त जी की यह तर्क-पद्धति न सिर्फ अतीत में उनकी दृढ़ आस्था दिखाती है, वरन पाठक के लिए भी आस्था की तर्कसंगत भूमि बनाती हैं। कुल मिलाकर अतीत उनके लिए दृश्य है और वर्तमान दृष्टि, अतीत गति है और वर्तमान चरण। वे पश्चवाही चेतना से, अधोवाही प्रवाह को, ऊर्ध्ववाही बनाना चाहते हैं। उनकी रचना का कुल सार यही है। परम्परा उनके लिए वरेण्य और प्रणम्य है, क्योंकि वे सांस्कृतिक निरंतरता पर एक विकसित मनुष्यता की दृष्टि से विश्वास रखते हैं।

वैसे हम जानते हैं कि गतयुग अपने सन्दर्भों में कभी लौटकर नहीं आता। इसलिए इतिहास या मिथक के सिर्फ उत्खनन के लिए परम्परा की यात्रा, साहित्य में एक निरर्थक यात्रा है। इसे शास्त्र-कवि अच्छी तरह जानता है। इसीलिए वह सिर्फ इतिवृत्त कथन नहीं करता, अतीत से आदर्श निचोड़ता है। क्योंकि उसके मन में एक आदर्श दुनिया का खाका रहता है। बेशक यह दुनिया उसे अतीत से मिली है, जिसका स्वप्न अपने-अपने मिथकों के जरिये सारा संसार देखता रहता है। इतिहास को भी शास्त्रीय कवि वृत्त की नहीं, तत्त्व की आँखों से देखता है। इसलिए कथा के भीतर उसका मनस्तत्व सक्रिय रहता है। 'विष्णुप्रिया' या 'गुरुकुल' क्या महज इतिवृत्त हैं, इतिहास की तरह तथ्यमूलक हैं? गुप्त जी का तो वर्तमान के बारे में भी कहना यह है :

'हो रहा है जो जहाँ सो हो रहा,
यदि यही हमने कहा तो क्या कहा!
किन्तु होना चाहिए कब क्या कहाँ?
व्यक्त करती है कला ही यह यहाँ।'

(साकेत)

कला उनके लिए आदर्शीकरण का माध्यम है। रीति युग की तरह यहाँ

मीनाकारी और पच्चीकारी पर जोर नहीं है। गुप्त जी की सौन्दर्य सम्बन्धी अवधारणा कलामूलक नहीं, जीवन-परिष्कार मूलक है। इसलिए उनका मुख्य प्रयोजन कविता के माध्यम से भूतकाल का, वर्तमान और भविष्य के लिए दोहन है। यहाँ यह बेखटके स्वीकार करना चाहिए कि परम्परा का निर्देशपरक दोहन, कविता की दृष्टि से भूतकाल का महज प्राथमिक उपयोग है। शास्त्र-कवि अपने अवधारणात्मक कारणों से, या नोस्टल्जिक कारणों से अतीत के इस्तेमाल की इस पहली सीढ़ी पर ही ठहर जाता है। आप उससे यह उम्मीद नहीं कर सकते कि वह गत्यात्मक कारणों से, अतीत और वर्तमान के बीच विपरीतधर्मी सम्बन्धों के बारे में सोचेगा या कभी यह मानने को तैयार होगा कि न सिर्फ अतीत ही वर्तमान को प्रभावित करता है, बल्कि 'वर्तमान भी अतीत को प्रभावित' करता है। वह प्राय: अतीत में वर्तमान को ढालने की कोशिश करता है। विगत की आलोचना के जरिये वर्तमान के फासले, गति और उपलब्धि को आँक सकना उसके आदर्शीकरण की सीमा में नहीं आता। यहाँ तक कि वह गत के आलोच्य अंश को, रचना के उद्देश्य से छूता तक नहीं। और अगर वह प्रसंगवश चला भी आता है तो जैसा पहले कहा गया है कि कवि या तो उसे टालने की कोशिश करता है या उसके युक्ति-युक्तकरण की। क्योंकि वह प्राचीन को विधि का दर्जा देता है—जो वह दे सकता है। शास्त्रीय युग की उक्त अवधारणा से परवर्तीयुग की चेतना को, इस दृष्टि से भी, स्पष्ट रूप में अलगाया जा सकता है।

छायावादी या अन्य परवर्ती युगों में अतीत के प्रति न सिर्फ वैसा भक्तिभाव नहीं है, बल्कि आलोचनात्मक प्रतिक्रिया वहाँ लगातार तीव्र होती गयी है। इसके विपरीत शास्त्रीय युग मानव-परम्परा के अनेक जटिल और विरोधाभासी प्रसंगों से बचते हुए केवल वही हिस्सा उठाता है जिससे अतीत की साख वर्तमान में बनी रहे। कल्पना और सर्जनात्मक प्रतिभा का ज्यादातर भाग वह अतीत के पुनर्निर्माण आदि में ही खर्च कर देता है। तब भी, इसे हम आभिजात्यवादी युग का महत्त्वपूर्ण अवदान कह सकते हैं कि वह एक साथ दो युगों पर दृष्टि डालते हुए, वर्तमान के लिए अतीत की मूल्यवानपरम्परा का अन्वेषण करता है और उसे मजबूत आधार देता है—यह सोचते हुए कि उसके आगे भविष्य भी खड़ा है। पश्चिमी शास्त्रवाद के आलोचक सिडनी ने शायद इसीलिए इस युग के कवि को 'असाधारण भविष्यद्रष्टा' कहा था।

नवशास्त्रवादी कवि आम तौर पर अतीत-लेखन की दो प्रक्रियाएँ अपनाता

है—एक में वह कथा में से आधुनिकता के लिए स्वीकरणीय आदर्शों का चुनाव करता है, दूसरी में ध्वस्त मूल्यों को ध्यान में रखकर ऐसे प्रसंग चुनता है, जिनसे मूल्यों की पुनर्स्थापना संभव हो सके। मैथिलीशरण गुप्त ने प्राय: दोनों विधियों का उपयोग किया है—मुख्य रूप से पहली का, और गौण रूप से दूसरी का। रामायण और महाभारत से संबद्ध रचनाएँ पहली विधि के अंतर्गत आती हैं और यशोधरा, विष्णु-प्रिया, काबा और कर्बला, गुरुकुल आदि दूसरी के अंतर्गत।

अतीत को आधारवस्तु के रूप में चुनते हुए कवि अतीतगामी नहीं होता। विगत-सातत्य उसे उन मूल्यों की शाश्वतता का पता देता है, जो मानव-जाति द्वारा लम्बे काल तक परीक्षित हुए हैं—अत: सिद्ध हैं, और क्योंकि संसार भर में मनुष्य एक है, भले वह भिन्न परिवेश में पला हो, इसलिए मूल्यतत्त्वता में सार्वदेशिकता भी होती है। ऐसा कवि जो अतीत को देख रहा है और वर्तमान को भोग रहा है, जब मूल्यों को दो कालों में परीक्षित पाता है तो तीसरे, यानी भविष्य काल में उन मूल्यों की उपस्थिति से, वे ही परिणाम अवश्यंभावी मानता है। मानव-सभ्यता में मूल्य-परीक्षण की इसे वैज्ञानिक पद्धति कहना चाहिए। इस तरह वे सार्वकालिक रूप लेते हैं। मूल्यों के स्वरूप और प्रक्रिया में भेद को आभिजात्यवादी कवि अस्वीकार नहीं करता, इतना ही नहीं, वह मूल्यों के चयन में भी युगीन सतर्कता बरतता है। भाग्यवाद का निषेध संभवत: इसी परीक्षण और चयन का परिणाम है। साकेत के 'राम' कहते हैं : 'हे वत्स! विफल परलोक दृष्टि निज रोको।' परलोक-दृष्टि के स्थान पर लोक-दृष्टि मनुष्य के कल्पित अदृश्य के स्थान पर यथार्थ अनुभव से जन्मी दृष्टि की स्थापना है।

भारत का शास्त्रीय कवि ही सही अर्थ में ईश्वरीय या प्राकृतिक न्याय को काव्य-न्याय में तबदील कर जानता है। वह प्राय: त्रासद, करुण-काव्य की रचना नहीं करता, क्योंकि उसका नायक मूल्यों का स्थापक और संवाहक है। वह उसका पराभव, पतन या मृत्यु दिखाकर सत् के प्रति मनुष्य की आस्था डिगाना नहीं चाहता। जहाँ सत् है वहाँ विजय है—यह उसकी दृढ़ आस्था है, भले ही लोक में इससे उलटा भी होता हो। भारतीय मनीषा ने जन्म-जन्मांतर के कर्म और फल के अन्तस्सम्बन्ध को शायद इसीलिए कल्पित किया है। ('कल्पित' इसलिए कि दूसरा जन्म तो अदृश्य होता ही है, इस जन्म में भी वह जो देखता है—हो सकता है वह पूर्वजन्म की परिणति हो।) सत् की स्थापना के लिए इस मनोवैज्ञानिक और काल्पनिक संहिता का निर्माण स्वचालित संहिता का निर्माण

है। कैकेयी जब कहती है कि '*निज जन्म-जन्म में सुने जीव यह मेरा/धिक्कार उसे था महास्वार्थ ने घेरा*'—तो वह अनुताप को कितना गहराती है और स्वयं स्वार्थ का कितना प्रचंड दण्ड झेलती है। भारतीय चिंतन का उपयोग करते हुए गुप्त जी ने सत्य और न्याय की स्थापना में अपनी काव्यांजलि दी है—इसमें कोई सन्देह नहीं। उन्होंने अपने काव्य का उपयोग नैतिक मूल्यों की स्थापना के लिए किया है। इसलिए वे उन रीतिवादियों का प्रत्याख्यान करते प्रतीत होते हैं जो मनोरंजन को ही कवि-कर्म समझते थे। वे साफ कहते हैं : '*केवल मनोरंजन न कवि का कर्म होना चाहिए/ उसमें उचित उपदेश का भी मर्म होना चाहिए।*' इसमें कोई शक नहीं है कि अपने लिए इतनी मर्यादा बाँधकर स्वयं गुप्त जी ने अपनी कविता की रंजकता को भी कहीं ठेस पहुँचायी है, मगर यह आत्म-चिन्ता उन जैसे लोक-चिंतक को कहाँ!

शास्त्रीय युग संयम, संतुलन, भव्यता और आलंकारिकता का युग होता है। गुप्त जी में उसका संयम और संतुलन तो पर्याप्त है, लेकिन भव्यता और आलंकारिकता बहुत कम परिमाण में है। इस छूटे हुए पक्ष का छायावाद ने बखूबी इस्तेमाल किया है। 'कामायनी' और 'राम की शक्तिपूजा' में भव्यता और अलंकरण देखते ही बनता है। गुप्त जी के काव्य में इन तत्त्वों की न्यूनता ने नीरसता पैदा की है, उसे बोझिल बनाया है। यह गलतफहमी नहीं होनी चाहिए कि बड़ी-बड़ी कथाएँ ले लेने से रचना में भव्यता आ जाती है, या उपमा, रूपक आदि के प्रयोग से आलंकारिकता। ये संरचना के आभ्यंतरिक गुण हैं—जो चाक्षुष, स्मृत, रंजक बिंबों, कल्पना, उदात्तता, मर्मस्पर्शिता आदि से आविष्कृत होते हैं। मैथिलीशरण गुप्त क्योंकि बाहर और भीतर से संपूर्णतः व्याकृत और अनुशासित कवि थे, अतः वे प्रायः सर्जना के ऐसे बंधन नहीं खोल सके जिनसे रचना में उदात्त विराटता और रंजकता आती। गुप्त जी एक सरल कवि हैं, विरल कवि नहीं। उनके समीकरण सीधे-सादे और जटिलताविहीन है। इसे आप उनकी विशेषता भी कह सकते हैं और सीमा भी।

गुप्त जी के काव्य में शील, शक्ति और सौन्दर्य के समन्वय की भरपूर कोशिशों के बावजूद यह कहने में संकोच नहीं होना चाहिए कि उनके यहाँ आवेग ठहरा हुआ है, संयम की इतनी सघनता या पराकाष्ठा है कि वे एक कवि के रूप में स्त्रयं भी बहुत बँधे-बँधे रहे। अतीत के आधुनिक इस्तेमाल का विवेक तो उनमें था, लेकिन अपने युग की द्वंद्वात्मक चेतना का वह विवेक नहीं,

जिससे वस्तु अतिक्रमित होती है, सृष्टि और आत्मा दोनों का विश्लेषण होता है। एक उदाहरण पर्याप्त होगा। गुप्तजी ने नारी-उत्कर्ष और नारी-करुणा—दोनों को काव्य में बहुत महत्त्व दिया, परन्तु अपने इतिवृत्त की सीमाओं, परम्पराओं के प्रति सम्मान और उसके आदर्शीकरण की प्रवृत्ति के कारण वे नारी का क्रांतिकारी रूप प्रस्तुत न कर सके। यशोधरा, विष्णु-प्रिया या उर्मिला को छोड़कर चले जाने वाले पुरुषों को उन्होंने आड़े हाथों नहीं लिया। एक बार भी यह सवाल नहीं पूछा कि यह अन्याय और इससे उपजी साधना और त्याग के क्या मानी है? यानी ऐसी साधना या सिद्धि निरर्थक है जो स्त्री के परित्याग से प्राप्त होती या गौरवान्वित होती हो। वे केवल एक-दो जगह ऐसे व्यंग्य कर सके कि 'अगर नारी घर छोड़कर निकल जाए तो असती कहाती है और पुरुष यती!' या 'नर कृत शास्त्रों' के सारे बंधन नारी के लिए हैं, पुरुषों ने 'अपने संविधान' में स्वयं के लिए पहले ही तमाम सुविधाएँ रख छोड़ी हैं, आदि। परन्तु कोई विद्रोह, प्रतिकार आदि वे आयोजित न कर सके। शायद इतिहास या पुराण से उचित उदाहरण न मिलने की वजह से वे राजा राममोहन राय आदि या आर्य समाज के द्वारा नारी-शोषण के विरुद्ध सक्रिय आन्दोलनों को अपने काव्य में प्राय: जगह नहीं दे सके। केवल परित्यक्ता नारी की उदात्तता, लोक-सेवा, त्याग और आत्म-गरिमा—उन्हीं आबद्धताओं के बीच व्यक्त करते रहे, जो परम्परा से उन्हें मिली।

अतिक्रमण और उदग्र चेतना के बिना इतिवृत्त युक्तियों, तर्कों, समावेशों, समायोजनों आदि तक ही सीमित रहता है। हम इसे शास्त्र-कवि की सीमा मान सकते हैं। इतने अनुशासनों और वर्जनाओं के बीच उसे अभ्यंतर व्यंजित करना होता है, जो विचार और कवित्व दोनों की सीमा बन जाता है। कई बार ऐसा लगता है कि अतीत कथाओं को वर्तमान से गूँथने के लिए जरूरी जो बात होती है, यानी चेतना की आधुनिकता, वह शास्त्रीय कवि के लिए दुर्लभ होती है। उसकी यात्रा उस घोड़े की यात्रा की तरह है जिसके दो पैर बँधे हैं।

इसके बावजूद गुप्त जी के गम्भीर और सार्थक अवदान का महत्त्व कम नहीं होता। उन्होंने गम्भीर, उद्देश्यपरक काव्य-यात्रा की, जिसमें मनोरंजन का सस्तापन न था। उनके अवदान को रेखांकित करते हुए यह जरूरी बात भुलायी नहीं जा सकती कि उन्हें एक साथ दोहरा काम करना पड़ा—एक तो स्वयं काव्य-भाषा का निर्माण और दूसरे, उसमें अभिव्यंजना की शक्ति उत्पन्न करना; जैसे किसी राजमिस्तरी को पहाड़ तोड़कर पत्थर भी बनाना पड़े और फिर खूबसूरत चुनाई

भी करनी पड़े तो वह आखिर कुशलता के लिए अपने को कितना दे सकता है?

गुप्त जी के जन्म के समय खड़ी बोली कविता सिर्फ चार साल की थी, उन्होंने जब पहले पहल कविता लिखी तो वह मुश्किल से सोलह-बीस साल की रही होगी। भाषा का परिमार्जन, काव्य-भाषा के रूप में उसका परिष्कार, छंद आदि का निर्माण और विपुल भारतीय संस्कृति का अध्ययन-मनन-लेखन। सब कुछ एक साथ निभाना कितना दुस्सह होता है। जहाँ तक भाषा का सवाल है, उसकी परिपक्वता और अपने व्यक्तित्व के भीतर उसकी संरचना का सीधा सम्बन्ध विचार और अभिव्यक्ति से है। विद्वान के पास भी अगर नयी, अनपहचानी, अनगढ़ भाषा हो तो विद्वत्ता उसके पास आते हुए सकुचाती है। हर तरह से नयी, अव्याकृत भाषा को काव्य-भाषा बनाकर विचारों को वहन करने की सामर्थ्य के लायक परिपक्व बनाना आसान काम नहीं है। गुप्त जी की इस सेवा को अगली पीढ़ी के कवि बच्चन ने भाव-विभोर होकर स्वीकारा है। उन्होंने कहा है कि जैसे कण्व ऋषि नीचे पड़ी बालिका शकुंतलाको अपने घर उठा लाये थे वैसे ही गुप्त जी ने करुणार्द्र होकर अबोध हिन्दी को वात्सल्य दिया। आगे वे लिखते हैं :

'तुतलाने वाली को क्रमशः
गाना गीत सिखाया,
औ' घुटनों चलने वाली को
नर्तन कुशल बनाया,
आजीवन साधना उन्हीं की
आज खड़ी बोली जो,
युग, देश, प्रकृति, संस्कृति के साज सजाये
मैथिलीशरण थे हिन्दी के हित आये।

बच्चन ने गुप्त जी की सम्पूर्ण भाषिक सेवा का यहाँ सहृदय-स्मरण किया है—यानी उस सेवा का भी, जो आगामी काव्य की भूमिका बनी। प्राप्त भाषा को सँवार लेने और भाषा को प्राप्त करके काव्यानुवर्तिनी बनाने में बहुत अन्तर है, इसे भूलने की कृतघ्नता ने ही गुप्त जी के समुचित महत्त्व की पहचान को बाधित किया है।

...और बिलकुल वैसा भी नहीं है, जैसा गुप्त जी को लेकर कवि-समाज और आलोचना के क्षेत्र में आरोप लगाया जाता है। जो लोग उन्हें केवल इतिवृत्तात्मक, स्थूल, पद्य-कवि कहते हैं, उन्होंने उनकी कुछ मार्मिक कृतियों पर

गौर नहीं किया है। 'पंचवटी' की निर्मल प्रवाहशीलता और खुलापन, 'जयद्रथ वध' और 'भारत-भारती' की वेगवती ऊर्जा, 'कुणाल गीत' की मार्मिकता और उनके विराट् काव्य में यहाँ-वहाँ छलछलाती सौन्दर्य की धाराओं को मेहरबानी करके वे, पहचान लें। किसी के न मानने से, गुप्त जी का कुछ नहीं बिगड़ेगा, बस हम अपनी ही बुनियाद से अपरिचित रह जायेंगे। 'पंचवटी' के प्रारंभ और 'कामायनी' के प्रारम्भ में लगभग संपूर्ण साम्य अकारण और अनजाने नहीं है। और भी कुछ प्रभाव देखें, गुप्त जी कहते हैं :

'मानस मंदिर में सती, पति की प्रतिमा थाप।
जलती-सी उस विरह में, बनी आरती आप॥' (साकेत)

इसे पढ़ते ही निराला की ये पंक्तियाँ बरबस स्मरण हो आती हैं :

'वह इष्टदेव के मंदिर की पूजा-सी
वह शान्त भाव में लीन।' (विधवा)

गुप्त जी कहते हैं :

'ऊपर शून्य तको क्यों, नीचे भरे सिन्धु गम्भीर
करो सींचने के उपाय ही, अक्षय है निजी नीर।'

सुमित्रानंदन पंत कहते हैं :

'ताक रहे हो गगन, मृत्यु नीलिमा गहन
देखो भू को स्वर्गिक भू को, मानव पुण्य प्रसू को।'

गुप्त जी कहते हैं :

'व्याकुल न हो, कुछ भय नहीं,
तुम सब अमृत सन्तान हो!'

प्रसाद कहते हैं :

'डरो मत अरे, अमृत सन्तान
अग्रसर है मंगलमय वृद्धि...'

इन साम्यमूलक पंक्तियों से यह भ्रम नहीं होना चाहिए कि गुप्त जी को छायावाद का प्रणेता कवि कहा जा रहा है। मुख्य बात यह है कि गुप्त जी अपने भाषिक और अभिव्यक्तिगत आधार की दृष्टि से इतिहास-धारा में इतने अनिवार्य, प्रभावकारी हैं कि उन्हें लाँघकर आगे नहीं बढ़ा जा सकता। उन्होंने न सिर्फ हिन्दी को थिरकना सिखाया, आगामी युगों को भी अनेक पारंपरिक और स्थूल आधारों से गतिशील होने में मदद दी। शायद 'थिरकना' गुप्त जी के संदर्भ में एक

आरोपित शब्द लगे, क्योंकि इस पर छायावाद का एकाधिकार माना जाता है और उपर्युक्त तुलनात्मक पंक्तियों में भी हमने यह देखा है। लेकिन पूर्व कथित को कला देना, अकथित को कहने से अधिक महत्त्व, किस हद तक रख सकता है? बहरहाल हम गुप्त जी के काव्य की थिरकन को भी देख लें और यह भी कि गुप्त जी ने स्वयं ही काव्य-भाषा और अभिव्यंजना शिल्प को वह सत्ता भी कहीं-कहीं दे डाली है कि हम अगले युग से उसकी व्यंजना के रिश्तों को भी काट नहीं सकते। 'कुणालगीत' की ये पंक्तियाँ जरा देखें :

आगे यह मुक्त द्वार स्वागतार्थ आया
लो, रसाल-गंध-जात-पुलक भेंट लाया।
दुग्धभार मंद-मंद
लौट पड़ा धेनु वृंद... आदि।

अगर इन पंक्तियों को अनाम रखा जाए तो कोई इन्हें निराला की पंक्तियाँ भी कह सकता है। 'कुणालगीत' गुप्तजी ने जेल के खाली समय में लिखा था। इससे यह संभावना उपजती है कि यदि गुप्त जी को समय मिल पाता, और भारतीय संस्कृति और अतीत को खोजने और रूपायित करने में उन्हें इतना श्रम न करना पड़ता, उनमें अगर एक गहरा सांस्कृतिक उत्साह और उत्तरदायित्व-बोध न होता, आदर्शों और मर्यादाओं से वे इतने आबद्ध न हुए होते तो संभवतः काव्य-भाषा का निर्माण ही नहीं करते, उसे एक स्निग्ध, कान्त और कल्पना-प्रवण व्यक्तित्व भी दे सकते थे। कहने का आशय केवल इतना है कि गुप्त जी के काव्यत्व पर उठी उँगलियों को न सिर्फ उनकी अंतर्बाह्य सीमाओं की जानकारी होनी चाहिए थी, बल्कि उनके काव्यत्व की क्षमता का अहसास भी होना चाहिए था।

प्रारंभ में उठायी गयी बात को समेटकर यह आलेख समाप्त करना चाहूँगा। मैंने कहा था कि शास्त्र-युग के कवि में व्यापक समावेशिता होती है। उसके भीतर एक सदाशयी मन निवास करता है। इसलिए वह अपनी प्रवृत्ति और केन्द्रीय चेतना के बावजूद कहीं ऐसा भी लिख जाता है, जो उसके काव्य-व्यक्तित्व से कभी-कभी कुछ दूर जा पड़ता है। आलोचना के कर्तव्य की भी यहाँ परीक्षा होती है कि वह शास्त्र-कवि के कुछ विरल सन्दर्भों को किस अर्थ में विवेचित करती है। मसलन गुप्तजी को यथार्थवादी सिद्ध करने के लिए अगर ये पंक्तियाँ उद्धृत की जाएँ :

'वह अतीत पुरुषों का युग था उसका क्या कहना है?
सुनो! किन्तु अपने ही युग में हम सब को रहना है।
विगत हुआ तो विगतों का युग, अपना तो प्रस्तुत है
कितना नव्य, भव्य तुम देखो, यह अपूर्व अद्भुत है।'

अथवा

'जिस युग में हम हुए वही तो अपना लिए बड़ा है।'

X X X

'अपने युग को हीन समझना आत्महीनता होगी।'

(एक आलेख से उद्धृत)

अगर इन पंक्तियों को तत्त्ववाद के रूप में लिया जाएगा, तो यह एक तरह से गुप्त जी के पूरे सांस्कृतिक मिशन से इनकार करने की तरह होगा। हम जानते हैं कि उन्होंने अतीत का निषेध करने के लिए अतीत की रचना नहीं की थी। उनका संपूर्ण साहित्य अतीत को आदर्श मानकर, वर्तमान को प्रेरणा देनेवाला साहित्य है। वे 'बक-संहार' में कहते हैं :

'अब भूत चाहे भूत है
पर वह बड़ी ही पूत है
इतिहास देता है हमें इसका पता।'

क्या ऐसे पूत अतीत की अनदेखी को गुप्त जी के साहित्य में रेखांकित किया जा सकता है? महत्त्वपूर्ण यह नहीं है कि पूर्वोद्धृत पंक्तियों में प्रकट यथार्थवादी दृष्टिकोण के जरिये हम गुप्त जी को यथार्थवादी, क्रांतिकारी, आधुनिक आदि-आदि कहने का सुख पा सकते हैं, परन्तु प्रश्न यह है, क्या हमारा यह आत्मसंतोष स्वयं गुप्त जी की संपूर्ण काव्य-साधना और ऐतिहासिक योगदान को खारिज नहीं कर देता? अगर अपने युग को हीन समझना आत्महीनता है तो सवाल यह है कि क्या 'भारत भारती' और अनेक ग्रंथों में अतीत के संदर्भ में वर्तमान की दुर्दशा का चित्र खींचकर स्वयं गुप्त जी अपने ही आरोपों के घेरे में नहीं आ जाते? इसलिए कवि की समाई को, जिसमें यथार्थवाद के चिह्न भी हों, इस रूप में नहीं लिया जा सकता, जिससे उनके समग्र काव्य-व्यक्तित्व को अन्यथा अर्थ में रेखांकित करना पड़े।

यह स्पष्ट है कि गुप्त जी की गंगा अतीत के हिमालय से ही प्रवाहित होती है, हालाँकि उसका प्रयोजन वर्तमान के मैदानों और कछारों को सरसब्ज करना है,

यानी इसमें वर्तमान की जीवित सत्ता है लेकिन समय की धारावाहिता में। इसलिए वह वर्तमान उनके लिए कम महत्त्व नहीं रखता जिसके लिए उनकी गंगा अतीत के हिमालय से इतनी दूर की यात्रा करती है, लेकिन यह सामाजिक और तात्कालिक न होकर आगे-पीछे जुड़ी हुई है। इसलिए गुप्त जी में पाये जानेवाले विभिन्न युगों, विचारों, काव्य-शैलियों आदि के चिह्न का उनकी समग्रता के परिप्रेक्ष्य में ही मूल्यांकन किया जा सकता है— और वह समग्रता उनके नव आभिजात्यवादी कवि-व्यक्तित्व की ही परिणति है।

विरोधों का सामंजस्य

प्रसाद संहित और संश्लिष्ट रचनाकार हैं। वे न शुद्ध भाववादी हैं, न बुद्धिवादी, न यथार्थवादी, न रहस्यवादी—वे सामंजस्य के लेखक हैं। बिलकुल विरोधी मत रखनेवाले भी यदि उनमें अपनी अनुकूलता पा लेते हैं तो इसलिए नहीं कि उनमें विरोधों का जमघट है बल्कि इसलिए कि उनमें 'विरोधों का सामंजस्य' है। यह भाववादी या बुद्धिवादी स्तर पर नहीं 'भाव-चेतना' के स्तर पर घटित हुआ है, जो एक तरह से न केवल प्रतिभाववाद है बल्कि प्रतिबुद्धिवाद, प्रतियथार्थवाद और प्रतिरहस्यवाद भी है। वस्तुतः प्रसाद किसी का एकाधिकार स्वीकार नहीं करते, हर एक से प्रश्न पूछते हैं। इस तरह वे जिस सामंजस्य तक पहुँचते हैं उसका आधार निषेध हैं—अवांछित और अग्राह्य का निषेध। इसीलिए वे सृष्टि-रचना की तरह विरोधों के सामंजस्य की रचना कर सके हैं। जैनेन्द्र ने बड़ी प्रखरता से प्रसाद की, अनास्था से आस्था तक की विषम यात्रा का मर्म उद्‌घाटित किया है। एक जिज्ञासु ने उनसे प्रश्न किया "समूचे प्रसाद का कौन-सा पहलू आपको अधिक प्रिय लगा?"

> जैनेन्द्र ने कहा —"शायद अविश्वास का पहलू। मेरे भाव में वे बड़े नास्तिक लेखक हैं। हर मत-मान्यता को, सामाजिक हो कि नैतिक, धार्मिक हो कि राजकीय, उन्होंने प्रश्नवाचक के साथ लिया। किसी को अन्तिम नहीं माना। 'कंकाल' इसी से कितना भयंकर हो उठा है, मानो काया की कमनीयता पर रीझने को तैयार नहीं है।"—अविश्वास और नास्तिकता के पहलू को विकीर्ण करते हुए जैनेन्द्र कहते हैं—"उनकी अतिशय सप्रश्नता, प्रखर बौद्धिकता, जैसा कि अनिवार्य है, उन्हें उस जगह तक ले गयी, जहाँ खुद बुद्धि पर टिका रहना व्यक्ति के लिए संभव नहीं रहता। अपनी परिपक्व परिणति में बुद्धि यह दिखाये बिना

रह नहीं सकती कि वह अपर्याप्त है और श्रद्धा में ही पूरी हो सकती है।''

वास्तव में प्रसाद की सर्जना छायावादी समीक्षकों के प्रिय भाववाद या यथार्थवादियों के अप्रिय भाववाद के फतवों से अलग है, नव लेखकों के बुद्धिवाद या बुद्धिवाद-विरोधी पचड़े में उसे डालने की जरूरत भी नहीं है, यथार्थवादियों का स्थूल और सीमित यथार्थ भी उसकी सीमा नहीं है। यदि प्रसाद की सर्जना का कोई केन्द्र है तो वह असन्दिग्ध रूप में 'भाव चेतना' है जिसमें बुद्धि, ज्ञान, कर्म, यथार्थ, इहलोक, परलोक सभी का समाहार है, उसमें संयोजनीयता, व्यापकता और समावेशिता है। उनकी दार्शनिक पद्धति में यह 'ज्ञानोत्तरा भक्ति' है अर्थात् वह भक्ति जो ज्ञान से गुजरकर मिलती है, ज्ञान से छिटककर नहीं।

यह मूल स्थापना उस लम्बी इतिहास-यात्रा के बाद की गयी है, जिसके अनेक दौरों में प्रसाद को एकांगी और खण्डित तरीके से समझने—या ज्यादा सही यह है कि—अपने-अपने खण्डित तर्कों को आरोपित करके उनके टुकड़े-टुकड़े करने की कोशिशें हुई हैं। कामायनी में शायद ऐसे ही तर्क-पण्डितों और मूडियों पर प्रसाद की टिप्पणी है :

मन जब भी निश्चित कर लेता
कोई मत है अपना
बुद्धि दैव बल से प्रमाण का
सतत निरखता सपना।

x x x

सदा समर्थन करती उसका
तर्कशास्त्र की पीढ़ी
ठीक यही है सत्य यही है
उन्नत सुख की पीढ़ी

कवि ने यह भी कहा है कि *'बन जाते सिद्धान्त प्रथम, फिर पुष्टि हुआ करती है।'* वे कहना चाहते हैं कि सृजन को पूर्वग्रह से नहीं, उसकी अपनी राह से चलकर पाना ही न्यायोचित है। परन्तु क्या ये आवाजें वहाँ तक पहुँचती हैं जहाँ रचनाकारों को अपने-अपने बाड़े में घसीटने या वहाँ से खदेड़ने की होड़ मची रहती है?

तो, छायावादी समीक्षक उन्हें भाववादी मानते रहे और इसे उनके विशिष्ट गुण की तरह रेखांकित करते रहे जबकि यथार्थवादियों और बुद्धिवादियों ने इसी भाववाद के कारण उन्हें अपने क्षेत्र से खारिज करना चाहा। इसकी प्रतिक्रिया में कुछ लोगों ने उन्हें बौद्धिक कवि सिद्ध करने की कोशिश की तो कुछ ने उन्हें यथार्थवादी (किसी हद तक प्रगतिवादी) कहने की जिद ठान ली। शुक्लजी और मुक्तिबोध दोनों ने कामायनी का उदाहरण देते हुए प्रसाद को बुद्धिवाद-विरोधी बताया यानी छायावाद से नयी कविता युग तक उन पर बुद्धिवाद-विरोधी होने का आरोप तरह-तरह से लगाया जाता रहा, इसका प्रतिवाद कुछ ऐसे उत्साही युवकों ने किया जो छायावाद और प्रसाद से भी लगाव रखते थे। लेकिन यहाँ भी शैली वही लम्बी कूद की थी, जिसके तहत वे दूसरे छोर पर पहुँच गये और उन्होंने खम ठोंककर कहा कि 'प्रसाद बौद्धिक कवि हैं'—अर्थात् नयी कविता के अग्रदूत। परन्तु प्रसाद के बारे में किसी भी एकांगी आग्रह से स्वयं आलोचना ही दिग्भ्रान्त और विकलांग हुई है। उसका उदाहरण 'छायावाद की प्रासंगिकता' (रमेशचंद्र शाह) का यह कथन है जहाँ प्रसाद को 'बौद्धिक कवि' कहते हुए लेखक अपने ही शब्दजाल में उलझ जाता है—"नहीं, प्रसाद रहस्यवादी कवि नहीं हैं, वे प्रथम और अन्तिम रूप से बौद्धिक कवि हैं, वे अनुभूति और बुद्धि के रासायनिक संश्लेष के कवि हैं।" क्या खूब! अगर प्रसाद अनुभूति और बुद्धि के रासायनिक संश्लेष कवि हैं तो 'प्रथम और अन्तिम रूप से बौद्धिक कवि' कैसे हुए? इसी प्रकार की खिचड़ी उन्हें भाववादी, सरल, सरस आदि कहते हुए शान्तिप्रिय द्विवेदी जैसे अनेक आलोचकों ने पकायी थी। आलोचना का यह परिदृश्य पुन: 'कायायनी' की इन पंक्तियों की याद दिला देता है :

'सब कहते हैं खोलो खोलो
छवि देखूँगा जीवन जन की
आवरण स्वयं बनते जाते
है भीड़ लग रही दर्शन की।'

दरअसल दर्शन, सिद्धान्त या वाद के नियत मानदण्डों पर प्रसाद-साहित्य के मूल्यांकन से ये अन्तर्विरोध पैदा हुए हैं। जो लेखक निरन्तर स्वानुभूति और जीवनानुभूति के नवीन संश्लेषों के संधान में लगा है, जो अनथक यात्रा का पथिक है, जो किसी भी जगह जड़ता से खड़ा हुआ और ठहरा हुआ नहीं है, उसे ठहरे हुए सिद्धान्तों में खोजना अपने-आपमें विसंगत है। अगर नये कथ्य के

लिए उसने नयी भाषा ही तलाशी थी, तो उसे परखने के लिए भी नयी भाषा ही तलाशनी होगी।

प्रसाद की रचना-दृष्टि को हमने 'चेतना' कहा है जिसका उत्स 'भाव' है—इस तरह वह भाव-चेतना है। यदि प्रसाद को 'भाववाद' में परिमित न किया गया होता तो सम्भव है, इसे आरोप के ढंग पर नहीं लिया जाता, क्योंकि अन्ततः भाव-दृष्टि साहित्य की अपनी दृष्टि है जो उसे समस्त ज्ञान-विज्ञानों, शास्त्र-संहिताओं, दर्शन-मानविकियों आदि से अलग करके उसमें आस्वादन गुण उत्पन्न करती है। साहित्य में उससे परहेज कैसा? परन्तु जहाँ तक भाव-चेतना का सम्बन्ध है, प्रसाद-साहित्य में उसकी वही भूमिका है जो 'कामायनी' में श्रद्धा की है। जैसे श्रद्धा—इच्छा, क्रिया और ज्ञान-लोक की एकांगिताओं को मुस्कान की 'महाज्योतिरेखा' से परस्पर सम्बद्ध कर देती है, वैसे ही प्रसाद की भाव-चेतना 'विरोधों' का सामंजस्य करते हुए समग्रता रचती है। श्रद्धा से 'भाव-चेतना' की तुलना इसलिए भी करना चाहता हूँ कि कुछ महत्त्वपूर्ण लेखंकों ने उसके चरित्रांकन के आधार पर भाववाद के प्रति प्रसाद के पक्षपात को रेखांकित किया है। स्वयं प्रसाद ने भी कुछ ऐसे संकेत दिये हैं जिनसे यह समस्या उलझी है। इसीलिए सृजन का साक्ष्य ही सम्भवतः निराकरण में मदद कर सकता है।

'कामायनी' के 'आमुख' में कवि ने श्रद्धा को 'भाव' कहा है, और कहा है कि यदि वह 'हृदय का सांकेतिक अर्थ भी दे' तो उन्हें आपत्ति नहीं है। वस्तुतः यह श्रद्धा के एक आयाम का ही संकेत है क्योंकि 'आमुख' में श्रद्धा के दर्शनपरक अर्थ का कोई उल्लेख नहीं है। परन्तु विद्वानों ने प्रसाद के कथन को अक्षरशः लेते हुए श्रद्धा को मात्र 'भाव' या 'हृदय' का प्रतीक मान लिया (यही सुविधाजनक भी था!), जबकि उसका स्वरूप काव्यार्थ की समग्रता से तय करना था। क्योंकि अन्ततः तो 'कविता' ही कवि का 'परम वक्तव्य' होती है। खैर, प्रसाद के कथन का सहारा लेते हुए विद्वानों ने आरोप लगाया कि उन्होंने श्रद्धा को 'कामायनी' में अतिरिक्त और अवांछित महत्त्व देकर भाववाद की स्थापना की है और इड़ा को अकारण अपमानित कर बुद्धिवाद का तिरस्कार किया है। उन्होंने यह देखने का कष्ट नहीं उठाया कि 'कायायनी' में श्रद्धा की सम्पूर्ण व्यंजकता क्या है?

वस्तुतः जिसे मात्र हृदय या भाव कहा गया, वह श्रद्धा 'कामायनी' में

'चिति' या 'चेतना' का प्रतिरूप है। न केवल प्रत्यभिज्ञादर्शन में वरन् आधुनिक मनोविज्ञान में भी चेतना त्रयात्मक मानी जाती है, जिसके तीन क्षेत्र हैं—1. संज्ञान क्षेत्र (Cognitive domain), 2. भाव क्षेत्र (Effective domain) और 3. क्रिया प्रेरित क्षेत्र (Psycho-moter domain)। ये तीनों जुड़कर चेतना की समग्रता रचते हैं और पृथक् होकर उसका विखण्डन करते हैं—अर्थात् उसकी क्षमता को क्षीण और अपेक्षया असफल बनाते हैं। शक्ति का प्रतीक श्रद्धा यद्यपि प्रारम्भ में प्राय: भाव-रूप ही बनी रहती है (क्योंकि वह 'जीव' (मनु) के अधीन है और जीवाधीन शक्ति कमजोर होती है यानी विखण्डित होती है) परन्तु जब उसमें 'चेतना' समष्टि में विकसित होने लगती है तो परोक्ष वस्तु-जगत भी उसकी दृष्टि में खिंच आता है (यह फ्रायड का ऊलजलूल स्वप्न-सिद्धान्त नहीं है, सत्य और तथ्य की प्रतीति है)। सारस्वत प्रदेश में पहुँची हुई श्रद्धा वास्तव में चेतना है। वह संज्ञान या बुद्धि (इड़ा) के इकहरेपन से उत्पन्न असहायता को भाँप जाती है। इसलिए जब वह उसपर आरोप लगाती है कि 'सिर चढ़ी रही पाया न हृदय' तो वास्तव में वह कहना यह चाहती है कि उसे मात्र बुद्धि को ही नहीं, हृदय को भी साथ लेकर चलना चाहिए था। इस तरह वह बुद्धिवाद के साथ भाववाद के समन्वय की जरूरत बता रही थी, जिसके बिना मनु के कर्मवाद से उसका सही जुड़ाव नहीं हो पा रहा था।

इस कथन का यह अर्थ लेना क्या युक्तिसंगत है कि श्रद्धा बुद्धि का निषेध कर रही है या उसका तिरस्कार कर रही है ? आचार्य शुक्ल ने प्रश्न किया है कि इड़ा के द्वारा श्रद्धा को यह क्यों नहीं कहलाया गया कि 'रस पगी रही पायी न बुद्धि।' निश्चय ही प्रसाद के लिए यह कहलाना कठिन नहीं था, क्योंकि वे भाववाद के पक्षपाती नहीं थे, परन्तु ऐसा उन्होंने शायद इसलिए नहीं कहलाया कि इस समय उनकी श्रद्धा, मात्र 'भाव' नहीं है, जबकि इड़ा मात्र 'कार्मिक बुद्धि' है और यही कर्म उसके जीवन का रस-सार है।[1] श्रद्धा ने भी जब अकेले हृदय के सहारे मनु को बाँधने की कोशिश की थी, तब कवि ने उसे असफल और प्रवंचित होते हुए दिखाया था। परन्तु भावमूलक दृष्टि क्योंकि प्रसाद की सर्जना का केन्द्र और संयोजक दृष्टि है, इसलिए उन्होंने भाव के भीतर ही बुद्धि और कर्म के विकास की सम्भावनाएँ सुरक्षित रखी हैं।

1. था एक हाथ में कर्मकलश वसुधा जीवन-रस सार लिये।
दूसरा विचारों के नभ को था एक मधुर अवलम्ब दिये॥

मात्र स्त्री के रूप में भी श्रद्धा भावुक और निठल्ली नहीं है, वह हिमालय की दुर्गम यात्रा में भी धरा की वेदना का रहस्य जानने को व्याकुल है—'*धरा की यह सिकुड़न भयभीत/ आह कैसी है, क्या है पीर?*' प्रारम्भ में जब वह मात्र भाव-रूप थी, तब भी उसकी अव्यक्त शक्तियों के संकेत कवि ने दिये हैं (चारित्रिक विकास के लिए भी यह जरूरी था)। उसके द्वारा उद्घाटित सृष्टि-रहस्य; जीवन कर्म, संगठन, नवीनता, मानवता की विजय-कामना, क्या अकेले भाववाद के बस की थी? क्या उसके बस का था यह समग्र जीवन-विवेक? श्रद्धा, भाव के स्तर पर भी, चेतना-स्पर्श से रहित नहीं थी; उसे बोध था कि कब, कहाँ, कितना अपने विभिन्न चेतना-केन्द्रों का समाहार या उपयोग करना है? मनु को हताशा, वेदना और विराग से उबारने का उपाय भावात्मक अपील ही हो सकता था, धिक्कार या रूखापन नहीं। अपने तर्कों-वितर्कों में तो वह खुद ही उलझा था। उचित अवसर आने पर ही श्रद्धा चेतना-रूप में जीव (मनु) को तत्त्व-बोध देती है और अपनी सारभूत दृष्टि से पृथक् एकांगिकताओं को समन्वित करती है। इच्छा, क्रिया और ज्ञान को समंजित करनेवाली; उनकी पृथक् इयत्ता को दग्ध करनेवाली श्रद्धा क्या मात्र भाव या भाववाद है अथवा चेतना? सुधीजन स्वयं इसका निर्णय ले सकते हैं। अगर श्रद्धा मात्र भाव होती तो क्या वह भावलोक को 'रूपवती रंगीन तितलियों' का वायवीय नृत्यलोक कहती? क्या वह अपने को ही धिक्कारती? क्या भाववाद के लिए ऐसा विश्लेषण और साक्षात्कार सम्भव है? लोग भूल जाते हैं कि जो श्रद्धा मनु की अंकशायिनी थी, वही उसे हिमालय की ऊचाइयों पर ले जानेवाली नहीं है, उसकी अन्तर-रचना बदल चुकी है; अर्थात् वह एक भिन्न-विकसित-श्रद्धा है। स्पष्ट है कि श्रद्धा के बहुआयामी और सांकेतिक चरित्र की ओर ध्यान न देकर मात्र रूढ़ि का पालन करते हुए उसे भाव—और परिणामस्वरूप भाववाद का प्रतीक मानकर प्रसाद पर जो आरोप लगाये गये हैं, वे यथार्थ के परे हैं और उनके अभिप्राय की गलत व्याख्या पर आधारित हैं।

'कामायनी' एक स्तर पर भावना और बुद्धि के उचित सामंजस्य से मानवता के विकास की कहानी है। वह वास्तव में बुद्धिवाद की विरोधी नहीं, अधिक सुखवाद की खोज में लगे, दुःखदायी बुद्धिवाद की विरोधी है जैसा कि 'आमुख' से भी पता चलता है। अपना पुत्र इड़ा को सौंपते हुए श्रद्धा कहती है :

'*यह तर्कमयी तू श्रद्धामय*

तू मननशील कर कर्म अभय'

जाहिर है, वह तर्क, श्रद्धा और मननशील कर्म का समन्वय चाहती है।

प्रसाद के यहाँ सब कुछ सांकेतिक है, कुछ भी मुखर (लाउड) नहीं है। इससे यथार्थवादी और बुद्धिवादी उलझन में पड़ जाते हैं, क्योंकि वे रचना में बाहरी कार्य-व्यापार और प्रत्यक्ष तर्कसंगतता देखना चाहते हैं। मुक्तिबोध को श्रद्धा का यह कहना तथ्यहीन लगता है कि—"*मैं लोक-अग्नि में तप नितान्त/ आहुति प्रसन्न देती प्रशान्त।*" उन्होंने पूछा है कि श्रद्धा 'कौन-सी लोक अग्नि में तपी? उसने कौन-सी आहुति दी?' यहाँ मुक्तिबोध से ही पूछना चाहिए कि उसने कौन-सी आहुति नहीं दी?—बीहड़ पर्वत पर नितान्त असुरक्षित अकेलापन और दुःख झेलते हुए अपनी सन्तान का पालन करना क्या लोक-अग्नि में तपना नहीं है? अभिशप्त जीवन जीते हुए अगली पीढ़ी को पालना और प्रशिक्षित करना; भावी मानवता की अभिवृद्धि के लिए अपने को किसी अज्ञात पुरुष को सम्पूर्णतः दे देना, लोक-अग्नि में तपना नहीं, तो और क्या है? उस वन में अकेले, आदिनारी आखिर किस तरह की लोक-अग्नि में तपती? ईर्ष्या और अहंकार के द्वारा त्रस्त एक स्त्री कुण्ठित न होकर सृजन को जीवनार्थ देती है तो क्या वह मानवीय, सामाजिक अग्नि में चुपचाप, प्रसन्नता से अपने को आहुत नहीं करती? क्या लोक-अग्नि में तपना एक ही तरह से होता है? उसकी अन्य दिशाएँ और प्रक्रियाएँ नहीं हो सकतीं? असल में बाहरी क्रिया-व्यापार का एक ढाँचा मन में जब बन जाता है तो हम रचना से भी निर्धारित अपेक्षाएँ करने लगते हैं, जैसे उसका कोई स्वायत्त व्यक्तित्व ही न हो।

उदाहरण के लिए हम नाटक 'स्कन्दगुप्त' ले सकते हैं जिसपर 'कामायनी' की भाँति ही भाववादी चरित्रांकन और [illegible] का आरोप लगाया गया है। स्कन्दगुप्त को कुछ आलोचक ठण्डा, शिथिल और भावगामी पात्र मानते हैं। उन्हें लगता है कि उसमें ऐसी चमक और त्वरा नहीं है, जो युद्ध-नायक और राष्ट्र-नायक में होनी चाहिए। इसीलिए उसकी सफलताएँ उन्हें थोपी हुई लगती हैं। किसी लेखक को भाववादी और अयथार्थवादी मानने के लिए इससे बड़े किसी प्रमाण की क्या जरूरत! मैं पूछना चाहूँगा कि क्या राम और कृष्ण के चरित्र में भी उग्रता और त्वरा है? ये दोनों ही रावण और कंस (या दुर्योधन) की तुलना में शान्त और धीमे लगते हैं। सामान्यतः भारतीय काव्यों में धीरोदात्त युद्धनायक, उद्दण्डता और हड़बड़ी दिखानेवाले नहीं होते। फिर भी वे तमाम उद्दण्डताओं,

घमण्डों और युद्धों पर भारी पड़ते हैं और अन्ततः विजयी होते हैं। क्योंकि उनके भीतर मूल्यपरक अन्तःशक्ति और लोक-संग्रही आस्था होती है, उनके लिए शक्ति दिखावे की नहीं, साधना की वस्तु है। जहाँ अवसर आता है, वे युद्धनायक के रूप में सक्रिय और सन्नद्ध दिखाई देते हैं।

स्कन्दगुप्त की चरित्र-रचना इसी पद्धति पर हुई है। उसमें भले ही असंयत क्रोध और बाहरी लू-लपट न दिखाई देती हो, परन्तु न तो साहस की कमी है न दक्षता की। वह धैर्य के साथ सम्पूर्ण विषम परिस्थितियों से जूझते हुए अन्तर्विग्रह और बाहरी आक्रमण पर विजयी होता है। वह यदि चौबीसों घण्टे युद्ध ओढ़े नहीं रहता, बात-बात पर घमण्ड और क्रोध नहीं दिखाता तो इसलिए नहीं कि वह कायर और अकर्मण्य है—बल्कि इसलिए कि वह युद्ध-व्यवसायी और क्रूर कर्मी नहीं है, अपने हर कार्य को वह लोक के हित-अहित पर तोलता है और युद्ध को भी अन्य कर्तव्य-कर्मों की तरह लेता है। सम्भवतः ऐसी ही गम्भीर भावना के लिए आचार्य शुक्ल ने कहा था कि 'भावक्षेत्र मनुष्य को स्वार्थों से ऊपर उठाता है, उसके कर्मक्षेत्र का प्रसार करता है। ऐसी स्थिति में उसके कर्म दूसरों के हित-अहित आदि के संकोच से नियोजित होते हैं।' स्कन्द के मन में यह हिचक हमेशा बनी रहती है कि उससे कहीं ऐसा काम न हो जाए जिससे दूसरों का अहित हो। इसीलिए स्वार्थी लोगों में दिखाई देनेवाली उग्रता और चपलता का उसमें अभाव है, यहाँ तक कि ऊपर से वह कई बार इतना निष्क्रिय दिखाई देता है कि हमारी स्वार्थबुद्धि को उसपर कोफ्त होने लगता है। परन्तु राज्य-लिप्सा से रहित अविराम कर्मण्यता ही उसकी शक्ति है। वह गीता के निष्काम कर्म का, भरत के अधिकार-लालसा से रहित राजनय का प्रतीक है। इसलिए अगर उसमें स्वार्थी और अन्धे युद्ध लिप्सुओं जैसे लक्षण प्रकट न हुए हों तो इसे उसकी सन्नद्धता का अभाव या भावलोक में खोये रहना क्यों मानना चाहिए? मंत्री-पद की भागमभाग में लगे व्यक्ति की तुलना में धान बोता हुआ किसान कितना शान्त और लयात्मक होता है परन्तु क्या हम इसे उसकी शिथिलता कहेंगे? क्या उसकी कर्मगत तन्मयता इस ढोंगी पद-लोलुप की तुलना में आलोच्य होगी? स्कन्दगुप्त जैसे चरित्र की रचना प्रसाद ही कर सकते थे क्योंकि वे भारतीय राजयोग और कर्मयोग की परम्परा के मर्म को समझते हुए उसे समकालीन अर्थवत्ता दे सकते थे।

देवसेना और स्कन्दगुप्त के प्रणय को यदि उन्होंने प्रणयलीला नहीं बनाया;

यदि स्वच्छन्दतावादी अकर्मण्य रुदन नहीं कराया और दिवास्वप्न नहीं दिखाये, बल्कि राष्ट्रीय कर्मक्षेत्र में साहचर्य के द्वारा प्रेम को जनवादी अर्थ दिया तब भी वे भाववादी काल्पनिक लेखक कैसे हो गये? देवसेना और स्कन्दगुप्त की चरित्र संघटना में जिस निर्लिप्तता और आत्माभिमान को उन्होंने गूँथा है, नाटकीय कार्य-व्यापार में जिस दक्षता से उसे विकसित और दिशावान किया है, वह अन्तः संघर्ष की कुण्ठित परिणति न होकर दिशान्तर और किसी हद तक उदात्तीकरण है। मात्र भाववादी लेखक से मानव-हृदय की जटिलताओं का बाहरी संसार से तालमेल बिठाने की उम्मीद नहीं की जा सकती थी। अनुभूति— और ऐन्द्रिय संवेगों को क्षति पहुँचाये बिना और उन्हें सुरक्षित रखते हुए, उसे भाववाद में न बदलने देने का जो अपूर्व संघर्ष प्रसाद ने झेला है, उसका सानी मिलना कठिन है।

प्रसाद की भाव-चेतना व्यक्तित्व और सम्बन्धों के अदृश्य कुहासे को चीरती हुई सत्य का साक्षात्कार करती है, वह पाठक के अन्तःचक्षुओं को खोलती है, उसे औचित्य और विवेक देती है, अधिक संवेदनशील और मानवीय बनाती है। प्रसाद भीतर से छिन्न-भिन्न द्वन्द्वात्मक जगत को बाहर से जोड़ने की कोशिश नहीं करते, बल्कि भीतर से सुसंगठित करके उसके जरिये बाहरी विघटन रोकने की कोशिश करते हैं। भाव-चेतना यहाँ संयोजन या प्रत्यावर्तन का काम करती है, वस्तु-जगत के निषेध का नहीं।

उन्माद, पलायनवाद, स्वप्नवाद, वायवीयता, व्यक्तिवादी एकान्त, यथार्थ और बुद्धि से परे निर्मित संसार जो अकसर भाववाद के लक्षण हैं, प्रसाद में प्रतिभाववाद के रूप में रचे गये हैं। सुनने में यह बात जरा अटपटी लगती है क्योंकि अकसर ये ही आरोप तो प्रसाद पर लगाये गये हैं। बार-बार कहा है कि वे पलायनवादी, स्वप्नजीवी, प्रेम के एकान्त-लोक के साधक हैं। प्रसाद में गन्ध, रंग और सौन्दर्य का ऐन्द्रिय संसार कई भावुक पाठकों और समीक्षकों के आकर्षण का कारण रहा है। मैं इनकार नहीं करता क्योंकि ये सब वहाँ हैं। परन्तु क्यों हैं? उनका उद्देश्य क्या वे ही हैं—जैसे कलावादियों के लिए कला का उद्देश्य कला होती है? प्रश्न उनके भाव और सौन्दर्य का नहीं, भाव-गुण और सौन्दर्य-गुण का है, यथास्थान उनकी प्रयोजनीयता का है, उनकी सार्थकता और बोध का है। इन प्रश्नों के उत्तर में प्रसाद अत्यन्त दृष्टिसम्पन्न होकर उभरते हैं।

यहाँ तक कि पलायन के उदाहरणस्वरूप जिस गीत 'ले चल वहाँ भुलावा

देकर' को उद्धृत किया जाता है, वहाँ भी इस दुनिया से पलायन की नहीं, ऐसी दुनिया की आकांक्षा है जहाँ कोलाहल अर्थात् पारस्परिक ईर्ष्या-द्वेष न हो, जीवन हो, सौन्दर्य हो, स्नेह हो। यह किसी भिन्न दुनिया की नहीं, इसी दुनिया में एक भिन्न प्रकार के पर्यावरण की आकांक्षा है। भला बताइए कि क्या ऐसी दुनिया, इस दुनिया के परे मांगी जा सकती है ? क्या वह होती है ? प्रसार की अनेक कृतियों में इसी दुनिया में शान्ति, सुख, सहभाव आदि की जो माँग की गयी है, उसके परिप्रेक्ष्य में ही इस कविता का अर्थ खुलता है। इसीलिए जोर देकर कहना चाहता हूँ कि प्रसाद रोमानियत या भाववाद के नहीं, भाव-चेतना और किसी हद तक प्रतिभाववाद के स्रष्टा हैं। 'ध्रुवस्वामिनी' की रोमानी भाव-मूर्ति कोमा की अन्तिम परिणति क्या एकान्त भाववाद के प्रति प्रसाद की दृष्टि का प्रमाण नहीं है ? यही स्थिति प्रसाद के यहाँ समस्त एकान्तिकताओं की है क्योंकि किसी भी एकान्तिकता को अपनाकर कोई लेखक घनीभूत चेतना या संश्लेषण का लेखक नहीं हो सकता।

'राम की शक्ति-पूजा'
शक्ति के विरुद्ध शक्ति-साधना

मार्मिक पाठ, अनेकार्थी गुंफन, पुरातन को अद्यतन से जोड़ता गहन और सघन स्थापत्य, देश-काल-संस्कृति में संचरणशील तत्त्वों की पड़ताल, आदिकाल से चले आये युद्धों की मनोवृत्ति की पहचान, विजय-पराजय का मूल्यपरक अर्थ, विसंगति, कुत्सा और छल-पटल पर समूचे जीवनार्थ का अंकन, संघर्षरत पुरातन पुरुषोत्तम में से नवीन पुरुषोत्तम का संधान और सबसे अधिक अपने समय के नैतिक और मूल्यपरक संघर्ष को रचनात्मक समर्थन देती, नवजागरण के अन्तःअर्थों से जूझती 'राम की शक्ति-पूजा' भारतीय साहित्य की अनमोल धरोहर है।

पता नहीं, किस क्षण निराला के भीतर इस अग्निधारा का स्राव हुआ, पता नहीं, कितने चक्रों को बेधता, अनाम देश-कालों में अन्तःप्रवेश करता कवि यहाँ पहुँचा—इस सहस्रार पर! कितनी अंतर्वेदना, कितना संवेग, कितनी ज्ञान-राशि और अनुभव-समृद्ध मानस ने बीते विश्वयुद्ध, और स्वाधीनता के लिए जूझते महादेश की नैतिक छटपटाहट को महसूस किया कि इस महाकाव्यात्मक कविता का प्रसव हुआ—जैसे वामन में विराट! कवि का जो सारभूत था वह यहाँ एकत्र हो गया था। उसके कारखाने में तो जाने क्या बना- अधबना पड़ा था, परन्तु कुछ उदाहरण के लिए पेश है :

सरोज स्मृति का थका-हारा बेटी का बाप व्यथा से बिलख उठता है :

> *'दुःख ही जीवन की कथा रही*
> *क्या कहूँ आज, जो कही नहीं।'*

और 'राम की शक्ति-पूजा' के राम, जो वाल्मीकि के शब्दों में समुद्र जैसे गम्भीर और हिमालय जैसे धैर्यवान थे, आज आसुरी शक्ति से परास्त और साधना की पराकाष्ठा पर विफलता-बोध से विषण्ण हो उठे हैं :

'धिक् जीवन जो पाता ही आया विरोध
धिक् साधन जिसके लिए व्यर्थ ही किया शोध।'

तो जो 'सरोज-स्मृति' का दुःख था, वह यहाँ भी आ गया है, अलबत्ता नैतिक पीड़ा के रूप में—ज्यादा बड़ा और सघन होकर।

'तुलसीदास' के प्रारम्भ में निराला ने सांस्कृतिक सूर्य के अवसान से जो घनघोर अन्धकार देखा था : 'भारत के नभ का प्रभापूर्य/ शीतलच्छाय सांस्कृतिक सूर्य/ अस्तमित आज के तमस्तूर्य दिङ्मंडल।' भारत के नभ का प्रभापूर्ण जो सांस्कृतिक दिङ्मंडल था, वह आज तमस्तूर्य हो गया है। इसी अँधेरे का अनुभव वे 'राम की शक्ति-पूजा' में भी करते हैं। रावण की शक्तियाँ तमस्तूर्य हैं, राम की पराजय इसी सांस्कृतिक सूर्य का तम से आवृत होना है। कविता का प्रारम्भ है :

'रवि हुआ अस्त ज्योति के पत्र पर लिखा अमर
रह गया राम रावण का अपराजेय समर।'

वही ध्वनि, वही वेदना, वही नैतिक सांस्कृतिक पराजय-बोध का आलेखन। 'सरोज-स्मृति' का आरम्भ भी तो 'जनक से जन्म की विदा अरुण' से ही है। यहाँ भी तो सूर्य-जन्म के आरम्भ में ही जनक से आजन्म विदा ले रहा है।

निराला के सृजन की धुरी वेदना है। वही उनके जीवन-संघर्ष के केन्द्र में भी है। उनकी तीनों श्रेष्ठ रचनाएँ गहरे अवसाद में जन्म लेती हैं। अँधेरा तीनों के आगे डटा है। जाहिर है, निराला की लड़ाई भाँति-भाँति के अँधेरों से थी। क्योंकि बिना अंधकार के बोध के, उससे लड़ाई या उसपर विजय कैसे सम्भव है? 'सरोज-स्मृति' में तो निराला साक्षात् हैं ही, लेकिन 'राम की शक्ति-पूजा' और 'तुलसीदास' में वे राम के गायक तुलसी के संघर्ष से अपने को जोड़ते हैं और शायद उन्हें एक लक्ष्य कवि की गरिमा देते हैं। 'राम की शक्ति-पूजा' में वे उसी रूप में राम से तादात्म्य करते हैं—अर्थात् राम की सर्जना आत्मभोग के सहचर के रूप में भी हुई है तभी इस कविता में इतनी जान आयी है और कवि-गठन के सारे तत्त्व इसमें एकत्र हो गये हैं।

अब अगर उस साधना की ओर आएँ जो 'राम की शक्ति-पूजा' के केन्द्र में है तो वह हमें पहले ही 'पंचवटी प्रसंग' में देखने को मिलती है। यहाँ राम, लक्ष्मण को जागरण का मर्म बता रहे हैं। यह जागरण ऊपर कहे गये अँधेरे का

प्रत्युत्तर है। वे समझाते हैं कि दूसरों को जीतने के लिए पहले अपने को जीतो। यह जीत उस आत्मबल से पैदा होती है जिसे हम अपने भीतर साधते हैं। इसके लिए वे देशज योग की अन्त:क्रियाओं का आश्रय लेते हैं। प्रसंगवश यहाँ 'योग वाशिष्ठ' का स्मरण हो आता है और यह कहना भी जरूरी लगता है कि निराला की दर्शनिक चेतना को उनके काव्य से पृथक् नहीं किया जा सकता। भारतीय दर्शन के समन्वित रूप को उन्होंने स्वयं अपने भीतर साधा है, इसमें योग, वेदांत, शैव, शाक्त, रामकृष्ण, विवेकानंद आदि की दार्शनिक चेतना का समन्वय है; जो अंतत: धार्मिक नहीं, अंतर्हित तत्त्व, विचार और तर्क-प्रक्रिया का रूप लेता है। खैर, इससे यह प्रतीति तो होती ही है कि एक बड़ी कविता को साधने में कितने बलों को एक साथ साधना होता है, जो कविता के नवार्थ और महार्थ का उपादान बन सकते हैं। हाँ, इन सबको साधने में महाप्राणता लगती है, तो 'पंचवटी प्रसंग' में देखें :

राम : 'स्थूल से वह (मन) सूक्ष्मातिसूक्ष्म हो जाता :'

X X X

मन, बुद्धि, अहंकार से लड़ता है जब
समर में दिन दूनी शक्ति उसे मिलती है
क्रम क्रम से देखता है
अपने ही भीतर वह...

X X X

पार करता रेखा जब समष्टि अहंकार की
चढ़ता है सप्तम सोपान पर
प्रलय तभी होता है
मिलता वह अपने सच्चिदानंद रूप से।

अंत:साधना कैसे वाह्य जगत को संचालित करती और समर्थ बनाती है, इसे राम यों कहते हैं कि जब व्यक्ति मन, बुद्धि और अहंकार से लड़ता है तो समर में उसे दिनदूनी (मुहावरा : दिन दूनी रात चौगुनी) शक्ति मिलती है। यहाँ 'राम की शक्ति-पूजा' में शक्ति की साधना का रहस्य खुलता है कि वे क्यों अगले दिन युद्ध की व्यूह-रचना करने की बजाय योग-तप-आराधना की आंतरिक साधना करने बैठ गये? आखिर योग-साधना का युद्ध में विजय से क्या संबंध

है?

वास्तव में राम हार-जीत या मरने-मारने की लड़ाई नहीं लड़ रहे हैं वे अनीति, अन्याय, अतिचार के विरुद्ध न्याय और सदाचार की लड़ाई लड़ रहे हैं। जिसकी सफलता मन की निष्ठा, आतंरिक संकल्प और कष्ट की पराकाष्ठा सहने पर ही संभव है। क्योंकि नैतिक-मार्ग हमेशा बहुत कठिन और अंतर्वती होता है। राम की साधना को आप भारत की अपनी साधना और अपनी प्रणाली कह सकते हैं। आत्म-बलाबल और जय-पराजय का अनिवार्य संबंध यों विश्वभर में मान्य है। एच.जी.वेल्स की प्रसिद्ध कहानी 'द डुवैल' में भावी युद्ध के भय से परेशान पात्र वास्तविक लड़ाई के पहले ही आत्महत्या कर लेता है।

हाँ, तो चर्चा चल रही थी, 'राम की शक्ति-पूजा' में पूर्व रचनाओं के अन्त:प्रवेश की। 'पंचवटी-प्रसंग' में राम जिस साधना का उपदेश कर रहे हैं उसे यहाँ स्वयं साध रहे हैं :

गहन- से-गहनतर होने लगा समाराधन
क्रम-क्रम से हुए पार राघव के पंच दिवस
चक्र से चक्र मन चढ़ता गया ऊर्ध्व-निरलस;

X X X

आठवाँ दिवस, मन ध्यान-युक्त चढ़ता ऊपर
कर गया अतिक्रम, ब्रह्मा-हरि-शंकर का स्तर
हो गया विजित ब्रह्माण्ड पूर्ण, देवता स्तब्ध

उपर्युक्त रचनाओं के अलावा ढेरों ऐसे प्रयोग और सन्दर्भ हैं, जिनके संकेत 'राम की शक्ति पूजा' में हैं, जैसे हनुमान के आवेग-आक्रोश में 'बादल राग' की गर्जना, सीता के लतांतराल मिलन की स्मृति में 'जुही की कली' को छूती रोमानियत, 'जागो फिर एक बार' के राष्ट्र जागरण का आह्वान। इतना ही नहीं, आगामी 'प्रार्थना-गीत' जो भीतर कहीं अवचेतन में रहे हों—उनका आत्मनिवेदन, और बहती हुई वेदना को भी चाहें तो इस कविता में रेखांकित कर सकते हैं, क्योंकि 'मात: दशभुजा' के प्रति राम का प्रार्थनाभाव कविता में है ही। दरअसल ये सब निराला के ही अलग-अलग आयाम हैं जो यहाँ एकत्र हैं, जो कहते हैं कि यहाँ निराला समग्र हैं। उनके पास महाकाव्य की विपुल सामग्री है जिसे वे एक कविता में संघनित कर देते हैं। विषयवस्तु और कला विधान के तनाव में सधी-

बँधी कविता एक महाकाव्यात्मक सत्ता हासिल कर लेती हैं। दूसरे शब्दों में अपने भीतर सघनतम विराट को रच देती है। जैसे 'गीत गोविंद' के राधा-कृष्ण ही ललित नहीं हैं, स्वयं कविता ही कमनीय, छरहरी और हजार बल खाती प्रेयसी बन जाती हैं। वैसे ही 'राम की शक्ति-पूजा' अंतर्बाह्य संघनन में स्वयं-शक्ति रूपा है। 'कामायनी' में जयशंकर प्रसाद ने शक्ति के विद्युत्कणों के संयोजन से मानवता की विजय का जो रूपक दिया है—'शक्ति के विद्युत्कण जो व्यस्त, विकल बिखरे हैं हो निरुपाय। समन्वय उनका करें समस्त, विजयिनी मानवता हो जाय।'—उसे निराला ने 'राम की शक्ति-पूजा' में मानो घटित कर लिया है—अपनी सर्जना, चेतना, अनुभूति, ज्ञान, मेघा के सारे तत्त्वों को संयोजित कर। ये सब बीज-तत्त्व मिलकर 'नये पुरुषोत्तम' की विजय सुनिश्चित करते हैं। भले ही सचेत, सुनियोजित प्रयास से यह न हुआ हो, परन्तु इस महाकविता ने निराला में जन्म लेकर, यह संभव कर दिया है।

पृष्ठभूमि युद्ध की है और युद्ध पूरी सृष्टि में आदि काल से जारी है। दूसरे शब्दों में युद्ध स्वयं एक कालजयी प्रवृति है। कदाचित इसीलिए संसार के प्रायः सभी बड़े काव्य युद्ध पर आधारित हैं।

वह एक युद्ध दिन की शाम थी ...वह एक अवसाद की शाम भी थी—नितांत श्लथ और हताश। दिनभर युद्ध में रावण का राम पर भारी दबाव रहा। इसलिए उनके लिए वह पराजय की ओर बढ़ते अँधेरे की शाम थी। वैसे युद्ध के बीच में और युद्धांत में जय-पराजय कोई नयी बात नहीं, और स्वयं राम भी पराजय से दुःखी होनेवाले नहीं हैं। वे वास्तव में स्तब्ध हैं, सन्न हैं। क्योंकि यह लड़ाई उनके और रावण के बीच हुई ही नहीं, रावण लड़ा ही नहीं, फिर भी वे रावण से हार गये। हुआ यह कि महाशक्ति रावण को अपने अंक में वैसे ही खुलेआम लिये थी, जैसे चन्द्रमा अपने अंक में कलंक लिये आकाश में चौड़े घूमता है। राम के सारे ज्योतिर्मय, सिद्ध अस्त्र महाशक्ति के प्रताप से बुझ-बुझकर आकाश में लीन हो गए। इतना ही नहीं, शक्ति ने अपनी दृष्टि से राम के हाथ बाँध दिये। प्रत्यंचा पर तीर चढ़ाना तक उनके लिए असंभव हो गया। वे यह देखकर चकित

और आहत थे कि महाशक्ति न्याय, सत्य, सदाचार का साथ न देकर अन्यायी और अत्याचारी असुर का साथ दे रही है—'अन्याय जिधर है शक्ति उधर!' राम की यह पीड़ा व्यक्तिगत नहीं थी, नैतिक और मानवीय थी। इसी कथाधार पर यह कविता बुनी गयी है।

बड़ी कविता यूँ ही नहीं रची जाती, जब भी समय का प्रखर बिन्दु किसी रचना-मानस और किसी बड़ी प्रतिज्ञा, संकल्पना के प्रखर बिन्दु से अपनी परम ऊर्जा में मिलता या टकराता है, तब कहीं श्रेष्ठ रचना का जन्म होता है। इसलिए यह देखना होगा कि अपनी समग्रता के साथ निराला ने किन आवश्यकताओं, किन अनुभवों और किस चेतना के बीच यह कविता लिखी है। क्योंकि इतिहास या पुराण से रचना जन्म ले सकती है पर वे रचना के संचालक नहीं होते। लिखी वह अपने समय की प्रेरणा से ही जाती है। इसलिए 'राम की शक्ति-पूजा' मूल में भले ही एक सांस्कृतिक कविता है, परन्तु अपनी सर्जना में वह समकाल की कविता भी है। दूसरे शब्दों में यह किसी काल-खण्ड की नहीं, समयमात्र की कविता है।

जब यह कविता रची गयी थी, तब प्रथम विश्वयुद्ध हो चुका था, जो अपने पीछे आर्थिक, सांस्कृतिक, मानवीय विभीषिकाएँ छोड़ गया था, और तब तक दूसरे विश्वयुद्ध की विषाक्त हवाएँ चलने लगी थीं। इधर देश स्वाधीनता की लड़ाई में चौतरफा व्यस्त था। अग्निपथ पर गाँधी-युग की पैदल यात्रा थी। सामने आततायी साम्राज्यवादी था—दुर्धर्ष शक्ति से लैस। जयशंकर प्रसाद ने उसकी अपरिमित शक्ति को 'अराति सैन्य सिंधु' कहा था। सशस्त्र क्रांतिकारियों में जबरदस्त राष्ट्र-प्रेम और चूड़ांत उत्सर्ग की भावना थी। उनमें निष्ठा, साहस, कौशल—किसी बात की कमी न थी, फिर भी उनके शोले साम्राज्यवादी सिंधु में बुझ-बुझकर लीन हो रहे थे। शताब्दियों से पराधीन निश्शस्त्र देश को पूरे साहस और संकल्प से प्रतिरोध करना था। यहाँ कहीं न कहीं निराला के मन में गाँधी थे जिनकी लड़ाई भी अन्याय, आतंक, असत्य आदि से थी और जो सत्य, अहिंसा, प्रेम, आत्मोत्सर्ग, आत्म-संयम और अवज्ञा के द्वारा साम्राज्यवाद को चुनौती दे रहे थे। यहीं राम का संघर्ष समकाल के लिए प्रतीकवत्ता प्राप्त करता है। 'नवीन पुरुषोत्तम' का जन्म पुराण-पुरुषोत्तम में से साभिप्राय प्रतीत होता है और कविता की अन्तिम पंक्ति—एक तरह से भरत वाक्य बन जाती है—जो स्वाधीनता-समर में विजय की शुभकामना जैसी है : 'होगी, जय होगी, जय हे पुरुषोत्तम नवीन'।

यह अर्थ इस कविता के स्रोत और रचाव से निकला है। क्योंकि बाँग्ला की 'कृत्तिवास रामायण', जहाँ से यह कथा ली गयी है, मात्र शत्रु को पराजित करने के लिए शक्ति की उपासना बनकर रह गयी है। निराला ने अपनी मौलिक कल्पना, नवीन चेतना से इसे अनोखी सांस्कृतिक-राष्ट्रीय अस्मिता दी और नैतिक-मानवीय मूल्य तथा संघर्ष की नयी व्याख्या देकर इसे नवजागरण की बीज कविता बना दिया है। पर्वत को शक्ति-स्वरूप, गर्जना करते समुद्र को सिंह, दसों दिशाओं को दशहस्त, अम्बर को शशिशेखर दिगम्बर (शिव) के रूप में परिकल्पित कर निराला ने न केवल शक्ति की बल्कि भारत माता की एक विराट छवि अंकित की है। शक्ति में भारत माता का अंतर्बिम्ब तत्कालीन राष्ट्रीय चेतना की सार्थक अभिव्यक्ति थी, इसका एक प्रमाण स्वयं उनकी कविता 'भारति, जय, विजय करे!' के विराट बिम्ब में मिलता है।

युद्ध का मूल प्रयोजन न्याय और अन्याय का संघर्ष है। लेकिन न्यायी पक्ष में विवेक भी होता है, जो आज लगातार खोता जा रहा है। हर प्रकार के युद्ध में हम आये दिन लगे रहते हैं। लेकिन प्रश्न यह है कि युद्ध का वास्तविक विवेक क्या होता है? क्योंकि हर पक्ष अपने को सही समझता है। कवि इसे राम के शस्त्र-धारण और शस्त्र-सन्धान की मूल चेतना द्वारा परिभाषित करते हैं। पराजय के कारणों पर विचार करते हुए राम आत्मान्वेषण करते हैं। वे अपने तीरो के बारे में कहते हैं :

'जो तेजः पुंज सृष्टि रक्षा का कर विचार
है जिनमें निहित पतन घातक संस्कृति अपार।'

जिन तीरों में सृष्टि रक्षा का विचार और पतन घातक संस्कृति चेतना है :

'शत-शुद्धि बोध सूक्ष्मातिसूक्ष्म मन का विवेक'

राम ने यह युद्ध बिना विवेक के नहीं किया। और यह विवेक आरोपित नहीं है—सूक्ष्मातिसूक्ष्म मन का है जिसमें स्वार्थ निहित नहीं है, जाने कितनी बार शुद्ध किया बोध है। कोई उत्तेजना, उग्रता नहीं, अगर है तो उसका शमन भी है और वह सब यहाँ चरितार्थ भी हुआ है। क्योंकि यह क्षात्र-धर्म है :

'जिनमें है क्षात्र धर्म का धृत पूर्णाभिषेक'

क्षात्र धर्म क्या है? 'अभिज्ञान शाकुन्तलम्' में जब दुष्यन्त (कण्व) आश्रम के हरिण पर तीर का संधान करता है तब तपस्वी कहता है—'आर्तत्राणाय वः

शस्त्रम् न प्रहर्तुं अनागसि।' तुम्हारे शस्त्र आर्त की रक्षा करने के लिए हैं, निरपराध को मारने के लिए नहीं। यहाँ निराला ने भी शक्ति के इस्तेमाल की बात कही है, केवल शक्ति की बात नहीं की है। शक्ति तो दोनों पक्षों के पास होती है—लेकिन शक्ति का उपयोग कैसे करें? किस उद्देश्य से? क्षत्रिय की परिभाषा है—'क्षतात् किल त्रायते इति क्षत्रियः।' जो दुर्बल की / आहत की रक्षा करे वही क्षत्रिय है। राम के तीर में भी वही क्षात्र धर्म है क्योंकि उनके भीतर सृष्टिरक्षा का विचार है। इतना ही नहीं :

'जो हुए प्रजापतियों से संयम से रक्षित।'

विचित्र है कि कोई युद्ध में संयम की बात कर रहा है। जिस जमाने में कहा जाता था—Everything is fair in love and war, वहाँ निराला कह रहे हैं :

'जो हुए प्रजापतियों से संयम से रक्षित
वे शर हो गये आज रण में श्रीहत खण्डित।'

राम को इस बात का दुःख नहीं है कि मैं पराजित हुआ हूँ। उन्हें इस बात का दुःख है कि युद्ध के विवेक, संयम, मूल्य और न्यायिक आधारों की पराजय हुई है और यही दृष्टि इस कविता के आयाम को व्यापकता देती है। अब न यह राम-रावण की लड़ाई रहती है, न सीता के लिए लड़ाई। इसका आयाम विश्वव्यापी हो जाता है। क्योंकि यहाँ पराजय उसकी हो रही है जिसके पास विवेक है, संयम है, न्याय है, क्षात्र धर्म है। पतन घातक संस्कृति का विचार है और निश्चय ही यह पराजय व्यक्तिगत पराजय से कहीं बड़ी है क्योंकि मनुष्यता की पराजय है। यहाँ कवि का करिश्मा देखिए, तीर के भीतर विचार! बम के भीतर कोई विचार रखता है भला? लेकिन यहाँ राम का जो प्रत्येक तीर चलता है, उसके भीतर विचार है, दृष्टि है, पतनशील संस्कृति का घात है—सृष्टि-रक्षा की विकलता है। बार-बार विचार, विवेक, संयम, न्याय, क्षात्र धर्म, इनकी बात युद्ध में कर रहे हैं राम। भला बताइए कि जिस जमाने में युद्ध की नैतिकता ही समाप्त हो गयी थी, अन्धी लड़ाइयाँ लड़ी जा रही थीं, उस समय निराला यह कविता लिखते हैं, मानो एक युद्ध बाहर चल रहा है और दूसरा युद्ध कवि के भीतर चल रहा है, उस युद्ध के विरुद्ध।

यह पूरी कविता—प्रतीक कविता है, और यही प्रतीकवत्ता उसे कालजयी बनाती है। कालजयी रचना में व्यापक विचार-विवेक होता है, सीमित स्वार्थ

नहीं। अगर कोई कवि अपनी ही बात कहता है, अपना रोना रोता है अपना गाना गाता है, तो अव्वल तो वह कविता नहीं होती और अगर होती है तो क्षणजीवी। कविता बड़ी तब होती है जब उसका संसार बड़ा होता है। कविता में प्रतीक इसीलिए होते हैं, वे हमेशा चीजों को व्यापक आयाम देते हैं। यहाँ राम को कहा गया है—'पुरुषोत्तम-नवीन'। राम नवीन कहाँ से हो गये? यह निराला का समय बोल रहा है, इस प्रतीक के भीतर। तुम आज के पुरुषोत्तम हो, क्योंकि आज ऐसे ही पुरुषोत्तम की जरूरत है, जिसमें युद्ध का विवेक हो, जिसे अपनी पराजय-पीड़ा नहीं सालती, बल्कि पूरी संस्कृति की, न्याय की, ईमानदारी की पराजय-पीड़ा घेरती है। वही पुरुषोत्तम होता है। छोटी-मोटी दया करके कोई गौतम बुद्ध नहीं हो जाता। गौतम बुद्ध तब होता है जब उसके पास विराट करुणा होतीहै, विराट दया होती है। व्यक्ति पुरुषोत्तम तब नहीं होता जब छोटा-मोटा संघर्ष या किसी का उपकार या भला कर दे। पुरुषोत्तम तब होता है जब उसके मन में पूरी सृष्टि की रक्षा का विचार होता है, जब उसके पास विराट दृष्टि होती है, विराट भाव होता है। अपनी पत्नी के लिए लड़ाई लड़ने के कारण राम पुरुषोत्तम नहीं हैं क्योंकि यह तो मध्यकाल में भी राजा लोग करते ही रहे हैं।

इस कविता में विलक्षण काव्यत्व है, कैसे-कैसे मनोवैज्ञानिक स्पर्श हैं इसके भीतर! राम पराजय भाव से ग्रस्त हैं। इस अवसर की पूरी भाषा भी वैसी ही चलती है :

'रवि हुआ अस्त ज्योति के पत्र पर लिखा अमर
रह गया राम रावण का अपराजेय समर।'

इससे प्रारंभ कविता का पहला हिस्सा पहले शिथिल फिर संश्लिष्ट भाषा और शिल्प में चलता है। राम पराजित हैं और व्याकुल भी हैं। कवि उपमा देते हैं कि कपिगण राम के पीछे-पीछे ऐसे चल रहे हैं 'स्थविर दल ज्यों विभिन्न'—यहाँ एक शब्द भी व्यर्थ नहीं है, न पर्यायवाची से बदलने योग्य। निराला यहाँ एक एक शब्द, एक एक उपमा, एक एक गति का प्रयोग बड़ी सावधानी से करते प्रतीत होते हैं। जैसे हनुमान की प्रबल हुंकार 'रव' से प्रकट नहीं हो सकती थी, कवि की प्रतिभा तमाम शब्दों में से उपयुक्त शब्द चुनती है। कुछ कवि 'सिन्धु' को बड़ा बनाने के लिए उसे 'सिन्धू' लिखते हैं। यह अस्वाभाविक प्रयोग है। निराला इसके लिए स्वाभाविक शब्द लाते हैं और कविता में एक एक शब्द की प्राण-प्रतिष्ठा करते हैं। वे 'रव' के पर्यायवाचियों में से राव शब्द उठाते है और

क्योंकि वे हनुमान हैं इसलिए 'राव' से भी काम नहीं चलेगा तो 'महाराव' शब्द चुनते हैं। अमरकोश में 'रव रावो महारावो' है ही। अब स्थविरदल को लें। स्थविर (बौद्ध भिक्षु के लिए प्रयुक्त शब्द) एक साथ चल रहे हैं लेकिन उनका दल है, भीड़ नहीं। दल नारा लगाता नहीं चल रहा है। एक साथ चल रहा है, फिर भी सब विभिन्न हैं। अपने-अपने मन में सोच रहे हैं, गुन रहे हैं। तो स्थविर जब नीचा माथा कर चलते हैं एक साथ तो साथ चलते हुए दीखते हैं, पर वे एक साथ होते नहीं। सब अपने अपने भीतर तन्मय रहते हैं। सब अपने-अपने चिन्तन में खोये रहते हैं। हम एकसाथ बैठे हों और अगर अपने-अपने मन, अपने-अपने चिन्तन में खोये हों तो एक साथ होते हुए भी विभिन्न होंगे। यहाँ 'स्थविर दल ज्यों विभिन्न' का अर्थ है—हर व्यक्ति के मन में पीड़ा की अपनी अनुभूति है—अपने-अपने स्तर पर सोच रहा है हर कोई। अब यह जो 'विभिन्न' है, वह कविता में बहुत दूर जाता है, सबके अपने-अपने व्यक्तित्व और सोच में रूपायित होकर। अब एक ध्वनिपरक शब्द का प्रयोग देखें। राम की आँखों से आग बरस रही है, यह बात निराला इस तरह कहते हैं : *'विच्छुरित वह्नि राजीव नयन'*—विच्छुरित शब्द से ही जैसे चिनगारियाँ इस कदर छूट रही हैं कि शब्द का अर्थ जाने बिना भी उसके उच्चारण से ही अर्थ-बोध हो जाता है। और अर्थ जानने पर तो राजीव नयन के साथ 'विच्छुरित वह्नि' शब्द एक नितांत कोमल व्यक्ति की प्रखर मानवीय पीड़ा और मूल्य-ध्वंस के प्रति तीव्र आक्रोश की प्रतीति कराता है—यानी अपने (कोमल) स्वभाव से भिन्न होने पर भी सामाजिक मानवीय, न्यायिक ध्वंस के प्रति गहरी पीड़ा चरम ऊर्जा में प्रकट होती है।

यहाँ एक पुरुषोत्तम है, एक हनुमान है, जाम्बवान है, विभीषण है, या और भी हैं, वे मन की विभिन्न स्थितियाँ हैं या वे मन के किसी न किसी भाव के प्रतीक हैं। यहाँ तक कि शक्ति भी। जैसे जाम्बवान (जिनके बारे में बाद में चर्चा करेंगे) जब राम से कहते हैं कि *'शक्ति की मौलिक कल्पना करो'*, तो सवाल है कि शक्ति की मौलिक कल्पना क्या होती है? शक्ति हमारे भीतर है। हम ही इसे साध सकते हैं। यही मौलिक कल्पना है, अपनी तरह से शक्ति को साधना। मौलिक कल्पना करने की जरूरत क्यों पड़ी? जब राम ने देखा कि रावण के साथ शक्ति है इसलिए वह जीत गया। अन्याय के साथ शक्ति होने से वह जीत जाता है और न्याय के साथ शक्ति न होने से वह हार जाता है; अर्थात् दोनों की निर्णायक है शक्ति। परन्तु यदि दोनों ओर शक्ति समान रूप से हो तो अन्यायी

की शक्ति न्यायी की शक्ति से कमजोर होती है। इसीलिए जाम्बवान ने कहा था कि युद्धरत व्यक्ति को शक्ति अर्जित करना ही होगी, क्योंकि शक्ति का उत्तर शक्ति से ही दिया जा सकता है। और क्योंकि रावण ने शक्ति की आराधना की है तो उसका उत्तर शक्ति की प्रबल आराधना से ही सम्भव है—*'दो आराधन का दृढ़ आराधन से उत्तर'* क्योंकि पुरुषोत्तम की आराधित शक्ति असुर की आराधित शक्ति से अधिक सशक्त होगी और एक अत्याचारी को सही प्रत्युत्तर यही होगा। इस अर्थ में शक्ति प्रत्येक व्यक्ति या मन से जुड़कर एक अलग भाव हो जाती है, अलग प्रयोजन हो जाती है।

शक्ति की आराधना के साथ ही एक आध्यात्मिक और अवधारणात्मक परिकल्पना जुड़ जाती है। जाम्बवान शक्ति की मौलिक कल्पना करने का आह्वान कर रहे हैं। यह शक्ति आत्मानुभूत, अद्वितीय, लोक मंगलकारी, उदात्त, विराट होकर निम्नतर शक्ति का सही उत्तर हो सकती है। शक्ति की जैसी परिकल्पना की जाती है उसमें हम देखते हैं कि पूरी प्रकृति शक्ति बनकर अवतरित हो जाती है, यही मन की शक्ति है। गीता कहती है—*मन एव मनुष्याणां कारणं मोक्षबन्धनम्*—मनुष्य का मन ही मुक्ति का कारण भी है और बन्धन का कारण भी है। अगर इस मन को साध लेंगे तो बड़े से बड़े बन जाएँगे और अगर उसे आवारा छोड़ देंगे तो यह जाने किन दिशाओं में भटका देगा। शक्ति की मौलिक कल्पना असल में अपने भीतर शक्ति के स्वैच्छिक अवतरण की भूमिका है। क्योंकि जो शक्ति दूसरे के पास है, उसे देखकर आप मौलिक कल्पना नहीं, नकल ही कर सकते हैं। इस कल्पना में सद्-इच्छाएँ भी जुड़ी हैं, जो दुर्वृत्त या दुराचारी की हिंस्र और कुटिल शक्ति से भिन्न हो, और एक पावन लेकिन प्रबल इच्छाशक्ति को सक्रियता दे।

अब हनुमान को लीजिए। हनुमान मन की उग्रता है जो स्वामी-मन के लिए पूरी तरह समर्पित है। इसलिए जब वे देखते हैं राम के मन की इस व्याकुलता को, तो दुखी होते हैं, परन्तु उनकी प्रतिक्रिया भयंकर क्रोध के रूप में होती है। वे समस्त ग्रहों के साथ शक्ति के घर अन्तरिक्ष को खाने दौड़ पड़ते हैं। प्रश्न यह है कि इस भयंकर क्रोध को कैसे साधें? क्योंकि क्रोध, क्रोध से नहीं, शान्ति से, प्रबोधन से सधता है। तो विश्व के कल्याणकारी शिव, शक्ति को समझाते हैं कि इसके क्रोध का उत्तर क्रोध से न दें वरना हारेंगी। इसे वही साधेगा जो इसे जन्म देता है। तुलसी कहते हैं—*'जोइ बांध्यो सोइ छौरै',* तो जब शिव, शक्ति से

कहते हैं कि *'हे देवी, इसे विद्या से प्रबोधो'*, तो शक्ति उस प्रबोधन का माध्यम हनुमान की माँ अंजनी को बनाती है और हनुमान माँ की वत्सल डाँट और तार्किक संबोधि से शान्त होते हैं। 'विद्या' बहुत काव्यात्मक शब्द है यहाँ। विद्या का मतलब है पूरे कौशल से, पूरे संयम से, पूरे विवेक से यानी जितनी भी सकारात्मक प्रवीणता हो, उससे इस उग्रता को अपने वश में करना। हम अपने भीतर के अहं को या अपने भीतर की उग्रता को किस तरह वश में कर सकते हैं—अपने विवेक से, अपनी विद्या से, अपनी समझदारी से; और इसी के वश में हुए हनुमान।

फिर विभीषण हैं। यहाँ लग रहा है कि विभीषण राम को उकसा रहा है, सीता के बहाने। क्यों? इसलिए कि उसे पाना है राज्य। उसके सामने तो समस्या यह है कि राम यदि पराजय स्वीकार कर लेते हैं तो उसका तो पूरा राज्य हाथ से निकल जाएगा। वह सोचता है कि मन से पराजित राम में से उस 'मन' को निकालना होगा, और वह सीता के माध्यम से ही संभव है, क्योंकि राम का मन तो सीता में ही है। वह चाहता है कि राम रावण को परास्त करें और फिर विभीषण राज्य करे। यह बहुत प्रत्यक्ष नहीं है और राम-कथा में आदर्श की तरह प्रस्तुत इस चरित्र के बारे में यह कहना शायद बहुत ज्यादती लगे, लेकिन कहीं न कहीं मनुष्य के भीतर का स्वार्थ 'भाषा' में उभर ही आता है। विभीषण राम को उकसाता है और सीता पर रावण के अधिकार और राम के उपहास का चित्र खींचता है। उसका अन्तिम वाक्य है—*'मैं बना किन्तु लंकापति, धिक्, राघव, धिक् धिक्।'* यह रावण का बयान है, परन्तु इसमें 'मैं बना लंकापति' शब्दावली पर गौर करेंगे तो पहला प्रश्न यह कि वह तो है ही लंकापति। और राम को लंकापति बनना नहीं है। फिर यह बात कहाँ से आ गयी? यह दरअसल राम द्वारा विभीषण के लिए प्रतिश्रुत लंकापति पद है, जिसे रावण भोग रहा है। यह एक तरह से 'वचन' की याद दिलाना भी है और अपना पद खो देने की आशंका से जन्मी हड़बड़ी भी है। अन्यथा, रावण के शब्दों में ही सही, कोई मित्र ऐसा चित्र नहीं खींचता जिसमें अपने आहत मित्र को उकसाने के लिए शत्रु द्वारा 'धिक्-धिक्' शब्दों का प्रयोग कल्पित करे या उसकी आवृत्ति करे। राम के भीतर कौन-सा द्वन्द्व चल रहा है? वे कौन-सी लड़ाई लड़ रहे हैं? इतने व्याकुल हैं! ऐसे समय कोई सच्चा मित्र धिक्-धिक् उच्चारण करेगा क्या? यह 'धिक्-धिक्' कह रहा है उसके भीतर छिपा हुआ बौखलाया स्वार्थ।

निराला कहते हैं कि वह सब राम ने सुन लिया, जैसे इन उत्तेजक बातों का उनपर कोई प्रभाव ही नहीं पड़ा हो। जैसे ये केवल शब्द मात्र हों, इनका कोई अर्थ न हो। सम्भव है, राम विभीषण का आन्तरिक स्वार्थ या आशय समझ गये हों, और इस वक्त वे जिस चीज की तलाश में हैं वह बहुत बड़ी है; बहुत बड़ा अस्तित्वीय प्रयोजन है। ऐसे समय स्वाभाविक है कि वे ऐसी उक्तियों पर गौर न करें। वे गौर करते हैं जाम्बवान के कथन पर। जाम्बवान राम-कथा के सबसे वृद्ध पात्र हैं। वृद्ध का मतलब बूढ़ा नहीं, अनुभव-सम्पन्न। जिसने पूरी जिन्दगी देखी है। जीवन की ऊँच-नीच देखी है। जय-पराजय का मर्म जानता है वह। यहाँ भी उसने इस बीच व्यक्त क्रोध, स्वार्थ, भ्रम और पूरा घटना-चक्र देखा है परंतु मौन रहा है। वह कालिदास के 'ग्राम वृद्ध' जैसा है, जो कोविद होता है, भले ही पोथी-पण्डित न हो। यह 'अनुभव' क्या कहता है? राम उसकी बात सुनते हैं और उसी के कहे अनुसार शक्ति की साधना करते हैं। यहाँ साफ है कि मन के किस पक्ष पर गौर करना चाहिए? किसका अनुकरण करना चाहिए? किसके निर्देश का पालन करना चाहिए? राम हनुमान की उग्रता, विभीषण के स्वार्थ या किसी अन्य भाव के वशीभूत न होकर अनुभवसिद्ध विवेक से मार्गान्वेषण करते हैं। जाम्बवान और कोई नहीं, मनुष्य की अनुभवसिद्ध वाणी है, दृष्टि है।

जब वर्तमान में कोई रास्ता दिखाई नहीं देता तो हम इतिहास को या अपने जीवन को पलटते हैं, जब राम में पराजय भाव जन्मा था तब भी उन्होंने अपनी विजय-यात्राओं का स्मरण किया था, खरदूषणादि का वध उन्हें याद आया था। क्योंकि निराशाकाल में अपने ही पूर्व-कर्म सम्बल होते हैं। 'कामायनी' के मनु हिमालय पर चढ़ते हुए जब ऊपर देखते हैं तो श्रद्धा से कहते हैं कि अरे इतना ऊपर जाना है अभी? मैं नहीं जा पाऊँगा, थक गया हूँ, तो श्रद्धा नीचे की ओर दिखाती है, कहती है, 'नीचे देखो, तुम कितना पहाड़ पार कर चुके हो।' ऐसा ही पूर्व कर्म मनुष्य के लिए संबल होता है।

यहाँ भारतीय साहित्य-परम्परा के एक तथ्य की ओर ध्यान देना रोचक होगा। भारत का कोई भी महानायक उग्र, प्रचण्ड, विकराल नहीं है—न राम, न कृष्ण, न भीष्म, न युधिष्ठिर, न स्कंदगुप्त, यहाँ तक कि हमारे समय के गाँधी। सभी मूलतः सौम्य, सुन्दर, सरल, शांत, संयमी और कोमल हैं, क्योंकि वे न्याय, सत्य और लोक-रक्षा की लड़ाई लड़ रहे हैं, वे अंतःशक्ति से बाहरी शक्ति को नियोजित करते हैं, वे भीतर से भी भयानक और विद्रूप नहीं हैं बल्कि उदार

सदिच्छा और सद्‌गुणों से सम्पन्न हैं। हमें बुद्ध और महावीर जैसे संतों को भी इसी श्रेणी में रखना चाहिए जो प्रत्यक्ष कोई युद्ध लड़ते नहीं दिखते, लेकिन मोह, मद, मत्सर, हिंसा जैसे भयंकर शत्रुओं और उनके धारकों से आजीवन युद्धरत रहते हैं। फिर भी वे कितने निर्मल, सरल, सौम्य, शान्त हैं! जाहिर है, जिसके पास अंत:शक्ति होती है, उसे बाहरी आक्रोश, भयानकता वगैरह के प्रदर्शन की जरूरत नहीं होती। नायकों के विपरीत प्रतिनायक या खलनायक भीतर-बाहर से विद्रूप और भयंकर होते हैं—जैसे रावण, कंस, दु:शासन, दुर्योधन आदि। लेकिन वे सब अंतत: परास्त होते या मारे जाते हैं। इसका क्या अर्थ है ? वे जो दिखा रहे थे या डरा रहे थे, वह सब कृत्रिम था। वे वास्तविक अंत:शक्ति से खाली-खोखले थे। मुक्तिबोध ने साम्राज्यवाद और उसके तामझाम के बारे में जो यह कहा है : *'सुलतानी जिरहबख्तर बना है सिर्फ मिट्टी का / वो-रेत का सा ढेर-शाहंशाह। / शाही धाक का अब सिर्फ सन्नाटा।'* वह भीतरी ताकत से रहित साम्राज्य-शक्ति का बाहरी, खोखला दिखावा है। उन्होंने यह भी कहा है कि हमारी-आपकी कमजोरी से ही ये स्याह जिरह बख्तर पहनते हैं (अपनी ताक़त से नहीं) हम जिन्हें वीरता, दीप्ति, शक्ति, उत्साह, ओज, आर्जव और लोक कल्याण-भाव कहते हैं, वे भीतर से ठोस, सशक्त और सबल होते हैं, वे प्रदर्शन की वस्तु नहीं हैं। हमारे महापुरुष और वीर नायक इसे प्रमाणित करते हैं। और इसी आधार पर भारतीय साहित्य की सुखान्त की निर्मित होती है। इसे कभी-कभी हम हलके स्तर पर ले लेते हैं लेकिन यह संस्कृति की ऐसी विरासत है जो लोक-जीवन में समायी हुई है। उसे मूल्य और मूल्यधारकों की विजय या सफलता में ही विश्रांति मिलती है, किसी विरेचन (केथॉर्सिस) में नहीं।

खैर, जाम्बवान के निर्देशानुसार राम जब शक्ति की मौलिक कल्पना करते हैं तो उन्हें नया साधना-पथ दिखाई देता है। सर्वप्रथम वे हनुमान से पूजा के लिए फूल मँगवाते हैं, यानी उग्रता को साधना-कर्म में नियोजित करते हैं। परन्तु राग-विद्या से। निराला कहते हैं कि राम ने हनुमान को इस तरह बुलाया—*'प्रिय कपि को मधुर दृष्टि से खींचते हुए।'* कपि को दृष्टि से खींच रहे हैं, प्रियता की दृष्टि से, क्योंकि वह राम के सबसे निकट है। उग्र है तो क्या; सबसे अधिक समर्पित भी तो वही है। यह उग्रता राम से जुड़कर सात्त्विक दृष्टि से सम्पन्न भाव हो जाती है। इसे ही यदि संयत करें तो उत्साह बनता है। हनुमान के उन्मादी क्षणों में भी राम ने उनसे कुछ कहा नहीं था। यद्यपि उनका उग्र होना और आसमान पर

चढ़ना तो उन्होंने भी देखा ही था, बैठे हुए थे सामने ही। तब कुछ नहीं कहा था उन्होंने। जो कहा, माँ ने कहा और कहना योजित किया शिव ने, शक्ति ने। राम चुप थे, शायद वह राम का ही भाव था जिसे वे प्रकट करना चाहते भी रहे होंगे। खैर, यहाँ कपि को प्रिय दृष्टि से खींचा। बोलने की यहाँ भी कोई आवश्यकता नहीं थी। जो हमारा आत्मीय है, वह इशारे से समझता है। इसे ही निराला यों कहते हैं—दृष्टि से खींचते हुए। फिर राम-पूजा के लिए शीघ्र पुष्प लाने को कहते हैं। पुष्प आते हैं, राम साधना में बैठते हैं।

निराला ने अपनी दार्शनिक तथा योगियों और सिद्धों की परम्परा को साधना में समाविष्ट कर एक सुन्दर सांस्कृतिक संयोजन किया है। षट्चक्रों का भेदन करते हुए राम कैसे चक्र पर चक्र चढ़ते हैं और आध्यात्मिक चेतना के माध्यम से आंतरिक साधना करते हैं, इस दृष्टि से यह मनोवैज्ञानिक प्रक्रिया भी है। अपनी ही ग्रंथियों (कॉम्प्लेक्स) को बेधते हुए मन की सर्वोच्च अवस्था पर पहुँचना है यह। राम फूल चढ़ाते गये। लेकिन देवी मात्र फूलों से प्रसन्न नहीं होती। वह सम्पूर्ण उत्सर्ग चाहती है। ऐसा नहीं है कि फूल चढ़ा दिये और हो गयी साधना! चरम सिद्धि बिना चरम त्याग के नहीं मिलती। उत्सर्ग की परीक्षा होती है बाधा से, संकट से। तो अन्तिम पुष्प गायब! साधना शीर्ष पर पहुँचाना अधूरा! संकट काल में राम आत्मचेतस होते हैं और उनके मन में कौंधती है यह बात कि माँ उन्हें राजीव नयन कहती थीं, तो उनके पास दो राजीव हैं, एक को क्यों न चढ़ा दिया जाए। विचार के क्षणों में भी कुछ नहीं बदलता! प्रयत्न के क्षणों में भी सब कुछ यथावत्। विचार-कर्म की एकता है यह। निराला इस प्रक्रिया का चार पंक्ति में वर्णन करते हैं। परन्तु जैसे ही वह क्षणांश उपस्थित होता है कि अब ब्रह्म-शर की नोक आँख को बाहर निकालने को त्वरित सन्नद्ध है, उसी क्षण देवी प्रकट होती है :

जिस क्षण बँध गया बेधने को दृग दृढ़ निश्चय
काँपा ब्रह्माण्ड हुआ देवी का त्वरित उदय।

यह जो क्षणांश है जिसमें देवी प्रकट हुई, यह वास्तव में अपने को पूरी तरह झोंक देने का अंतिम सक्रिय क्षण है। जैसे कहा गया है कि परिकल्पना, विचार और यहाँ तक कि साधना की उच्चता, अन्तिम निर्णायक नहीं है। क्रिया की पराकष्ठा पर पहुँचा आत्मोत्सर्ग का मुमुर्षु क्षण ही सिद्धि का क्षण होता है। इस अर्थ में यह चरम साधना क्षण या त्याग, आहुति, समर्पण की अन्तिम नोक पर

विजय या सिद्धि की कहानी है, जो कहती है कि अन्तिम क्षण तक जूझना होगा। जूझना होगा। कितने प्रतीक एक साथ साधे गये हैं। मानव के मन को, समय को कैसी विकट संघर्ष-दृष्टि दी गयी। इसीलिए यह युग-युग की रचना है, हर बार मनुष्य को कई तरह से समृद्ध करनेवाली।

यह कविता पौर-पौर रची हुई है। हर नाजुक क्षण को कवि ने बारीकी से पकड़ा है। यह क्षण देखिए जब राम सीता को याद करते हैं—*'पलकों का नव पलकों पर प्रथमोत्थान पतन'*, हताशा के क्षणों में प्रेम की छवि, सम्पूर्ण समर्पण की छवि, प्रथम रोमांटिक क्षण की छवि जो जीवन में सबसे कीमती होता है। निराला ने इसी क्षण को पकड़ा है, जबकि जानकी के साथ रहते तो बहुत समय हो गया था उन्हें। वे जंगल की या सीताहरण की भी याद कर सकते थे और भी समयों की याद कर सकते थे, वे सेवा-टहल करती थीं, कुछ भी याद कर सकते थे। पर उन्होंने वहाँ याद किया 'प्रथम लतांतराल मिलन' और इस मार्मिक क्षण को किस मर्मस्पर्शी अनुभाव में उकेरा : *'पलकों का नव पलकों पर प्रथमोत्थान पतन'।* यह वास्तव में प्रेम के स्फुरण का लाज-भरा संवाद है, मौन में अकथ कहता हुआ । जब राम सीता को देखते हैं तब सीता लाज से पलक गिरा लेती है, जब सीता राम को देखती है तब राम अपनी पलकें झुका लेते हैं। तो हर बार पलकों पर पलकें ही गिरती हैं, आँख से आँख नहीं मिलती। रीतिकाल नहीं है यह कि *'भरे भौन में करत हैं नैनन ही सों बात'।* यह सामाजिक मर्यादा और शालीनता के भीतर राग की रक्षा है जो आँख की पुतली की तरह की जाती है। 'कामायनी' के लज्जा-प्रसंग में प्रसाद ने लिखा है—*'छूने में हिचक, देखने में पलकें आँखों पर झुकती हैं।'* यही पलकों का नव पलकों पर उत्थान-पतन ही है। यहाँ सीता की लाज और राम के शील की कैसी मनोहारी प्रतिष्ठा है और उन क्षणों की पहचान जो चरम विश्वास के क्षण हैं जिनकी रक्षा प्राण देकर भी करनी है।

यानी यह कविता सिर्फ यही नहीं सिखाती है कि साधना, संघर्ष, विवेक और संयम कैसे धारण किया जाता है और किन उद्देश्यों के लिए जिया या लड़ा जाता है, बल्कि यह भी सिखाती है कि प्रेम कैसे किया जाता है और कैसे सहेजा जाता है। कई अर्थों में यह जीवन के पूरे बोध की कविता है। मनुष्य के भीतर चलनेवाले द्वन्द्व के बीच धारण करने योग्य क्षण की कविता है। टूटे मन को, सबल मन से साधने और ऊपर उठानेवाली कविता है *('वह एक और मन रहा*

राम का जो न थका; जो नहीं जानता दैन्य, नहीं जानता विनय')। अपने समय की सारी विभीषिकाओं के बीच जीवन को सार्थकता देनेवाली कविता है और पराजय में हाथ थामकर विजय के शिखर तक, जद्दोजहद के चरम तक पहुँचाने वाली कविता है। इसीलिए यह हर बार नयी लगती है, यह 'क्षणे-क्षणे यन्नवतामुपैति तदेव-रूपं रमणीयता' को परिभाषित करती है कि जब भी पढ़ते हैं तब नया अर्थ, नया उत्साह, नया अनुभव, नयी प्रेरणा, नयी सार्थकता। यह हमारे सुख में, दु:ख में, राग में विराग में, संघर्ष में, उत्थान-पतन में जगह बना लेती है। हर वक्त हमारे साथ रहती है। चलते-बैठते-उठते; संघर्ष करते, प्रेम करते, सहयोग करते; ईर्ष्या करते, क्रोध में, भय में। बड़ी कविता वही होती है जो हर क्षण में हर जगह हमारे साथ रहती है। शायद ऐसा ही कुछ किसी ने तुलसी की कविता के लिए कहा था। परन्तु माफ करें, इस कथन को तुलना के खाते में न डालें।

उत्तरपाठ की अनदेखी का अनर्थ

हिन्दी काव्य में सुमित्रानंदन पंत का आना धीमे पदचाप से नहीं हुआ, वह एक आवेग, उत्कटता और नए चैतन्य का आना था। वे ताज़ादम हवा का झोंका थे, जिसने तत्कालीन युवा-मन को आंदोलित कर दिया था। प्रकृति का नया भावबोध, प्रेम-सौन्दर्य की टटकी अनुभूति, भाषा का क्वाँरापन, शिल्प की शिराओं में बहता ताजा खून—सब कुछ मुग्धकारी था।

यों तो कवि के व्यक्तित्व से कविता के रूप-अपरूप का कोई सीधा सम्बन्ध नहीं होता, पर वक्त की बात है—पंत की सुन्दरता, सुकुमारता और सजीला केश-विन्यास तक नयी पीढ़ी को ऐसा भा गया मानो भीतर से बाहर तक बहती एक समूची कविता से मुलाकात हो गयी हो। उस वक्त की पुस्तकों और पत्र-पत्रिकाओं के पन्ने उलटें तो आपको लगेगा कि उक्त पंक्तियाँ जरा कम ही बयान कर रही हैं। प्रसाद और निराला की भी अपनी ठनगन और कविता की धज थी, पर उस वक्त तो पंत के प्रति युवा आसक्ति ने उन्हें भी जैसे धुन्ध में ढँक लिया था। महादेवी रंगमंच पर जरा देर से आयी पर पंत पुरुष होकर भी उनसे ज्यादा सुन्दर और कमनीय लगे, बहुआयामी तो थे ही—दृष्टि में भी और सृष्टि में भी, इसलिए उनका आना भी पंत के प्रभाव में कमी न ला सका। तो एक दशक यानी 1915 से 25 पंत के नाम रहा। यह उनके अतिमूल्यन का दौर था। इससे खतरा कविता को ही नहीं, कवि को भी होता है और पंत भी इसके शिकार हुए। इतना पंत पंत हो गया था कि बाद में अपंत अपंत होने लगा। खैर, वह बात आगे। फिलहाल पंत के जादुई उद्भव को देखें :

1913-14 में कहाँ तो ये प्रश्न पूछे जा रहे थे :

'हम कौन थे क्या हो गये हैं और क्या होंगे अभी,
आओ विचारें आज मिलकर ये समस्याएँ सभी।'

और कहाँ यह नया कवि लगभग समकाल में ऐसी जिज्ञासा लेकर जन्मा :

'प्रथम रश्मि का आना रंगिणि तूने कैसे पहचाना
कहाँ-कहाँ हे बाल विहंगिनि पाया तूने यह गाना
सोयी थी तू स्वप्न-नीड़ में पंखों के सुख में छिपकर
घूम रहे थे निशिचर नाना चला कुहुक टोना-माना।'

यह भाषा, यह शिल्प, ये तेवर, यह अन्दाज, प्रकृति की गोपन लघुता का इतना दुलार, ऐसा संवेदना-विस्तार—सब नया-सा, अपूर्व। जिज्ञासा ऐसी, जैसे वैज्ञानिक युग को रागात्मक धरती से आवाज दी जा रही हो। इसकी प्रतिध्वनि आगे जाकर प्रयोगवादी समय में सुनाई दी। प्रसंगवश कह दिया जाए कि कविता की अंतर्ध्वनियाँ युगों के भीतर से होती हुई तभी अकुंआती हैं, जब स्मृति उन्हें टेरती है।

...तो हम पंत की आवेग और उत्कटता-भरी अगवानी के जोखिम की बात कर रहे थे। असल में वक्त और वक्ती लोग कभी-कभी युवा पौद को इतना पानी दे देते हैं कि उसकी जड़ें गलने लगती हैं। परन्तु जिसके भीतर अकूट रचना-स्रोत और अदम्य सृसृक्षा होती है, वह इस क्षय को बूझ लेता है। थोड़े समय में ही पंत समझ गये। उन्हें अपने बदलाव की जरूरत महसूस हुई। इस निगाह से देखें तो जब उन्होंने 'युगांत' लिखकर छायावादी युग का अंत घोषित किया तो दरअसल वह उनका अपना युगांत ही था, जो अवचेत में अपने लिए नयी भूमि की तलाश कर रहा था। अपने बहाने एक 'युगांत' घोषित करने का साहस भी उन्हें उस बड़बोली आलोचना या सराहना ने दिया था, जिसने छायावाद का निरूपण इस आधार पर किया कि पंत और छायावाद लगभग पर्याय हो गये थे। छायावाद पर विदेशी कवियों के प्रभाव, बंग-रंग में रँगे विदेशी रहस्याभास की प्रतिच्छवि और सौ साल पुराने पश्चिमी स्वच्छंदतावाद का आरोपण करने के पीछे पंत ही रहे हैं। पंत ने स्वयं अपने प्रारंभिक काव्य पर शैली, कीट्स, बायरन का प्रभाव स्वीकार किया। (यह उन्होंने ज्ञानपीठ पुरस्कार लेते हुए भी कहा।) हालाँकि जो लोग विवेचना करते हैं, उनका काम यह समझना भी है कि प्रभाव-प्रभाव में फर्क होता है, और प्रभाव और अनुकरण में तो जमीन-आसमान का। फिर प्रारंभ में इस्तेमाल दस-बीस शब्दों, रूपकों, उपमाओं की समता और मुक्ति की तत्कालीन इच्छा से एक ऐसे कवि का संपूर्ण निर्धारण नहीं हो जाता जिसने पैंसठ वर्ष तक सतत काव्य-साधना की हो।

एक नया कवि अपनी अंकुरित भाव-चेतना का तादात्म्य कहाँ अनुभव करता है और अपनी राह खोजने में कहाँ-कहाँ भटकते हुए कहाँ अटक जाता है, यह प्रेरणा की एक बहुत ही जटिल सर्जनात्मक पहेली है। इसमें कवि के मनोलोक के अलावा युग-परिवेश के, स्मृति के ऐसे तत्त्व काम करते हैं जो ऊपर से कटे-फटे होकर भी भीतर से कहीं जुड़े होते हैं। पंत पर पाश्चात्य कवियों का ही प्रभाव क्यों होगा? क्या भारत की लम्बी कविता परम्परा में प्रकृति का मार्मिक, सुन्दर, सूक्ष्म, विराट, रहस्यमय चित्रण नहीं हुआ? क्या प्रकृति यहाँ सुन्दरता के हाथ में हाथ डाले चहलकदमी नहीं करती रही? क्या कवि पहले 'निरंकुश' (स्वच्छंद) या मुक्तिकामी नहीं रहा? क्या यह सब हमारे संस्कार में, हमारे जीन्स में और सर्जनात्मक व्यापार में अंतर्गुंफित नहीं है? यह भी क्यों नहीं सोचा जाता कि नयी चेतना देश या परदेश को समर्पित होने की बजाय उनसे अलग होने के लिए भी एक सृष्टि-युद्ध करती है। ऐसे में मांस, मज्जा और रक्त के कुछ छींटे योद्धा पर भी पड़ जाते हैं। छायावाद की समकालीन सांस्कृतिक-राष्ट्रीय चेतना, अस्मिता की तलाश और समय के अनेक विमर्शों में कूद पड़ने का युवा उत्साह किसी भीतरी महाभारत से कम न था। शैले की शोकगीति और पंत की 'ग्रंथि' का मनोलोक और देश-काल-बोध किस कदर अलग है! दोनों पर अपनी अनुभूति के प्रकार और सांस्कृतिक भिन्नता की छाप है।

पंत की भीतरी धरती में कई पटल खिसकते या टकराते रहते थे। इसीलिए उनके काव्य में भूकंप के झटके दिखाई पड़ते हैं। उनके विकास को सीधे-सीधे उस भाषा में नहीं समझा जा सकता जिसे अंग्रेजी में 'ग्रो' करना कहते हैं। वे छायावाद से प्रगतिवाद में, प्रगतिवाद से प्रकृतिवाद में, वहाँ से मानवतावाद में, तहाँ से अतिमानस-लोक में सीधी यात्रा नहीं करते, वे बार-बार अपनी पिछली-अगली भूमि पर आते-जाते, झटके लेते हुए विकास करते हैं। जिस छायावाद में वे आँख खोलते और पनपते हैं उसी पर प्रहार करते हैं। (द्रुतझरो जगत के जीर्णपत्र।) जिस प्रगतिवाद की वकालत करते हैं उसी की भर्त्सना करते हैं, जिस ग्राम-सौन्दर्य पर रीझते हैं, उसी की विकृति से विचलित होते हैं, आगे चलकर नये सिरे से वे प्रकृति और जीवन का साक्षात्कार करते हैं तो प्रयोगशीलता से जुड़ने का भी साक्ष्य देते हैं। लेकिन इसके बाद 'लोकायतन' जैसी प्राचीन आदर्शों और मानवमूल्यों पर आधारित ऐसी रचनाएँ लिखते हैं जो उन्हें 'हम कौन थे क्या हो गये हैं'—के कवि के आदर्श और रैटारिक के साथ खड़ा कर देती है।

पर उनकी काव्य-यात्रा यहीं नहीं थम जाती, वे फिर नयी दिशा पकड़ते हैं और जीवनांत तक भीतर एक युद्ध लड़ते हैं। पंत के कवि पर अपने को सार्थक और प्रासंगिक बनाने का जैसा दबाव रहा, वैसा शायद ही किसी छायावादी कवि पर रहा हो।

पंत के साथ एक त्रासदी यह रही है कि उनकी आलोचना छायावाद के प्रारंभिक औजारों और धारणाओं पर ही कदमताल करती रही जबकि उनकी कविता लगातार आगे बढ़ती रही। 'ग्रंथि', 'वीणा', 'पल्लव' और 'गुंजन' के बाद वे 'युगवाणी' और 'ग्राम्या' में यथार्थ के नये और दृश्यमान धरातल पर आ गए थे, फिर 'अतिमा' (1955) जैसी नवीन-भावबोध की और उसके बाद 'कला और बूढ़ा चाँद' जैसी प्रयोगवादी कृति उन्होंने लिखी। 'चिदंबरा' के बाद 'लोकायतन' जैसे वृहत् काव्य में सर्जना के ठहर जाने पर भी पंत की मानवतावादी भावात्मक उड़ान और उदात्त की कामना, एक सतत गति, सतत जूझ और सृजन तथा विचार की अनवरत यात्रा जारी रही है, तभी उन्होंने 'पौ फटने से पहले', 'किरणवीणा', 'गीतहंस', 'शशि की तरी', 'समाधिता', 'आस्था' सरीखी कोई एक दर्जन रचनाएँ 'लोकायतन' के बाद लिखीं। लेकिन आलोचना द्वारा इन्हें नजरअंदाज कर छायावाद के प्रारंभिक सोपान, या प्रगतिवाद के बाहरी प्रभाव, नीरस इतिवृत्तात्मकता या फिर अरविंद-दर्शन में कील देने की कोशिश रही। जबकि हिन्दी आलोचना को छायावाद के विस्तार और गतिशीलता में पंत को समझना था। परन्तु कम-से-कम उनके मामले में वह अगतिशील, वादग्रस्त और रूढ़ बनी रही। प्रश्न है कि पंत ने तो अपने भीतर जन्मे विकासशील कवि को देखा पर इसे क्या पंत की आलोचना देख सकी? इतना ही नहीं, स्वच्छंतावाद के आधार पर उनके प्रारंभिक काव्य पर केन्द्रित छायावाद का निरूपण कुछ ऐसा अटल हो गया कि शेष कवियों के अवदान से जो छायावाद समकालीन सांस्कृतिक-राष्ट्रीय-वैचारिक चेतना का वृहद प्रवाह हो गया था—सीमित अवधारणा में बँध गया। ऐसे कितने लोग रहे आये जो छायावाद को आचार्य हजारीप्रसाद द्विवेदी की तरह कहते कि 'यह साहित्य अपने युग की सम्पूर्ण चेतना और विचार संघर्ष की सुन्दर अभिव्यक्ति है, (साहित्य सहचर, पृ. 75) यह कहना भी गलत न होगा कि छायावाद तत्कालीन युवा मानस और उसके सरोकारों की अपने समय में सम्पूर्ण उपस्थिति है।

बहरहाल 'वीणा' से लगाकर 'गुंजन' और किसी हद तक 'ग्राम्या' तक पंत

पर खूब बात हुई है, परन्तु उनका उत्तरकाव्य प्राय: अनदेखा रहा। 'अतिमा' जैसी महत्त्वपूर्ण, मार्मिक और आधुनिक कविता में रस संचार करनेवाली कृति अनदेखी रह गयी! कौए, बतखें और मेढक पर उनकी यह कविता देखें :

कहाँ मढ़ा लाये सोने से अपनी चोंचें,
सारे कौए, प्यारे कौए,
कहाँ मढ़ा लाये सोने से अपनी चोंचें!

कहाँ जड़ा लायीं हीरों से अपनी पाँखें,
गोरी बतखें, भूरी बतखें,
कहाँ जड़ा लायीं हीरों से अपनी पाँखें!

कहाँ गढ़ा लाये कंठों में वीणा के स्वर,
ये पीले मटमैले मेंढक,
कहाँ गढ़ा लाये कंठों में वीणा के स्वर?

अगर पंत को सही ढंग से समझा जाता तो उनके माध्यम से प्रकृति का इतना व्यापक और भाँति-भाँति का सन्दर्भ-संसार खुलता जिसका ठिकाना नहीं, परन्तु उसके लिए 'कालिदास का भारत' जैसे अन्वेषी और रसग्राही लेखक की जरूरत थी, जो उनकी उस टेढ़ी, लम्बी, गतिमान राह का अन्वेषण करता जिसके भीतर मनुष्य, प्रकृति और दर्शन के साथ आधुनिकता की कई परतें हिलढुल रही थीं।

बीसवीं शती में ऐसे कितने भारतीय कवि हुए हैं, जिन्होंने पंत जैसा जोखिम उठाकर अपने को बार-बार अतिक्रमित करके भी, कविता को जीवन, प्रकृति और विचार की चिर संगिनी बनाया हो। पंत ने वर्गों के भेदभाव, सांस्कृतिक प्रदूषण, मानसिक पराधीनता, वैज्ञानिक चेतना और उसके ध्वंस के साथ जाति-धर्म, कला और तमाम समकालीन प्रश्नों पर विचार जो किया है, उसके पुनर्मूल्यांकन की जरूरत है।

हैरत है लोग उन्हें हवा के रुख में बहनेवाला कह देते हैं। परन्तु उनके पहाड़ी चरित्र और उस विषम चढ़ाई को याद नहीं करते जो उनका आभ्यंतर रचती है। उनकी जन्मभूमि कौसानी की पर्वत शृंखलाओं को याद करें जहाँ एक लम्बे उतार के बाद नया चढ़ाव, फिर उतार, फिर चढ़ाव है, जो अंतत: आपको ऊपर ले जाता है। क्या हमारी धरती का चरित्र हमारे रचना-चरित्र की व्याख्या

नहीं करता? बदलती 'युग-चेतना' को आत्मसात करना ऐसा ही चढ़ाव है, जिसमें पर्वत-दर-पर्वत जूझते हुए दुर्गम मार्ग और सर्जनात्मक उतार भी है। कौसानी का कवि अब जिस घाटी पर उतर-चढ़ रहा था उसमें कई जीवन, कई संघर्ष और कई संवेदन थे। सुंदर प्रकृति ही नहीं, 'चमारों का नाच' भी था मानो दुखियारों का उल्लास टेपांकित कर दिया गया हो :

अररर...
मचा खूब हुल्लड़ हुड़दंग
घमक घमाघम रहा मृदंग
उछल झूम, बकवाद झड़प में
खेल रही खुल हृदय उमंग
यह चमार चौदस का ढंग
कनक कसावर रहा ठनाठन
थिरक चमारिन रही छनाछन
झूम-झूम बाँसुरी करंगा... (अतिमा)

यह पहाड़ी सरलता और आत्म-निरपेक्षता ही है कि पंत अपनी प्रारम्भिक कविताओं पर तो स्वच्छंदतावाद का प्रभाव खुलेआम स्वीकार करते हैं परन्तु सम्पूर्ण छायावाद पर वे इस प्रभाव से इनकार करते हैं ताकि दूसरे कवि इस लपेटे में न आ जाएँ। 'छायावाद : एक पुनर्मूल्यांकन' में वे लिखते हैं : 'शुक्लजी की दृष्टि में छायावाद काव्य-वस्तु की दृष्टि से स्वदेशी हिन्दी काव्य-परम्परा का विकास है और शैली की दृष्टि से बाँग्ला की छलनी में छना हुआ और सीधा भी विदेशी स्वच्छंदतावाद का प्रभाव है। छायावाद को जिस बाहरी दृष्टि से शुक्लजी देख सके हैं, उसमें तथ्यों का आग्रह भले ही हो, पर वह इतनी सीमित दृष्टि थी कि उसमें अर्धसत्य क्या, सत्य का छिलका ही देखने को मिलता है।

पंत का यह स्वीकार और अस्वीकार इस बात की पुष्टि करता है कि छायावाद के स्वरूप का निर्धारण उनकी जिन रचनाओं के आधार पर किया गया था, उन पर स्वच्छंदतावादी कवियों का असर था, परन्तु समग्र काव्यधारा पर वे 'शैली की दृष्टि' से भी विदेशी प्रभाव स्वीकार करने को तैयार नहीं हैं; जबकि आमतौर पर आलोचकों ने काव्य-वस्तु पर भी विदेशी प्रभाव माना है। जो उस विराट और विशिष्ट काव्यधारा का अवमूल्यन है जिसकी मुक्ति-कामना, प्रेम, सौन्दर्य, प्रकृति, शिल्प, नवजागरण की राष्ट्रीय-सांस्कृतिक चेतना और सबसे

बढ़कर अपनी अस्मिता की खोज सर्वथा देशज और कालज है।

यों रचना को हर तरफ से हवा और रोशनी मिले तो अच्छा ही है और यह स्वाभाविक भी है, परन्तु यहाँ असहमति उस अतिवाद और पिछलग्गूपने को लेकर है जिसने एक बड़े काव्य-आयोजन की मौलिकता और क्रांतदर्शिता को भूलने की कोशिश की और इसी वजह से उसे अपनी प्रारंभिक अवस्था में ही जकड़ दिया। परिणामस्वरूप आज 'छायावाद' कहने से हमारी आँखों में कोमल सौन्दर्य, रहस्याभासी वायवी प्रेम, कल्पना, स्वप्न की मिली-जुली विदेशी गंधवाली कोई रूमानी छवि उभरती है। इसकी जिम्मेदारी छायावादी आलोचना पर इसलिए भी है कि इस साहित्य की प्रायः सीधी पहुँच जनता तक नहीं थी। उसके नये भाव-बोध, शिल्प और अंतर्हित चेतना को उसका आलोचना-विवेक ही समझ सकता था। पश्चिम में भी नयी काव्य धारा की यही स्थिति थी। इसीलिए स्वच्छंदतावादी कवियों को 'डिफेन्स ऑफ पोएट्री', 'बायोग्राफिया लिटरेरिया' जैसी पुस्तकें लिखकर अपनी नयी प्रवृत्ति का बचाव और निरूपण करना पड़ा था। छायावाद में प्रसाद, महादेवी और पंत ने यदा-कदा ऐसी कोशिशें कीं। परन्तु आलोचना के क्षेत्र में अधिक प्रयास नहीं हुए। सिर्फ विश्वविद्यालयों में उत्साह से आवृत्तिपरक शोधग्रन्थ लिखे जाते रहे। ऐसे शोधकर्त्ताओं को प्रायः किसी विरल, सृजनात्मक पहल की न जानकारी थी, न उनमें विवेचना की क्षमता थी। उल्लेखनीय है कि ऐसे ग्रन्थ पंत को लेकर अधिक लिखे गये।

छायावाद की मुक्ति-चेतना को पाश्चात्य स्वच्छंदतावाद की तरह देखा गया। परन्तु पश्चिमी साहित्य में (और युग-बोध में भी) स्वच्छंदतावाद इसलिए आया था कि उसके पहले जो शास्त्रीय युग था; उसके आदर्श, उदात्तता, भव्यता, सन्तुलन आदि मानकों से कविता जकड़ गयी थी। नया कवि उससे मुक्त होना चाहता था। उसने विद्रोह कर दिया। यही विद्रोह छायावाद के मत्थे भी मढ़ दिया गया। और कहा गया कि 'छायावाद स्थूल के प्रति सूक्ष्म का विद्रोह है' या फलाँ के प्रति फलाँ का विद्रोह है—आदि। इन कथनों में सच्चाई की अपेक्षा परिभाषा-निर्माण का प्रयास ज़्यादा दिखता है, फिर भी अगर समान परिस्थिति में दो जगह समान प्रतिक्रियाएँ दिखाई दें (चाहे सौ बरस बाद) तो भी इसका अर्थ अनुकरण या प्रभाव नहीं होता है। दो माताएँ एक-सी प्रक्रिया से बच्चे को जन्म देती हैं तो क्या वे एक-दूसरे का अनुकरण करती हैं?

महत्त्वपूर्ण यह भी है कि पाश्चात्य रोमेंटिक कवियों के अपने शास्त्र-युग से

जैसे रिश्ते थे, वैसे छायावाद के अपने शास्त्र-युग से नहीं थे। इसका एक बड़ा कारण तो यह है कि रोमेंटिसिज़्म पूँजीवादी संस्कृति के विद्रोह में जन्मा था, जबकि छायावाद के सामने साम्राज्यवाद की चुनौती थी। दोनों के शास्त्रवाद के स्वरूप अलग थे। एक में पूँजीवादी अलंकृत युग की समृद्धि और मर्यादा थी और दूसरे में एक बनती हुई भाषा और अपनी आज़ादी के लिए जूझते समाज के विकास की चिन्ता थी। यहाँ शास्त्रीयता का ऐसा कोई ढाँचा नहीं था जिसमें कवि बंधक महसूस करे। इस दृष्टि से छायावाद न विद्रोह था न प्रतिक्रिया; वह जीवन की एक नयी ज़रूरी उठान का उत्साह और विकलता थी। अपने शास्त्रयुग से छायावाद के आदर और आत्मीयता के संबंधों का सबसे बड़ा प्रमाण महावीर प्रसाद द्विवेदी से रूठे हुए पंत द्वारा उनके अवसान पर दी गयी यह श्रद्धांजलि है :

आर्य, आपके मनःस्वप्न को ले पलकों पर
भावी चिर साकार कर सके रूप रंग भर,
दिशि-दिशि की अनुभूति, ज्ञान, विज्ञान, निरन्तर
उसे उठावें युग-युग के सुख-दुःख अविनश्वर
आप यही आशीर्वाद दें, देव यही वर।

यहीं मैं उस युग की उदारता और विवेकपूर्ण विश्लेषण की ओर भी इशारा करना चाहूँगा जो किसी रचनाकार को संकीर्ण-प्रतिशोधी नहीं बनाता। यह बात एक-दूसरे के व्यक्तित्व का सम्मान और गुण के आदर में ही नहीं, तीखे विश्लेषण के बावजूद सौहार्द में भी झलकती थी। 'पंत और पल्लव' में बहुत तीखे निराला भी पंत की विशेषता को रेखांकित करना नहीं भूलते, तो पंत, पल्लव की भूमिका के तीखेपन के बावजूद निराला को इस तरह जानते हैं :

छंद-बंध, ध्रुव तोड़, फोड़कर पर्वत कारा
अचल रूढ़ियों की, कवि, तेरी कविता धारा,
मुक्त, अबाध, अमंद, रजत निर्झर-सी निःसृत
गलित, ललित आलोक राशि, चिर अकलुष, अविजित।

इसके बाद कविता आगे चलती है जिसमें निराला के समूचे काव्य-गुण रेखांकित हैं। शुभ्र कल्पना और 'हंस, अंश वाणी के' कहकर वे उनका अभिनंदन करते हैं। वे प्रसाद को नवीनयुग (छायावाद) का प्रवर्तक बताते हैं, पर 'कामायनी' के अनेक दोषों की ओर इशारा भी करते हैं और मानते हैं कि उसमें 'विश्वमानव

के संघर्ष की सार्थकता नहीं है'—आदि। लेकिन उसी के बाद वे जो लिखते हैं, उसमें पंत को देखिए : 'मैं यदि कभी कामायनी लिखने की असंभव बात सोचता तो मैं उसे इतना भी सफल तथा पूर्ण नहीं बना सकता था, जितना कि उसे महान क्षमता तथा प्रतिभाशाली प्रसाद बना गये हैं।' (ग्रंथावली–6/353) पंत के ऐसे स्वीकार और ऐसी विनम्रता को लोगों ने अर्थवाद के रूप में ग्रहण कर उनका अवमूल्यन करने की कोशिश की। यह एक उदात्त मन के बारे में नासमझी ही समझना चाहिए।

छायावाद के सामने नये युग के निर्माण का उद्देश्य था। नाहक उसपर 'अनिर्दिष्टता' का एक आयातित आरोप लगाया गया। शैली ने लिखा था कि 'स्वच्छंदतावादी कवि तो ऐसी तुरही है, जो युद्ध का आह्वान तो करती है, पर उसे समझ में नहीं आता कि वह किस चीज़ की प्रेरणा दे रही है ?' क्या छायावाद के कवि को पता नहीं था कि वह किन चीज़ों के लिए, किन आदर्शों के लिए जूझ रहा है ? क्या 'कामायनी' के कवि को, 'राम की शक्ति–पूजा' के कवि को या 'लोकायतन' के सर्जक को पता नहीं था कि किन चीज़ों का विरोध करना है, उसे कहाँ जाना है, क्या पाना है ? फिर भी लोग छायावाद को आज भी रोमेंटिसिज़्म का अनुकरण मानते हैं जबकि आज हमारे सामने संपूर्ण पंत हैं; पूरे प्रसाद, निराला और समूची महादेवी है।

यहाँ क्योंकि सिर्फ पंत की चर्चा की जा रही है इसलिए कहना होगा कि आज हमें जो भाषा मिली है, जो शिल्प, जो चिंतन, सोच का जो एक मुक्त, उदात्त धरातल, मिला है, वह सब जिन सर्जकों से होकर आया है, उनमें पंत की बड़ी भूमिका है, भले ही आज इन सब चीज़ों ने नया रूप ले लिया हो।

छायावाद की प्रगाढ़ धारा तो 36–37 तक ही रही, परन्तु पंत उसके बाद 1977 तक जिये (और सक्रिय कवि के रूप में)। ऐसी स्थिति में पंत का मूल्यांकन छायावाद और जो दो–तीन वाद उनसे नत्थी किये गये हैं, उनकी सीमा से निकलकर भी होना चाहिए, और इस युग में तो ज़रूर जिसमें हर कवि ही नहीं, हर कविता भी अपनी अलग आलोचना की माँग कर रही है। यदि हम एक कवि की मूल प्रवृति के विकास की दृष्टि से भी देखें तो पंत की निरन्तर कविता इस बात को सूचित करती है कि एक धारा से निसृत, स्रवित भाषा, कला और सोच सर्जक के भीतर कितने रूपों, आयामों में नयी–नयी यात्राएँ करता और भीतर–भीतर निरन्तर सीझता है !

पंत अपने काव्य में कंगूरे ही नहीं कोरते रहे, वे एक श्रमिक की तरह उसका ढाँचा भी बनाते रहे। परिमाण की दृष्टि से ही देखें तो उन्होंने कविता के ही कोई 12000 पृष्ठ लिखे। कहानियाँ, आलोचना, गद्य रचनाएँ अलग हैं। इनमें गुणात्मक अनुपात भी किसी बड़े सर्जक के योग्य है। विपरीत परिस्थितियों में भी पंत की सृसृक्षा अंत तक नहीं हारती। वृद्धावस्था के एक जन्मदिन पर लिखी 'आत्मकथा' में वे किस कदर अपने कवि की उस अंतराग्नि का जिक्र करते हैं जो इस लम्बे काल में उनके भीतर स्मृति के रूप में रही और जीवन की साँझ में, आज, जन्मदिन पर फिर जाग उठी है :

बिजली बसती घन में,
आग लगा दी खिले बुरुस ने वन में, तूने तन में।

मेहँदी पिसती सिल में
तू न देख पाये, तेरी ही रंगत टूटे दिल में।

मन उड़ता पाँखों में
सुवा घूमता वन-वन तू घूमा करती आँखों में

साँझ हुई आँगन में
तुझे देख कैसे बतलाऊँ क्या हो जाता मन में

बदली छायी दिन में
नयी उमर की बाढ़ नवेली उतर जाएगी छिन में

—आत्मकथा (जन्मदिन पर, अतिमा)

यहाँ सर्जना का पूरा वैभव, आधुनिक काव्य का संयत राग और छंद के संयोजन का नया प्रयोग है।

उत्तर-पंत में सर्जना का जो सारांश निखरकर आया है, उसे यदि ध्यान में रखा जाए तो उनके सर्जक व्यक्तित्व की अनवरत दीप्ति और उत्कर्ष को आँका जा सकता है। व्याख्या का अवसर नहीं है और शायद जरूरत भी नहीं, बस दो-तीन कविताएँ उद्धृत करूँगा जहाँ पंत में से उभरे एक अभिनव पंत से मुलाकात होती है। जपा के फूल के कितने सन्दर्भों को इस सुन्दर कविता में सँजोया गया है :

कहाँ खोंस लायी कबरी में
फुंदेवाले लाल फूल
आँगन में खड़ी जपा की झाड़ी?
हरी भरी झबरी कबरी में
मणि की मालें रहीं झूल,
सलवटें पड़ी मखमल की साड़ी,
पहने खड़ी जपा की साड़ी!

फूल?
नहीं, ये लपटों के दल
पावक वाहक तूल
तप्त अंगार, रक्त स्मित शूल!
जब भी ये जिस घर में जाते
कलह विरोध विवाद बढ़ाते
लोग तभी श्रद्धा भय से
देवी को इन्हें चढ़ाते—
पूज प्रकृति को शांति मनाते
यह जो भी हो
फटे कलेजे के-से टुकड़े
इनके मुखड़े—
भूले दुखड़े—
मन के भीतर आग लगाते

(विद्रोह के फूल, अतिमा)

पंत की सोनजुही अब ज्यादा नटखट 'प्रौढ़ा' हो गयी है :

आँगन के बाड़े पर चढ़कर
दारु खम्भ को गलबाहीं भर
कुहनी टेक कंगूरे पर
वह मुसकाती अलबेली

(सोनजुही, अतिमा)

'दो वृक्ष' कोयल और पपीहे के स्वर में मौसमों भर बातचीत करते रहते हैं :

वसन्त में कोयल पूछती
कूहू, कूहू,
कौन है, कौन है?
बरसात में
पपीहा उत्तर देता,
पिऊ पिऊ
प्रिय हूँ, प्रिय हूँ!

(दो-वृक्ष, कला और बूढ़ा चाँद)

समुद्री चट्टान पर बने किसान के घर का रूपक बाँधते हुए लिखी कविता में दरअसल संकट में घिरा किसान का दृढ़ दीप्त जीवन है—संकट की जो सांकेतिकता है, वह नयी कविता की सूक्ष्म निस्संगता से अधिक भाव संवेद्य है और अनुभूति को मन में जमाती है। एक किसान के घर के बारे में ऐसी कविताएँ कितनी हैं—किसी घर के बहाने जीवन की समूची व्यंजना करनेवाली, जहाँ घोर विपत्तियाँ हैं तो उनका प्रतिवाद करता सौभाग्य और मंगल का आमंत्रण भी है। यह कविता एक तरह से भारतीय जीवन की समूची संस्कृति है :

घर
समुद्र की
सीत्कार भरतीं
आसुरी आँधियों के बीच
वज्र की चट्टान पर
सीना ताने
यह किस घर है?
सुदूर दीप स्तम्भ से
ज्योति प्रपात बरसाता हुआ!...
या जलपोत है

नथुनों से फेन उगलतीं
अजगर तरंगे

सहस्रों फन फैलाएँ
इसे चारों ओर घेर
फूत्कार कर रही हैं!
उनकी नाड़ियों में
लालसा का कालकूट
दौड़ रहा है!
वे अतृप्ति की
ऐंठती रस्सियों-सी
इसे कसे है

सिन्धु तरंगें
पंक सनी टाँगों से बहती
धरा योनि की दुर्गन्ध
धो-धोकर
कड़ुवाती
मुँह बिचकाती,
पछाड़ खाती रहती है!
यह धरती पुत्र
किसान का घर है,—
द्वार पर
पीतल के चमचमाते
जल भरे कलश लिये
सिर पर आँचल दिये
युवती बहू खड़ी है—
अनन्त यौवना
बहू!

(कला और बूढ़ा चाँद)

ऐसी श्रेष्ठ सर्जना की निरंतरता के बावजूद आखिर-आखिर में पंत अकेले रह गये थे। ऐसा भी नहीं कि सारे कारण बाहर होते हों, कुछ भीतर भी होते हैं- जो हमें अकेला करते हैं। पंत जैसा कलावंत, सूक्ष्म कवि लोकायतन में छीजती

हुई काव्यात्मकता क्यों नहीं देख पाया? उलटे उसके बारे में हुई आलोचना को मन पर ले बैठा और खोज-खोजकर उसकी महत्ता, उदात्तता और मूल्यपरकता गिनाने लगा। पंत की सदाशयता से इन्कार नहीं है, परन्तु काव्य से पहली उम्मीद काव्यत्व की होती है। दूसरी बात यह है कि कोई जब बड़े कवि को पढ़ता है, तो बड़े कवि की अपेक्षा से पढ़ता है। पंत ने लोकायतन के साथ ही स्वर्ण धूलि, स्वर्ण किरण और अपने 'रजत' काव्यों में एक महात्मा की भूमिका निभायी है, कवि वहाँ भी दुर्बल लगता है, और यह मनुष्य का स्वभाव है कि एक बार किसी भी कारण से किसी के प्रति अनाकर्षण पैदा हो जाता है तो वह चाहे जितने आकर्षक काम करे तब भी वह थोड़ा-बहुत अनाकर्षक बना ही रहता है। पंत के साथ भी यही त्रासदी रही कि एक बार ध्यानाकर्षण खो देने के बाद उनकी नवोन्मेषी रचनाएँ भी प्रायः बिना पढ़ी रह गयीं या अमूल्यन का शिकार हो गयीं।

यहीं मैं हिन्दी के उस जख्म की ओर भी इशारा करना चाहूँगा जो सन् 40-50 से हिन्दी में पनपा, जिसने हिन्दी पाठक को संकीर्ण बनाया और उसे अनेक श्रेष्ठ रचनाओं और रचनाकारों को पढ़ने से वंचित किया। यह खेमेबाजी, गुटबाजी ऐसा सर्वनाशी ज़हरबाद है, उन्हें भी निगलता है जो उसके जन्मदाता हैं। भावी पीढ़ियों में हमारी भाषा और पाठक तक पहुँचे आधे-अधूरे साहित्य के प्रति कितना स्नेह-सम्मान रहेगा और वे रचना से ही नहीं, व्यक्तित्व से भी कितना सीख पाएँगी, यह अभी भविष्य के अँधेरे में है। जो हो, कुल मिलाकर यह किसी महान भाषा-साहित्य के क्षय के लक्षण हैं और भाषाओं के विश्व में उसे अकारण दरिद्र और बौना बनाते हैं। इस प्रवृत्ति ने पंत जैसे दुर्लभ और अप्रतिम कवि को हमसे दूर किया और उसकी छवि को धूमिल बनाने की कोशिश की।...पर क्या सच में यह सम्भव हैं? क्या अन्धड़ धरती को उड़ा सकता है भला :

उड़ जाएगी क्या भू
फू-फू
अन्धड़ आया!
धूल-धुँध के रथ पर चढ़कर
गिरिकंधों से कूद
रेणु अश्वों पर चढ़कर

ढहते तृण तरु सिहर
झर रहे पत्ते झर-झर
भरी धूल आँखों में—मुँह में
थू-थू...

(अन्धड़, युगवाणी)

अन्धड़ को अपनी हैसियत दिखाता और उसके प्रति आक्रोश तथा वितृष्णा प्रकट करता यह तेवर उन तमाम वादों-विवादों द्वारा मूल काव्यत्व को उड़ा देने की कोशिश पर एक 'कोमल कान्त' कवि की यह न्यूनतम कठोर टिप्पणी है।

आँसू नहीं, आग है

मीरा के साथ महादेवी की तुलना करने की रूढ़ि अब तोड़ना चाहिए। दोनों में समान क्या है—न स्थान, न काल, न भक्ति, न दर्शन, न विद्रोह, न जीवन। और अगर कोई मोटी समानता हो भी तो वह सृजन और समय की सूक्ष्म, जटिल अन्त:क्रियाओं से मेल नहीं खाती, उलटे सर्जक की मौलिकता और स्वाधीनता को आहत करती है, मूल्यांकन भटक जाता है सो अलग—परवर्ती का ही नहीं, पूर्ववर्ती का भी। जैसे कहा जाता है कि मीरा और महादेवी दोनों आध्यात्मिक प्रेम पंथिनी हैं, लेकिन मीरा की भक्ति या अध्यात्म-चेतना अनुभूति जन्य है, जबकि महादेवी का रहस्यवाद बौद्धिक है। इस तरह की समानता और भिन्नता ने मीरा और महादेवी के संघर्ष और निजी अवदान को सीमित किया है और विभिन्न युगों में उनकी अवस्थिति के प्रति अनर्थ किया है। महादेवी और उनके समय में क्या मीरा जैसी अनुभूति और अभिव्यक्ति स्वाभाविक या सम्भव हो सकती थी? मीरा मध्यकालीन सामंती परिवार में जन्मी थी और महादेवी मध्यवर्गीय आधुनिक परिवार में, दोनों के संघर्ष अलग थे। महादेवी का युग भी भक्ति का नहीं, बौद्धिकता और तार्किकता का था। इसीलिए छायावाद ने अपनी भाव-चेतना को नए युग संदर्भ में जाँचा और नयी व्यंजना-प्रणाली आविष्कृत की। इसे भक्तियुग की सापेक्षता में देखना उस सचेत वैचारिकी को भूलना है जो औपनिवेशिक, वैज्ञानिक और यंत्रयुगीन परिवेश के बीच नयी अर्थवत्ता के लिए जूझ रही थी। छायावाद में जन्मे 'रहस्यवाद' के बारे में महादेवी कहती हैं :

> 'उसने (छायावाद ने) पराविद्या की अपार्थिवता ली, वेदान्त के अद्वैत की छाया मात्र ग्रहण की, लौकिक प्रेम से तीव्रता उधार ली और इन सबको कबीर के सांकेतिक दाम्पत्य-सूत्र में बाँध कर एक निराले स्नेह-संबंध की सृष्टि कर डाली, जो मनुष्य के हृदय को आलंबन दे सका, पार्थिव प्रेम के ऊपर उठा सका, तथा मस्तिष्क

को हृदय और हृदय को मस्तिष्कमय बना सका।'

आप चाहें तो इसे महादेवी का आत्म-कथ्य या आत्मालोचन भी मान सकते हैं कि उन्हें किस प्रकार के समकालीन द्वन्द्व के लिए समन्वयकारी अन्तःसूत्रों की तलाश थी और ये उन्हें पार्थिव से अधिक अपार्थिव अन्तःक्रियाओं और अनुभूति-विस्तार में ही मिल सकते थे। समकालीन चिंताओं के लिए सर्जनात्मक हल खोजने की जो विकलता उनके गद्य में स्पष्ट रूप से दिखाई देती है, वह कविता में अंतर्धारा के रूप में मनोरम परिधान पहनकर सामने आती है। गद्य और गीत में विधागत पृथक्ता होने पर भी चेतनागत आभ्यंतर की दृष्टि से महादेवी की भूमिका और प्रदाय एक भिन्न प्रकार की आलोचना की माँग करता है। अब इन चीजों का मीरा से क्या मतलब? उनकी कविता अलग, चिंता अलग, लड़ाई अलग, समय अलग। दोनों अपने आप में मुकम्मल, अद्वितीय हस्तियाँ हैं।

'स्फूर्ति, चेतना, रचना की प्रतिमा कल्याणी'—महादेवी के बारे में यह निराला का पाठ है जो उस अवधारणा से भिन्न है जो महादेवी को आँसू-करुणा-रहस्य की कवयित्री मानती है, यह ऐसा पूर्वग्रह है जो पाठक की भेदक चेतना को कुंद करता है और दृश्य को अन्तिम सत्य की तरह पेश करता है। वस्तुतः महादेवी की अनुभूति और सृजन का केंद्र आँसू नहीं, आग है। जो दृश्य है वह अन्तिम सत्य नहीं है, जो अदृश्य है वही मूल या प्रेरक सत्य है। महादेवी लिखतीं हैं :

'आग हूँ जिससे ढुलकते बिन्दु हिमजल के'

और भी स्पष्टता की माँग हो तो ये पंक्तियाँ देखें :

'मेरे निःश्वासों में बहती रहती झंझावात
आँसू में दिन-रात प्रलय के घन करते उत्पात
कसक में विद्युत अंतर्धान।'

ये आँसू सहज सरल वेदना के आँसू नहीं हैं, इनके पीछे जाने कितनी आग, झंझावात प्रलय-मेघ का विद्युत-गर्जन, विद्रोह छिपा है। महादेवी के जीवन की एक छोटी-सी लेकिन प्रतीकात्मक घटना है—वे बी.ए. में पढ़ रही थीं। बुद्ध की करुणा और दुःखवाद से इतनी अभिभूत हुईं कि एक दिन भिक्षुणी बनने बौद्ध विहार में चली गयीं। वहाँ देखती हैं कि स्थविर उनसे पंखें की ओट लेकर बात

कर रहे हैं। (यह ओट बातचीत करने के दोष का परिमार्जन या स्त्री-चर्चा-पाप से बचाव था) महादेवी इस अपमान को कैसे सहती? वे बिना दीक्षा लिये लौट आयीं, परन्तु बुद्ध की करुणा में उनकी आस्था अडिग रही, क्योंकि उनके भीतर नारी की चिरंतन पीड़ा और विश्व की शाश्वत व्यथा घुमड़ती रहती थी। (जिसे उनकी कविता में 'सागर' के बारम्बार प्रयोग में देखा जा सकता है।) इसी ने महादेवी को बुद्ध की ओर खींचा था, परन्तु उनके भीतर जो विद्रोह और आत्म-तेजस था, उसने संघाराम में करुणा को अपमानित होते देखा तो संघाराम से अपने को अलग कर लिया, लेकिन करुणा से नहीं; लिहाजा करुणा बच गयी, संघ मिट गया। इस एक घटना से पता चलता है कि महादेवी में संग्रह-त्याग का कैसा विवेक था! विद्रोह की कितनी संयत और सार्थक अभिव्यक्ति थी! यह संयम और विवेक महादेवी को समझने का सूत्र ही नहीं, प्रतिमान है जो उनके विद्रोह को फैशनपरस्तों, जाँबाजों, जुमलेबाजों के तमगे की तरह लटका-लटकाकर दिखानेवाले विद्रोह से अलग करता है। विद्रोह महादेवी की समुद्र-आत्मा में मोतियों के मानिंद था :

'साँसों की समाधि-सा जीवन
मसि-सागर का पंथ गया बन
रुका मुखर कण-कण का स्पंदन
इस ज्वाला को प्राण-रूप फिर से ढलने दो।'

जीवन साँसों की समाधि जैसा बन चला है जिसपर से होकर काले और अँधेरे समुद्र का रास्ता ही जा सकता है, सृष्टि-स्पन्दन ठहरा हुआ है, इसे फिर से जीवंत कर सकती है तो ज्वाला ही। ताप ही तो जीवन है, प्राण है, वही तो मृत्यु का प्रतिपक्ष है। यह अँधेरा, यह जड़ता, यह खामोशी, यह ठडापन मृत्यु-शृंखलाएँ हैं। अगर ये गलेंगी तो ताप से ही :

'शृंखलाएँ ताप के डर से गलेंगी
भित्तियाँ यह लौह की रज में मिलेंगी।'

लेकिन आग की जरूरत तोड़ने में ही नहीं, जोड़ने में भी होती है। विद्रोह इसीलिए सकारात्मक और मान्य है और इसी अर्थ में उच्छृंखलता और ध्वंस से अलग है कि वह जीवन को यथायोग्य भिन्न-भिन्न प्रकार से धारणा करता है; तोड़ने की जरूरत हो तो तोड़कर, जोड़ने की जरूरत हो तो जोड़कर :

'बिना अग्नि के जुड़ा न लोहा माटी सोना
ले टूटे संकल्प स्वप्न उर-ज्वाला में पिघले॥'

महादेवी की निगाह में यह ज्वाला संसार के हर निष्ठुर प्रश्न, हर कोलाहल, हर प्रकार के व्यंग्य और प्रहार का उत्तर है :

व्यंग्यमय है क्षितिज घेरा
प्रश्नमय हर क्षण निठुर-सा
पूछता हर क्षण बसेरा
आज हो उत्तर सभी का ज्वालवाही श्वास तेरा।

ज्वाला ही कहीं आँसू और कहीं प्राण है, कहीं लौहशृंखला को गला डालने वाली, कहीं मिट्टी, सोना और लौह-तत्त्व को संयोजित करने वाली, कहीं दुनिया के समूचे प्रश्नों का विदग्ध उत्तर, समस्त निस्तार है। यहाँ तक कि भिन्न-भिन्न नाम रूप में वह वहाँ भी है जहाँ होना आग के विरुद्ध समझा जाता है :

जो ज्वाला नभ में बिजली है
जिसमें रवि-शशि ज्योति जली है
तारों में बन जाती है जो
शीतलतादायक उजियाला

यही ज्वाला महादेवी की चाह है, माँग है जिसे मस्तक देकर भी वह खरीदना चाहेंगी ताकि जगजीवन के लिए प्राणोत्सर्ग कर, महाकरुणा को धारण किया जा सके : 'मस्तक देकर आज खरीदेंगे हम ज्वाला'

महादेवी का लगभग संपूर्णकाव्य आत्मगत शैली में रचा हुआ है। अपने व्याज से वह दुनिया-जहान की बात करती है यानी नितांत आत्मीय और विश्वसनीय स्तर पर रचे-बसे संसार की। उसकी आत्मा में कैसा महासमर चला हुआ है! कैसा उत्पात मचा है! विद्युत, चक्रवात, प्रलय के बड़े-बड़े प्रतीकों में जब कवयित्री अपने आँसुओं और आहों का बयान करती है तो किसी प्रबोधन या व्याख्यान के लिए नहीं, बल्कि नितांत आत्म-सम्बोधि में । ऐसे में उससे आत्मवत् होकर ही उसकी विराट, विकराल वेदना को समझा जा सकता है जो विश्व का पालन करनेवाली करुणा (इदं विश्व पाल्ये—भवभूति) में ढलती है :

हुए शूल अक्षत मुझे धूलि-चन्दन
व्यथा प्राण हूँ नित्य सुख का पता मैं
घुला ज्वाल में मोम का देवता मैं।

पता नहीं इतनी ज्वाला, इतनी आग को कहाँ पचा गया हिन्दी-संसार! महादेवी बार-बार जताती रहीं कि ये 'आँसू', 'आग' है, महाकरुणा का आख्यानक आँसू से नहीं, ज्वाला से लिखा जाता है, यह आत्म-वेदना के आँसू नहीं है, यह भीतर का करुणार्द्र बुद्ध है, मोम का देवता है जो दूसरों की आँच से पिघलता है। सारे संसार का अपमान, गरल, व्यथा, खुद पीता है और विश्व को सुख का पता देता है। मगर सुनता कौन है, बस एक रट्टा लग रहा है!

महादेवी की वह कविता जो यात्री से कहती है कि 'जाग तुझको दूर जाना'।—'दूर जाना' यानी एक लम्बी यात्रा पर महान लक्ष्य की ओर। यह दैनंदिन सुख-दुःख, मोह-चाहवाली यात्रा नहीं है, यह वही यात्रा है जो आग पीकर आँसू उँड़ेलती है, जो अंगार-शैया पर खुद सोती है, लेकिन विश्व के लिए मृदुल कलियाँ बिछाती है :

'कह न ठंडी साँस में अब भूल वह जलती कहानी
आग हो उसमें तभी दृग में सजेगा आज पानी
है तुझे अंगार शैया पर मृदुल कलियाँ बिछाना।'

इसमें कहीं भी निजी निराशा, निजी सुख या निजी वेदना अथवा अपनी विश्रांति नहीं है, यह विश्व-वेदना है, इसीलिए यह यात्रा-पथ अनंत है।

महादेवी को बार-बार आँसू की पुतली की तरह व्याख्यायित करनेवालों से उन्हीं के शब्दों में यह बात कहनी होगी कि वे जिस महादेवी का जिक्र कर रहे हैं, वह कोई और होगी, उनकी कहानी कोई दूसरी होगी। यह महादेवी तो निरंतर मोतियों और चिनगारियों का मेला साथ-साथ लगाकर दुनिया के हाट में फिरने वाली हैं। आप हैं किस होश में :

दूसरी होगी कहानी
शून्य में जिसके मिटे स्वर, धूलि में खोयी निशानी
आज जिस पर प्रलय विस्मित
मैं लगाती चल रही नित
मोतियों की हाट औ
चिनगारियों का एक मेला!

जैसा ऊपर कहा है कि महादेवी के काव्य में 'समुद्र' एक प्रतीक है जो भाँति-भाँति से आता है, ठीक वैसे ही एक प्रतीक है 'दीपक' —'मधुर मधुर मेरे दीपक जल' या 'यह मंदिर का दीप इसे नीरव जलने दो' यह अनवरत मौन-साधना है। खुद को जलाकर ही दीपक प्रकाश फैलाता है—बेआवाज।...और वह जल-जलकर जितना क्षय होता है उसका 'छलनामय' (प्रिय) वैसे-वैसे समीप आता है। महादेवी की साधना का यह विनिबंध भी इसी दीपक की लौ से लिखा गया है। बिना 'लौ' के क्या अर्थ रह जाता है इस जीवन-दीयका— 'एक ज्वाला के बिना मैं राख का घर हूँ।' अगर इसे यों कहा जाए कि प्राणों की इस मधुर-नीरव ज्वाला में इस तरह देखें तो अपने को क्षय करके, अपना आपा मिटाकर जलनेवाला दीया है महादेवी। हमने अपने समय में उन्हें चलते-फिरते बतियाते और वे तमाम संघर्ष झेलते देखा है जो एक स्त्री की, एक करुणा की, एक दीये की और एक झंझावात की नियति है; और महादेवी का वह जम कर ठहाके लगाना, वह खिलखिलाना दरअसल अपने आँचल तले इस करुणाग्नि को सहजने का उपक्रम थी।

महादेवी के काव्य में सुथरापन है, एक संस्कारित आत्मा की सुगढ़ता है जिसमें बनावट का लेश नहीं, दिखावा नहीं, जो है उसे भी छिपाना, एक अजीब-सा प्रदर्शनहीन भाव! इसीलिए उन्हें व्यक्त के पीछे छिपे अव्यक्त की कवयित्री कहना चाहिए और यही पहचान भी है उस करुणानिधि की जो उनके भीतर सदा बैठा रहता है। ये पंक्तियाँ हालाँकि उन्होंने प्रियतम के लिए कही हैं पर काव्य भी तो कवि का प्रियतम ही है—'करुणामय को भाता है तम के परदों में आना।'

आज हमारे समय में जब चारों ओर दिखाने की होड़ मची है, हर कोई यही तो कहने में लगा है कि मुझे देखो, मेरा प्रोडक्ट देखो, मेरा साम्राज्य देखो, मेरा गुस्सा, मेरा घमण्ड, मेरे शस्त्रास्त्र मेरा वैभव...। ऐसे वक्त में कवयित्री दिखा रही है :

'मेरे हँसते अधर नहीं जग
की आँसू लड़िया देखो
मेरे गीले पलक छुओ मत
मुरझायी कलियाँ देखो।'

इनमें कौन प्रासंगिक है, जो संसार के आँसू और कलियों का मुरझाना दिखा रही है वह, या वे जो अपना प्रोडक्ट दिखा रहे हैं।

कभी-कभी कविता की उदात्तता और चिरंतनता के आगे समकाल की हरकतें अप्रासंगिक लगने लगती हैं। फर्ज कीजिए कि अगर कल की कवयित्री आज जगज्जननी से पूछे कि माँ, तेरी इस दो फाँक दुनिया में मैं कहाँ खड़ी रहूँ? किसके साथ? तो जो उत्तर अनकहे मिलता है, वह आज के बाजारवाद को वक्त के सिंहासन से खदेड़ने का आह्वान करता है :

कह दे माँ अब क्या देखूँ
तुझमें अम्लान हँसी है
इसमें अजस्र आँसू जल
तेरा वैभव देखूँ या
जीवन का क्रंदन देखूँ।

कहाँ तो आज समय के 'सुपरमैन' हैं जो ब्लैक मार्केट, शेयर बाजार, भंडारण पर आसन जमाये (लोक-कंठ की फाँस बने)बैठे हैं और कहाँ आप हैं जो लोक-संवेदना में, आँसू और क्रंदन के स्याह समुद्र में उतर पड़ती हैं—अपने भीतर आग लिये! अपने अवचेत में ठीक ही कहा महादेवी ने कि लोक-कंठ का हार वही बनता है जो बिंधना जानता है—'क्या हार बनेगा वह जिसने सीखा न हृदय को बिंधवाना।'

महादेवी वह स्त्री हैं जो युग-युग से मूक, दग्ध, आहत और भीगी भारतीय स्त्री की ऐसे वक्त उठी आवाज थी जब औरत की स्वाधीनता और उसके विमर्श का प्रायः कोई बोल न था। महादेवी ने स्त्री की अस्मिता के लिए अपनी तरह से संघर्ष किया। 'शृंखला की कड़ियाँ' के निबंध इसके पुख्ता प्रमाण हैं। महादेवी की अभिव्यक्ति में एक गहरी अपील और खरापन इसलिए भी है कि उन्होंने स्वयं अपने जीवन में यह दुःख झेला था, उनकी सर्जक आत्मा ने उसे वृहत् और उदात्त बनाया। विचित्र है कि आज के विमर्श अपने उत्पीड़न को अपनी ही जंजीरों में बाँध रहे हैं, जबकि उन्हें ये शृंखला की कड़ियाँ तोड़नी थीं, इससे और भी बहुत कुछ आप ही आप टूट जाता। अरे, दुःख-भोग से तो अभिमान पिघलता है, आत्मा विराट होती है, असीम करुणा जागती है तभी तो कोई हारी

हुई आत्माओं में विश्वास जगा सकता है। यह महादेवी ने किया। उन्होंने निजी दुःख को स्त्री की चिरंतन की वेदना से और अंततः विश्व-वेदना से जोड़ा इसी से उनमें महाकरुणा जन्मी और उन्होंने गद्य-पद्य दोनों से (यहाँ तक कि परवर्ती काल में भाषण-संभाषण से भी) पराजित निराश आत्माओं में विश्वास जगाया।

महादेवी के समूचे काव्य में जो बड़वानल है, आँसू भीगा हाहाकार है, वह क्या है? जैसे वे हमेशा किसी आंतरिक असुरक्षा, आतंक और भय से घिरी रही हों। क्या जिनकी वेदना, संवेदना की सघनता में बदलती है, या अपना और पराया दुःख जिनमें सघन हो जाता है, वे इसी तरह के किसी भीतरी आतंक से घिरे रहते हैं जैसे हंटर लेकर कोई उनका पीछा कर रहा हो—अहर्निश? महादेवी ही नहीं, मुक्तिबोध के काव्य पर भी एक प्रकार के भय और आतंक का साया है। इसे फिर से कहने की कोशिश करें तो सर्जक के शायद अपने दुःख में सबका दुःख एकत्र होकर किसी आंतरिक असुरक्षा के रसायन में मिलकर आतंक (हारर) का रूप लेता है। हालाँकि इसकी अभिव्यक्ति व्यक्तित्व-भेद से भिन्न प्रकार की हो सकती है। जैसे महादेवी और मुक्तिबोध में यह आतंक भिन्न अभिव्यक्ति पाता है। मुक्तिबोध इस भयानक संसार की गुंजलक में फँसी बेचैन आत्मा का एक घनघोर आख्यानक रचते हैं और महादेवी इस आतंक से, इस अंधेरे से निकलने के लिए एक तल्ख बेचैनी से छटपटाती हैं :

घोर तम छाया चारों ओर
घटाएँ घिर आयी घनघोर
वेग मारुत का है प्रतिकूल
हिले जाते हैं पर्वत मूल
कौन पहुँचा देगा उस पार?

एक स्त्री के द्वारा महसूस की गयी, स्त्री की वास्तविक असुरक्षा, भय और पारंपरिक उत्पीड़न की ही तो कहीं यह प्रतिक्रिया न हो कि हे करतार, अब तो इससे छुटकारा हो! फिर भी महादेवी को किसी अकेले विमर्श में बाँधना गलत होगा। क्रूरता, अमानुषिकता, संकीर्णता, लघुता, मदांधता, अज्ञान के विरुद्ध खड़े रचनाकार पर जब किसी देश-काल का ही दावा नहीं हो सकता तो किसी विमर्श का दावा क्यों हो? सर्जक की भूमिका संचरित हवा जैसी होती है, जो दिखाई तो नहीं देती पर उससे हमारी साँसें चलती हैं। ये चलती रहें।

माखनलाल चतुर्वेदी

भारतीय आत्मा का सौन्दर्य-बोध

माखनलाल चतुर्वेदी की कविता खड़ीबोली में रस की पहली फुहार थी। शायद सबसे पहले वे ही यह भ्रम तोड़ सकीं कि खड़ीबोली में ब्रज जैसी मिठास नहीं आ सकती। *भारतेन्दु-युग के गद्य की सारी खिलंदड़ी, व्यंग्य, ललकभरी मस्ती, द्विवेदी-युग में गुप्त-गंगा की तरह जैसे धरती में कहीं गहरे उतर गयी थी। माखनलालजी ने द्विवेदी-युग में रहते हुए भी अपने को भारतेंदु-युग की सर्जक चेतना से जोड़ा उनका नैतिक-बोध रूढ़ नहीं था और रोमेण्टिक बोध प्रबल था। शुरुआत उन्होंने भक्ति और रहस्य की कविताओं से की। शायद इसी झुकाव ने उनके व्यक्तित्त्व में रस और बारीकी घोली।* प्रकृति और राष्ट्रीयता सम्बन्धी कविताएँ उन्होंने अपेक्षाकृत बाद में लिखीं।

उन्होंने लिखना 1904 में प्रारम्भ कर दिया था और 1913-14 में उनकी कविता में धार आने लगी थी। कवि रूप में ही नहीं, पत्रकार और स्वाधीनता-सेनानी के रूप में भी वे चमचमाते रहे, फिर भी जाने क्यों उनका पहला कविता संग्रह 'हिम किरीटिनी' 1943 में प्रकाशित हो सका। हाँ, इसके पहले कवि की बीमारी से चिंतित होकर गणेशशंकर विद्यार्थी ने 1918 में उनका नाटक 'कृष्णार्जुन युद्ध' प्रकाशित करवा दिया था। इससे एक बात निश्चित प्रकट होती है कि माखनलाल चतुर्वेदी अपने सृजन को भी राष्ट्रीय मिशन ही मानते थे, यानी अपने बहुमुखी कर्म का अंग जिसने प्रकाशन को उन्होंने कोई तिरजेट नहीं दी। इसे लोगों की व्यवहार-बुद्धि ने किस रूप में पहचाना, इसकी एक मिसाल हरिकृष्ण प्रेमी का 'आज के हिन्दी कवि' (माखनलाल चतुर्वेदी) की भूमिका के इस वाक्य में मिल सकती है :

> 'दुनियादारी के लिहाज से हिन्दी साहित्यकारों में तीन प्राणी महामूर्ख रहे—एक मुंशी प्रेमचंद, दूसरे पण्डित माखनलाल चतुर्वेदी और तीसरा मैं।'

मेरे विचार से (जहाँ तक प्रकाशन का संबंध है) प्रेमी जी ने इस मामले में अपने को और प्रेमचंद को नाहक घसीटा! स्वयं उन्होंने और प्रेमचंद ने जब जो लिखा, वह यथासमय पुस्तक रूप में प्रकाशित हुआ; जबकि माखनलाल जी इस लिहाज से (उनके शब्दों में) वाकई महामूर्ख रहे यानी आत्माभिव्यक्ति तो बराबर करते रहे, पर आत्मोन्नति से निरपेक्ष रहे। क्योंकि वे मुख्यतः कवि थे पर उनका मिशन राष्ट्रीय था जिसने सब कुछ समाहित था—कविता भी। एक सामाजिक राष्ट्रीय और सर्जक व्यक्तित्व के रूप में वे सचमुच 'भारतीय आत्मा' थे।

माखनलालजी में अक्षुण्ण ऊर्जा और उत्कट सृजनशीलता थी, इसी कारण वे निरन्तर गतिशीलता और अदम्यता के प्रतीक बने रहे। द्विवेदी-युग में तो उनका विशिष्ट योगदान था ही, छायावाद, प्रगति, प्रयोग युग तक में उनकी धड़कन महसूस की जा सकती है, और अगर गीत परंपरा में देखें तो वे खड़ीबोली के पहले गीतकार थे जो लगातार पाँच दशकों को लाँघते हुए नवगीत की नयी भूमि पर खड़े दिखाई देते हैं। आज गीति की ओर लौटने की पहर में हमें वे अधिक प्रासंगिक प्रतीत होते हैं।

यह भी सच है कि हर युग-धारा में किसी हद तक दिखाई पड़ने के बावजूद माखनलालजी मुख्य रूप से राष्ट्रीय धारा के कवि थे। परन्तु उस युग में राष्ट्रीय काव्यधारा के साथ एक विचित्र त्रासदी घटित हुई। कायदे से स्वाधीनता संग्राम का युग राष्ट्रीय काव्यधारा का युग होना था, परन्तु ताजा हवा के झोंके-सा, विलक्षण प्रतिभाओं के माध्यम से आया छायावाद समय के केन्द्र में आ गया और मुखर राष्ट्रीय धारा हाशिये में चली गयी। नतीजे में तत्कालीन बड़े-बड़े राष्ट्रीय कवि अपनी प्रभावशालिता के बावजूद छायावादी कवियों जैसा महत्त्व न पा सके।

परन्तु माखनलालजी की विलक्षण प्रतिभा तत्कालीन शुष्क, आदर्शवादी राष्ट्रीयता का अतिक्रमण भी करती है। उनमें छायावाद के तत्त्व भी इतनी प्रबलता से दिखाई दिये कि आचार्य विनयमोहन शर्मा ने अवंतिका के काव्यालोचनांक में 'अन्तर की अनुभूति' और उसे प्रकाशित करने की 'वक्रशैली' को प्रसाद से भी पहले माखनलालजी में रेखांकित करते हुए उन्हें 'छायावादी प्रवृत्ति का सूत्रपात' करने और उसे 'पुरस्सर करने' का श्रेय दिया। आचार्य हजारीप्रसाद द्विवेदी ने भी उनकी कविता को 'छायावाद की वैयक्तिकता प्रधान काव्य-भूमि तैयार करनेवाली'

कहा। सुमित्रानंदन पंत ने छायावाद का पुनर्मूल्यांकन करते हुए माखनलाल जी को उससे इसलिए जोड़ा कि उनकी कविताओं में 'रहस्य भावना, सूक्ष्म-अभिव्यंजना, प्रकृति का जीवंत स्पर्श, हृदय का तारुण्य और सौन्दर्यमूलक स्वीकृति है।'

इससे स्पष्ट है कि माखनलालजी के समृद्ध काव्य में अनेक युगों के लक्षण और प्रेरक तत्त्व विद्यमान हैं। जाने-अनजाने कई परवर्ती पीढ़ियों ने उनसे प्रेरणा ली है। परन्तु छायावाद के जिन तत्त्वों को उनमें गिनाया गया है, वे उनमें छायावाद की भाँति मौजूद नहीं थे। हाँ, उनकी सगुण-साकार रागपरकता और मिट्टी का जीवित अनुभव छायावाद को अप्रत्यक्ष रूप में प्रभावित कर सका हो तो कोई अचरज नहीं। क्योंकि अगर माखनलालजी की प्रकृति और छायावाद की प्रकृति को एक साथ रखकर देखें तो हमें लगेगा कि छायावाद की प्रकृति अत्यंत परिशुद्ध, महीन, आसमान में तैरती कल्पना जैसी है, जबकि माखनलालजी की प्रकृति मिट्टी में लथपथ; उसका स्वाद और गुण लिये हुए है, उसके मटियालेपन और शरीर की लुनाई में इतना अपनापन है कि आप उसे प्रगाढ़ आलिंगन में बाँध सकते हैं, जबकि छायावादी प्रकृति से विशिष्ट शिष्टाचार से भेंट करनी होती है और डर लगता है कि अगर आप उससे हाथ भी मिलाएँ तो कहीं उसकी हथेली मैली न हो जाए! संभव है कि निराला के काव्य और महादेवी-प्रसाद के गद्य के कुछ मौलिक तत्त्व माखनलालजी से थोड़े मिलते-जुलते हों। जहाँ तक इस बात का सवाल है कि माखनलालजी के रहस्य में निर्गुण के साथ सगुण भी दिखाई पड़ता है तो यह केवल अन्तस्सम्बन्ध के रूप में ही है। सच में तो उनमें ऐसी कोई निराकार रहस्यपरकता नहीं है जो साकार से अलग अनुभूति देती हो। उनकी कविता 'मेरा उपास्य' को कुछ लोग छायावाद की पहली कविता कहते हैं,जो रहस्यमयी-सी लगती है, लेकिन उसमें भी प्रगाढ़ मांसल अनुभव हैं :

'अर्द्धरात्रि, विद्युत-प्रकाश घन
गर्जन करता घिर आया
जो जो बीते सहूँ, कहूँ क्या
कौन कहेगा 'लो आया'

'लो आया' छप्पर टूटा है
वातायन दीवारें हैं

पल-पल में विह्वल हांता हूँ
कैसी निर्दय मारें है।'

माखनलालजी की कविता में जो कथित 'वैयक्तिकता' है, उसका मूल तत्त्व 'विद्रोहमूलक स्वाधीनता' या 'व्यक्तित्ववाद' है, जो किसी विचारधारा और मतवाद का बंधन स्वीकार नहीं करता। फिर, जो कवि राष्ट्र के व्यापक उद्वेलन और संघर्ष में अपने व्यक्तित्व और कविता दोनों को झोंक रहा हो, उसे वैसे भी व्यक्तिवादी नहीं कहा जा सकता। इसलिए यह कहना अप्रामाणिक है कि माखनलालजी 'आगामी व्यक्तिवाद की प्रेरणा हैं।' उनकी संपूर्ण कविताओं का केन्द्र एक ओर चरम विद्रोह है तो दूसरी ओर चरम आत्मबलिदान। यह आत्म-बलिदान किसके लिए? अपनी प्रेमिका या अपने अमूर्त प्रियतम के लिए या अपने आवेग के लिए? नहीं, वह है राष्ट्र के लिए, राष्ट्र के संघर्ष और संकल्प के लिए, असंख्य उत्पीड़ित जनता के लिए :

'वह कली के गर्भ से फल रूप में अरमान आया
देख लो मीठा इरादा किस तरह सिर तान आया
डालियों ने भूमि-रुख लटका दिये फल देख आली
मस्तकों को दे रही संकेत कैसे वृक्ष डाली?'

इन पंक्तियों में माखनलालजी का आत्मबलिदान है या व्यक्तिवाद? 'गगन-सी खाली न मेरी कसक इसमें बस्तियाँ हैं' जैसे भाव में डूबा कवि क्या व्यक्तिवादी हो सकता है? किसी एक लेखक ने उनके गीत 'बदरिया थम-थम कर झर री! सागर पर मत मरे अभागिन गागर को भर री!'— को उनकी व्यक्तिवादी प्रवृत्ति के उदाहरण-स्वरूप पेश कर दिया! दरअसल यहाँ कहा यह गया है कि जो पहले से ही भरा है लबरेज़, उसे क्या भरना, भरना तो उस गागर को है जो खाली है। इस व्यंजना में जो चिढ़ है वह भी इसी बात को लेकर है कि वह भरे हुए पर 'मर' रही है और इधर जो प्यासी है, खाली है, वह उपेक्षित है।

माखनलालजी की कविता में जो लोच, व्यंजना, रागपरकता, प्रकृति-राग, भक्ति-भावना है, उसे लेकर तरह-तरह की बातें कही जाती हैं, जबकि वे उनमें निहित गतिशीलता और अनेक युगों के भीतर संचरित उनके आभ्यंतरिक आवेग का प्रतीक है। अनेक युगों के, अनेक कवियों ने माखनलालजी के इसी गतिमान

सृजन से प्रेरणा ली है। नयी कविता के महत्त्वपूर्ण कवि गिरिजाकुमार माथुर ने माखनलालजी को पीढ़ियों का 'ज्योति-केंद्र' कहा है और कहा है कि वे न केवल 'राष्ट्रीय सांस्कृतिक उन्मेष' के, बल्कि 'नयी प्रवृत्ति की काव्यधारा' के भी प्रेरणा-स्रोत हैं।

माखनलालजी की राष्ट्रीय कविताएँ अन्य समकालीनों से अलग हैं— इस माने में कि वे महज उपदेश, आह्वान, हुंकार और आत्म-पीड़न नहीं हैं। इनके भीतर अपूर्व रागतत्त्व समाया हुआ है, वह आक्रोश से अधिक आत्म-बलिदान का आह्लाद है, देश पर ऐसे मरा जाता है गोया प्रेम किया जा रहा हो या अभिमानी भक्त का समर्पण हो। ये कविताएँ कर्कशता की अपेक्षा वेदना और कर्म-सौन्दर्य को महत्त्व देती हैं। इनके ओज में भी लोच है। पुष्प की चाह, जवानी, जैसी प्रसिद्ध कविताएँ तो हैं ही; लघुमानव के विद्रोह का यह तेवर घास-पात के प्रतीक में गौर करने लायक है :

'लोहे के फरसे आते हैं
हमको खोद बहाने
पागल अपने महाजोर की
महिमा वे क्या जानें?
ज्वाला जगी कि अपनी ही बलि
हम पहले दें प्यारे
हमसे ही बनते देखे हैं
दुनियाँ के अंगारे

मिट्टी में मिलना हरियाना
फिर होना अंगारे
विद्रोही हैं—ये सब कुछ
होते अवतार हमारे।'

'विद्रोही' में अत्याचारों के प्रति आक्रोश, हिकारत और यातना को लेकर पीड़ा नहीं है, एक गरिमा, एक उत्सव-भाव और जबरदस्त जीवट है। कहीं आप इसमें सत्याग्रही के संकल्प और भारतीय जन्मांतर की प्रेरणा भी देख सकते हैं— *'विश्व है असि का नहीं संकल्प का है/हर प्रलय का कोण कायाकल्प का है'*— परन्तु यह मूलतः माखनलालजी की राग में पगी उत्सर्ग भावना है जो हर

कविता को विलक्षण सर्जनात्मकता देती है।

माखनलालजी ने प्रारम्भ में और बाद में भी प्रेम और भक्ति के गीत तथा कविताएँ कम नहीं लिखीं—उन कठिन दिनों में भी जब वे जेल में रहे या क्रांतिकारियों के साथ जूझते, छिपते रहे। उनके हृदय में हमेशा कृष्ण की बाँसुरी, महाभारत का समर और प्रेयसी /पत्नी का वियोग एक साथ हिलोरें लेता रहा। इन्हीं समवेत हिलोरों में उन्होंने पचास वर्ष तक प्रेम की फाग और विद्रोह की आग को एक साथ प्राणों में साधा है।

कृष्ण उनके लिए शृंगार और भक्ति का आलंबन तो थे, लेकिन इससे ज्यादा वे कर्म, संघर्ष, वैविध्य, संगीत और रस का प्रतीक थे। विलंबित मीटर में लिखी गयी कविता की ये पंक्तियाँ देखें :

'प्रेम की जन्मगाँठें जगीं मंगला राग वीणा-प्रवीणा सखी भारती
आज ब्रह्मांड की गोपिका गा उठी, सूर्य की रश्मियाँ श्याम की आरती।'

ये पंक्तियाँ कविता के जन्म की प्रेरणा और उसकी उदात्तता के आयामों को बखूबी खोल देती हैं—अपने ही माधुर्य-सौन्दर्य-संघर्ष के उपादानों से। इसीलिए माखनलालजी राम के विवेकवाद के, आदर्शवादी नैतिकता के उपासक नहीं हैं, कृष्ण की रंगीन लीला के आशिक हैं। उन्हीं के शब्दों में :

'मेरे निकट तो श्यामसुन्दर मीठा, आकर्षणशील परम सत्य है। जब वायु जोर से चलती है, मुझे लगता है उसने वेणु ले ली है और जब अन्धड़ का सन्नाटा सुनने लगता हूँ तो लगता है धरा गूँजने लगी है।'

यह विराट कृष्ण माखनलालजी की कविताओं में विशाल भारत बन जाता है और उसके प्रति भक्ति-भावना से चढ़ा अर्घ्य कवि की लोकव्यापी उपासना। परिणामतः छोटा-सा इनसान महामानव बन जाता है, जो सारी सृष्टि नाप लेता है। क्षणजीवी लघुमानव कवि की आस्था के भीतर विराट् समुद्र को भी बाँध लेता है :

'देख लो, प्राण में एक तूफान-सा
लौटता-सा चला जा रहा है कहाँ?
व्यक्ति-वामन उठा आ रहा पैर ले
एक रक्खे यहाँ, एक रक्खे वहाँ।

शृंखला सागरों को पिन्हाता हुआ
गगन खेल का घर बनाता हुआ।'

माखनलाल चतुर्वेदी ने कविता के बेहिसाब क्षितिज खोले। छायावाद और राष्ट्रीयता की चर्चा तो उन्हें लेकर खूब हुई है लेकिन उनका एक संवेदन पक्ष भी हैं जो विषमता के विरोध में आवाज बुलंद करता है। प्रगतिशील आन्दोलन जैसा यह उत्साहपूर्ण आव्हान को देखें :

'तोड़ अमीरों के मनसूबे
गिन न दिनों की घड़ियाँ
बुला रही हैं तुझे देश की
कोटि - कोटि झोपड़ियाँ।'

अगर सार में कहें तो माखनलालजी की सबसे बड़ी शक्ति उनका रागबोध था, जिसने उनके काव्य में भाँति-भाँति की शक्ल ले ली थी। राष्ट्रीय भाव-बोध में भी यह था। उनकी शायद ही कोई राष्ट्रीय कविता हो, जिसमें आवेग, शृंगार अथवा रागात्मक झँकार न हो। 'एक पुष्प की चाह' हो या 'कैदी और कोकिल' जैसी प्रसिद्ध राष्ट्रीय कविता, सब जगह शृंगार के अनोखे पुट हैं। पुष्प भले न चाहता हो कि वह प्रेमी की माला में गुँथकर प्यारी को ललचाये, परन्तु उसके खयाल में यह जरूर आता है कि उसकी एक जगह 'वह' भी है। और यही विचार इस कविता में निषेध के बहाने रूमानियत की छुअन देता है। जो कुछ वह निरस्त करता है, उसे भी उत्सर्ग भावना के संदर्भ में, अनुभूति की गहराई में पहचाना जा सकता है। 'कैदी और कोकिल' में 'आली' कोकिल बन्दीगृह के बाहर मधुर राग अलाप कर उसे व्याकुल कर देती है। बन्दी उससे प्रश्न करता है कि आखिर तुम इस बन्दीगृह के बाहर इस तरह, लगातार गा क्यों रही हो?

निज मधुराई को कारागृह पर छाने?
जी के घावों पर तरलामृत बरसाने?
या वायु-विटप-वल्लरी चीर हठ ठाने?
दीवार चीर कर अपना स्वर अजमाने
या लेने आयी इन आँखों का पानी
नभ के ये दीप बुझाने की है ठानी

तुम रवि-किरणों से खेल
जगत को रोज जगाने वाली
कोकिल बोलो तो!

जिस प्राकृतिक परिवेश को चीरकर वह या उसकी स्वरलहरी कैदी तक आती है, क्या उसमें वे स्पर्श नहीं होंगे जो इनके भीतर से गुजरने पर महसूस होते हैं? 'आली' और 'तो' के भीतर ही नहीं, इस पूरी संरचना के भीतर छिपा रागात्मक संवेदन आसानी से पहचाना जा सकता है।

उल्लेखनीय है कि राग-बोध या रूमानियत का संबंध मूलतः शृंगारिकता या प्रेम से नहीं है, आवेग से है। वही उसका मूल धर्म है। माखनलालजी की कविताओं में समाया हुआ आवेग, तमाम तरह के अन्तराल भरता है, अनेक खोये सूत्रों को मिलाता है और इस धारा के अन्य समकालीन और परवर्ती कवियों से उन्हें अलग करता है। जैसे अन्य राष्ट्रीय कविताओं में जहाँ आदर्श, नैतिकता, संर्घर्ष, यातना, अतीत-गौरव आदि प्रमुख रहे, वहीं माखनलालजी की कविताओं में आत्म-बलिदान, ओज और भक्ति की प्रधानता है। यह विचित्र है कि उनके भीतर द्विवेदी युग और छायावादी युग अपना-अपना हठ छोड़कर दोस्ती गाँठे बैठे हैं। आँखों में 'बीजुरी', 'आँजे' बिना उनकी कोई 'घटा' नहीं बसरती। माखनलालजी ने अपनी सृजन-दृष्टि में ऐसी ही बिजली आँज रखी थी, जिसमें चमक भी थी और रस भी। अपनी राष्ट्रीय कविताओं में उन्होंने इस कदर परंपरा का सचेत सौन्दर्य पिरोया है कि वे सांस्कृतिक कविताएँ बन गयी हैं।

माखनलालजी के 'विद्रोही' में अत्याचारी के प्रति घृणा, आक्रोश या अपनी दशा के प्रति हीनता-बोध नहीं है—उसमें आत्म-गरिमा है और अपने संघर्ष के प्रति उत्सव-भाव है, क्योंकि उसमें खूँखार, पागल हिंसा नहीं है; अदम्य साहसिकता और उदात्त अनुभूति है। विस्मय है कि जो कवि पैर रोपकर कहता है :

खोल बलि का द्वार
चल भूडोल कर दे
एक हिमगिरि
एक सिर का मोल कर दे
मसलकर अपने इरादों-सी उठाकर
दो हथेली है कि पृथ्वी गोल कर दे।

वह हिंसा की आग से नहीं, अहिंसा की आग से खेलता है—आत्मोत्सर्गी तरल बहती हुई आग से। वह कहता है—

विश्व है असि नहीं, संकल्प का है
हर प्रलय का कोण, कायाकल्प का है।

अहिंसा इतनी ऊर्जावान हो सकती है, आत्म-बलिदान अग्निशिखाओं जैसी लपटें फेंक सकता है; यह या तो गाँधी के सत्याग्रह में दिखता है या माखनलाल चतुर्वेदी की कविताओं में।

मैं समझता हूँ कि गाँधी-युग के उत्साहपूर्ण आत्मोत्सर्ग और क्रांतिकारियों के उल्लासपूर्ण आवेश क़ी ऐसी गुँथी हुई अभिव्यक्ति का माखनलालजी के अलावा दूसरा प्रमाण हिन्दी कविता में मिलना मुश्किल है। यह दिनकर के यहाँ है, परन्तु उसमें वह राग-बोध की मिठास नहीं है।

अपने शिल्प और अपनी आत्मा में माखनलालजी ने रोग, प्रेम, सौन्दर्य और प्रकृति को समो लिया है, अर्पण और तन्मयता को साध लिया है, उत्साह और संघर्ष को बाँध लिया है और लोक-चेतना के साथ भारत के विराट सांस्कृतिक भाव-बोध को नाथ लिया है, यह अनूठापन उस युग के किसी कवि में दिखाई नहीं देता।

कवि का युद्ध

मुक्तिबोध की राजनीति साफ है—न दुराव, न मुद्रा, न असमंजस। वे मार्क्सवादी हैं। लेकिन उन्होंने कविता का एक निराला और बेहद जटिल जीवन जिया है। द्वन्द्वात्मक भौतिकवाद उनके लिए लक्ष्य ही नहीं, चुनौती भी था, जिसे कवित्व की स्वायत्तता और तेज की रक्षा के बावजूद पाना एक विकट संघर्ष था। मुक्तिबोध ने इस सिलसिले में विश्लेषणपरक समावेशिता की जिस प्रखरता और सम्पृक्ति का परिचय दिया है, वह उनकी विशिष्ट सर्जनात्मक उपलब्धि है। गलत समझे जाने का खतरा उठाते हुए भी उन्होंने विरोधी मतवाद, तकनीक, अनुभव-प्रणाली और पारंपरिक संस्कृति का मूल्यांकन करते हुए, उनके स्वीकार-योग्य हिस्से को अपनी कविता का उपादान बनाया। जहाँ जरूरी हुआ, उनका रूपान्तरण और व्यक्तित्वांतरण करके अपनी काव्य-प्रक्रिया में शामिल किया और अपनी असहमति को भी ऊँची और स्पष्ट आवाज दी। हिन्दी के किसी दूसरे आधुनिक कवि में ऐसी महाप्राणता, संघर्ष झेलने का ऐसा माद्दा, स्वरूपांतरण और भंजन की ऐसी परिपक्वता और लक्ष्य के प्रति इतनी अविचल आस्था एक साथ दिखाई नहीं देती। (खुलेपन के लिए तरह-तरह के सामंजस्य और विविधता की बात यहाँ मैं नहीं कर रहा हूँ।)

मुक्तिबोध की इस रचनात्मक जिन्दादिली के भीतर कहीं-न-कहीं वह बौद्धिक संवेदना है जिसकी वकालत वे करते रहे हैं—उन्होंने दो जीवन नहीं जिये, इसीलिए संवेदना की हर जरूरत को पूरा कर सके। हम एक ओर तो कठमुल्लेपन का विरोध करें और दूसरी ओर, इतने एकांगी हो जाएँ कि अपने सिद्धान्त, विचार और प्रक्रिया के दो-टूक मूल्यांकन से कतराते रहें, और बिना परीक्षण के ही दूसरी तमाम दृष्टियों और प्रक्रियाओं को खारिज कर दें, तो अपने से ही पूछना होगा कि हम खुद कठमुल्ले क्यों नहीं है? असल में दुनिया का प्रायः हर बड़ा विचार, किसी-न-किसी सीमा तक मनुष्य की मूल समस्याओं से

जुड़ा होता है उसका परीक्षण इसलिए जरूरी है कि उसे पाने में कम-से-कम मेधाओं ने संघर्ष तो किया ही है। इसका एक दूसरा पक्ष भी है : समानांतर और पूर्व उपलब्धियों से बेहतर चुनकर, उन्हें अपनी तरह परखकर, बदलकर भी मनुष्य अपने संसार को समृद्ध और विकसित करता है। फिर एक रचनाकार में स्थानांतरण की जो अद्‌भुत प्रतिभा होती है, उसके सही प्रयोग से न केवल वह विराट मानवता से जुड़ता है, बल्कि उसे नयी दृष्टि और दृश्य भी देता है।

किस हद तक कोई दृष्टि या शिल्प प्रगतिशील सृजन का औजार बन सकता है, किस हद तक उसे बदला जाना चाहिए, कितना हिस्सा ध्वस्त कर देने लायक है—यह समझ मुक्तिबोध को उनके व्यापक अध्ययन, जीवनानुभूति और संघर्ष ने दी है। जड़ीभूत सौन्दर्य-चेतना के खिलाफ खड़ा यह कवि अपने भीतर किसी जड़ता को जमने की इजाजत नहीं देता। वह पहला कवि है जिसने खुद अपने युग की काव्य-धारा के फासिलिज़ेशन को लक्ष्य किया था। यह एक तरह से आत्म-परीक्षण और आत्म-संहार है जिसके बिना नयी राहें नहीं खोजी जा सकतीं।

मगर दिग्गज आलोचक पहले ही फैसले दे चुके हैं कि मुक्तिबोध रहस्यवादी, कलावादी और परम्परावादी हैं। महापंडित सभाओं में उनके जनवाद पर प्रश्नचिह्न लगाते हैं। कला-पारखी उनकी कविता में खंडित बिंबों और ऊबड़-खाबड़ भाषा का कबाड़खाना देख चुके हैं। सहजिया लोग मार्क्सवादी लक्षणों और उदाहरणों की पुख्ता मुहर लगाकर फुर्सत पा गए हैं। अब क्या बच गया है विचार और आरोप के लिए!

मगर मुक्तिबोध फैसलों के लिए इतने आसान नहीं हैं। अन्वीक्षा की जिन कंटीली राहों से उनकी कविता ने फासले तय किये हैं, उनसे गुजरे बिना कवि के रचना-मानस की गुत्थियाँ नहीं सुलझायी जा सकतीं। उसने न तो रेडीमेड रास्ता अपनाया, न लक्ष्य उसे सहज में मिला। तारसप्तक का युवा मुक्तिबोध कितना द्वन्द्वग्रस्त, संशयी और खोजी है? उस वक्त जबकि लोग तथाकथित स्पष्टता और भावात्मक उफान के जरिये अपने को प्रगतिवाद के सरपरस्त ठहरा रहे थे, मुक्तिबोध जिज्ञासा-वृत्ति के वास्तविक (आब्जेक्टिव) रूप की खोज में परेशान थे। शुरू में वे बर्गसाँ के व्यक्तिवाद से प्रभावित हुए, मगर सौन्दर्य और विश्वमानव के सुख-दुःख के बीच संघर्ष की अनुभूति ने उन्हें चैन नहीं लेने दिया। अंततः मार्क्स के द्वन्द्वात्मक भौतिकवाद के रूप में उन्हें 'अनुभव-सिद्ध तत्त्व-प्रणाली'

प्राप्त हुई, जो आजीवन उनके युद्ध को धार देती रही। प्रारम्भ में भटकते और सशंकित मुक्तिबोध तथाकथित शूरवीरों से ज्यादा संजीदा होकर उभरे, क्योंकि हवाओं और आँधियों के तहत अपने को खरीद-फरोख्त का सामान बनाकर यश और गद्दी हथियाने की रचना-विरोधी दौड़ में शामिल नहीं हुए, उलटे भयावह वस्तु-जगत के अँधेरे में अपने अन्वेषण की कंदील जलाये आगे बढ़ते रहे। नतीजे में उन्हें बार-बार अपने वक्तव्य बदलने नहीं पड़े, अनवरत प्रश्नाकुलता ने उन्हें न केवल व्यक्तिवादी चिंतन, बल्कि दिखावटी और सच्चे यथार्थ के अन्तर को समझने की दृष्टि दी :

सफल हूँ (पथ-भ्रष्ट हूँ)
अविजेय हूँ (आधीन हूँ मैं)
मैं महाशोधक,
महाशय
सत्य जल का मीन हूँ मैं, सत्य का मैं ईश औ'
मैं स्वप्न का हूँ परम स्रष्टा
(किन्तु अपने प्राण की है बुरी हालत और जर्जर देह यह है
खरी हालत) —*(तार सप्तक, आत्म-संवाद)*

दूसरे शब्दों में, मुक्तिबोध की कविता में अर्थभेदिनी अभिप्राय-वृत्ति तभी विकसित हुई, जब वे दृश्य और दृश्येतर यथार्थ को एक-दूसरे से जुदा कर सके। जब उन्होंने जाना कि दिन के उजाले में लकदम सफेदी से ढका हुआ दृश्य जगत् रात को अपने असली नंगे रूप में दिखाई पड़ता है, तब उस सत्य-शोधी ने रात के बियाबान डरावने अँधेरे का पीछा करना शुरू किया। शोषण की खूँखार ताकतों से उसकी गुरिल्ला लड़ाई शुरू हुई जो कभी खत्म नहीं हुई।

साधारण मनुष्य के प्रति षड्यंत्र के पूरे कारोबार को निर्वस्त्र करने और उसे काव्य-सत्ता देने के लिए मुक्तिबोध ने कलावादियों और रहस्यवादियों की फेंटेसी अपनायी। उनके ज्ञानात्मक संवेदनाघात से वह सोते से जाग उठी और सफेदपोश दुनिया की जासूसी करने लगी। मुक्तिबोध ने खूब समझा होगा कि प्रगतिशीलता के लिए फेंटेसी जैसा स्वप्न प्रतिरूप हाथ में लेना एक खतरनाक खेल है तभी तो अपनी प्रतिभा के सारे उपादान उन्होंने उसके रूप और इरादे बदलने में इस्तेमाल किये, जिसकी वजह से वह सपना उनके यहाँ यथार्थ से भी अधिक क्रूर और सच्चा हो गया। उन्होंने उन गुत्थियों को सुलझाकर रख दिया जो

यथार्थ की पहचान का दावा करनेवालों की सतही दृष्टि की पकड़ में नहीं आ सकतीं। अपने लिए फैंटेसी को मुक्तिबोध ने 'ब्रह्माण्ड-दीप्ति' और 'रवि-किरण-बिन्दु' बना लिया। उनके लिए वह अनुभव-लोक में चलनेवाली यात्रा है, जो मनुष्य को पूरी तरह अपने में शामिल करते हुए शत्रुओं की पहचान कराती है और पूरे षड्यंत्रनुमा व्यूह से निकलने की शक्ति और ऊर्जा देती है। वह यथार्थ और संभावना (या आकांक्षा) के बीच की दरारें पाटती है। बिना यह जाने हुए कि फैंटेसी मुक्तिबोध में क्यों है और किस सर्जनात्मक लक्ष्य को पूरा करती है—उसे प्रतिक्रियावादियों का औजार मानकर कवि को कलावादी करार देना ऐसा फतवा है, जिस पर टिप्पणी करना वक्त जाया करना है। मुक्तिबोध को तो, बल्कि, इस बात का श्रेय देना चाहिए कि वे प्रगति-विरोधी समझे जानेवाले औजार का प्रतिक्रियावाद के संहार के लिए इस्तेमाल कर सके।

शिल्प, चूँकि एक परिणत कविता है—इसलिए वह नाम से नहीं, कविता में अपनी उपस्थिति और प्रयोजन से पहचाना जाता है। क्या मुक्तिबोध की फैंटेसी वही प्रेरणा या वही प्रभाव छोड़ती है जो रहस्यवादियों और कलावादियों की फैंटेसी ?—यह प्रश्न शिल्प से नहीं, कविता में प्रयुक्त शिल्प से पूछना चाहिए। मुक्तिबोध ने ऐसे सवाल 'कामायनी' जैसी कृति से किये हैं। उसपर बाकायदा एक लम्बी बहस छेड़ते हुए जहाँ उन्होंने उसकी महान क्लासिक सिद्धियों की सराहना की है, वहीं वस्तुजगत के वास्तविक संघर्षों को परिणति पर न पहुँचा पाने के लिए उसकी कड़ी आलोचना भी की है। उन्होंने उसे छायावादी कृति मानकर या फैंटेसी कहकर हवा में नहीं उड़ाया, न उससे परहेज किया बल्कि टक्कर ली, उसकी आलोचना में कुछ जोडा और उससे कुछ लिया भी।

समय को वैचारिक रूप से प्रभावित करनेवाले अस्तित्ववाद से सामना करना भी उन्हें जरूरी लगा। अस्तित्वीय पीड़ा के प्रति उनकी गहरी सहानुभूति थी, मगर वे उसकी असंगता और अकेलेपन से क्षुब्ध थे। सम्पूर्ण मनुष्य से जुड़ने की वजह से वे इतने इकतरफा नहीं हो सकते थे कि सिर्फ पीड़ाओं और संत्रासों को लिखते रहें और मनुष्य की संभावनाओं और संगठनात्मक शक्ति से उनका वास्ता ही न हो। 'अँधेरे में' के अस्तित्वीय पीड़ा से ग्रस्त कलाकार के प्रति उनकी आलोचनात्मक करुणा बेहद साफ है :

वह कलाकार था
गलियों के अँधेरे का हृदय में भार था

पर कार्यक्षमता से वंचित व्यक्ति
चलाता था अपना असंग अस्तित्व

सबके लिए मुक्ति के प्यासे कलाकार को मुक्तिबोध ने 'अपने में द्युतिमान' कहा है। मगर अपने में द्युतिमान होने से क्या होगा! सारे संसार का भार छाती पर लिये घूमने के बावजूद अगर कोई कार्यक्षमता से वंचित हो और असंग पीड़ा भोग रहा हो तो औरों के लिए उसकी सार्थकता क्या है? इसी बिन्दु पर मुक्तिबोध अस्तित्वीय पीड़ा से अलग होते हैं, उनकी पीड़ा अकेली पीड़ा या उनकी मुक्ति अकेली मुक्ति नहीं है, सामूहिक मुक्ति है जिसके लिए संगठन और संघर्ष की व्यावहारिक भूमिका जरूरी होती है। अँधेरे का बोझ छाती पर लादकर ही कोई कृतकार्य नहीं हो जाता, उसे उसके खिलाफ लड़ना होता है, सहचर मित्र खोजने होते हैं, शोषित सर्वहाराओं को संगठित करना होता है—काले गुलाब, स्याह सिवंती, सँवलाए कमलों को—जो उसी की तरह यातना-ग्रस्त हैं, एकजुट कर प्रतिरोधी शक्ति से सक्रिय करना होता है। इसीलिए मुक्तिबोध की फैंटेसी ही नहीं, रचना के समस्त उपादान कविता में सक्रिय हैं—और इसी गत्यात्मकता और संघर्ष के सहारे उनकी कविता खिंचती चली जाती है। उसमें बहाव नहीं है, पहाड़ पर चढ़ते हुए कदमों का प्रयत्न और श्रम है। दूसरे कवियों की लम्बी कविताओं से मुक्तिबोध की ऐसी कविताएँ यहीं जुदा होती हैं। रचते हुए मुक्तिबोध कैसी जद्दोज़हद से गुजरते होंगे, इसका एक संकेत हमें हरिशंकर परसाई के एक संस्मरण में मिलता है, 'अँधेरे में' कविता सुना चुकने पर मुक्तिबोध की हालत अपने को निचोड़ देने जैसी थी। ऐसा लगता था कि उस आदमी ने अपने को निचोड़ दिया, अपनी सारी प्राण-शक्ति उसमें भर दी, अब वह रिक्त बैठा है।'

प्रगतिवादी लेखकों ने ज्यादातर राजनीतिक-आर्थिक शब्दावली से कविता की भाषा का संहार किया है, असल में कविता की मीमांसा के लिए सृजन अनुभव के दौरान यह भाषा कमायी गयी है, जिसका विकास या संहार उसी अनुभव में से गुज़र कर किया जा सकता है। कविता का संसार कोई जीवन से अलग-थलग नहीं होता; मगर जीवन में प्रवेश करने, उसके भीतर हलचल और समझ पैदा करने का उसका अपना तरीका है—यही कविता का स्वायत्त संसार है। शायद इसी की वकालत मुक्तिबोध ने की है। इसीलिए उन्होंने कविता की शब्दावली को नये अर्थ और तेवर दिये हैं। 'आत्मपरक' जैसे बहुप्रचलित शब्द

को पैर के बल खड़ा करके उन्होंने कविता के व्यक्तिवादी और रहस्यात्मक रुझानों का प्रतिरोध किया और उसे 'आत्म-संघर्ष' के रूप में प्रतिस्थापित किया। 'अंतरात्मा' की वकालत करते हुए उन्होंने उसे पक्षधरता के विस्तार से जोड़ा : "*मैं अपनी अन्तरात्मा का पक्षधर हूँ और अपने जैसे अन्यों की अन्तरात्मा का भी पक्षधर हूँ।*" 'सोऽहम्' की दार्शनिक व्यापकता को अन्तरात्मा का संकेत बनाते हुए, उसे सर्वहारा की पक्षधरता के औचित्य से जोड़ा और 'व्यक्ति-मन' की जगह आत्मा की 'महान्, दुर्दम, विप्लवकारी, ज्ञानमूलक शक्ति' को प्रतिष्ठित करके व्यक्तिवादियों की एकांगिता को चुनौती दी।

कविता के भीतरी—रूप-विषयक—संघर्ष पर बल देते हुए उन्होंने प्रगतिशीलों की उस खामखयाली का निषेध किया जो रूप को औपचारिक मानते हैं। इस संघर्ष का बयान करके उन्होंने कविता में कलाबाजी और सहज-स्फूर्त अंत:स्रोत जैसी रूमानी धारणा को भी एक तरह से खारिज कर दिया। क्योंकि एक सचेत कविता संवेदनात्मक ज्ञान और ज्ञानात्मक संवेदना के तीव्र घात-प्रतिघात से जन्मती है, यूँ ही नहीं निकल पड़ती। ऐसे में अगर हम पूछें कि आखिर क्यों जरूरी नहीं है एक प्रगतिशील कवि के लिए रूप-संबंधी सर्जनात्मक संघर्ष—क्यों नहीं है ? कवि वक्ता, शिक्षक या अर्थशास्त्री तो नहीं है। और 'तत्त्व' की सत्ता तो सब जगह होती है—कहाँ नहीं होती है तत्त्व की सत्ता ? लेकिन उसके सम्प्रेषण के माध्यम, प्रभाव और प्रेरणा के शेड्स अलग-अलग होते हैं। रूप (जैसा ऊपर कहा है) कोई बाहरी औपचारिक चीज नहीं है—परिणत रचना है; अगर वह ढीला है तो जाहिर है आत्म-संघर्ष अभी या तो पका नहीं है या विचार औपचारिक है। मुक्तिबोध का दोहरा संघर्ष, अनुभव और कला के नकली जीवन के विरुद्ध था। उनकी पुख्ता और कद्दावर कविताएँ इसी दोहरे संघर्ष की परिपक्वता का सम्मूर्तन हैं।

कवि की 'तटस्थता' को मुक्तिबोध भी स्वीकार करते हैं—मगर एक अलग तरह से। उनके लिए यह ऐसी विशिष्टता नहीं है जो कवि को सामान्य से अलग करती हो; बल्कि यह उसे सामान्य में बदलने की एक प्रक्रिया है। 'संवेदन-पुंज' जब ऊपर उठकर स्थायी होते हैं—तो वे सामान्यता से ऊपर उठते हैं। फिर भी आत्मलीन उत्कर्ष का यह क्षण सामान्य से सम्पृक्त है। अगर ऐसा न हो तो वे 'संवेदन-पुंज' दर्शक को कैसे आह्लादित कर सकेंगे ? उन्होंने व्यक्तिवादियों के इस भ्रम का भी निराकरण किया कि सामान्यता—'विशिष्ट' को नष्ट कर देती

है—उन्होंने कहा है कि नहीं, वह सिर्फ 'बद्धता' के घेरे तोड़ती है। तटस्थता और कवि-वैशिष्ट्य की यह अपूर्व व्याख्या—एक समाज-चिंतक, बल्कि समाज के भीतर पूरी तरह शामिल कवि का अनुभव है। यह अनुभव क्योंकि कविता में रूप लेता है—इसलिए महज सिद्धान्त या अवधारणा कहकर इसे टाला नहीं जा सकता। इस तरह न केवल विरोधी सौन्दर्य-दृष्टियों, बल्कि समानधर्मा दृष्टि से सृजन के स्तर पर मुठभेड़ करते हुए मुक्तिबोध ने प्रगतिशील कविता के नये सौन्दर्य-शास्त्र की प्रतिष्ठा की है। उनका सौन्दर्यशास्त्र परजीवी नहीं है बल्कि 'आत्म' और कविता की दोहरी आग में से स्वयं तपकर निकला है।

मुक्तिबोध संस्कृतिविहीन कवि नहीं हैं, क्योंकि वे समाजविहीन कवि नहीं हैं। वे अपने साहित्य और समाज को दूर भीतर तक जानते हैं। जानते हैं कि उनकी जड़ें परम्परा में बहुत गहरी हैं। सबको साथ लेकर चलनेवाला कवि अपनी खिचड़ी अलग नहीं पका सकता। उसे पता था कि सामूहिक जीवन में अगर बदलाव लाना है तो संस्कृति को समानान्तर अस्त्र की तरह इस्तेमाल करना होगा। कविता और क्रांति दोनों के लिए उसे समकालीन दृश्यालेख ही नहीं, सांस्कृतिक दस्तावेज की भी जरूरत थी क्योंकि परिवर्तन की शक्तियाँ वहाँ से भी नयी ऊर्जा और रस लेती हैं। मुक्तिबोध, जो कविता को सांस्कृतिक प्रक्रिया कहते हैं, संस्कृति को तराशने, उसे नये जीवन के अनुरूप ढालने और उससे नये-नये अर्थ दुहने के लिए कटिबद्ध लगते हैं। पारंपरिक मिथकों, प्रतीकों, अवधारणाओं में से उनके लिए, टकरानेवाली स्वीकृति के कारण नये अर्थ की जो चिनगारियाँ फूटीं, तो अतीत और वर्तमान दोनों के अँधेरे सकपका गये। यहाँ मैं सिर्फ दो मिथकों को उठाता हूँ : नागराज और ब्रह्मराक्षस के मिथक, जो उनके यहाँ पुनस्सृजन ही नहीं, नवीन अवधारणा भी है।

'काव्यात्मन् फणिधर' मिथक से ज्यादा, एक दुर्दान्त और दीप्तिमान खोज यात्रा है, अदम्य जिजीविषा और अपराजेय आस्था की जिन्दा तड़प है। एक पीढ़ी को जब दूसरी पीढ़ी का संघर्ष विरासत में मिलता है तो स्वीकार ही नहीं, परीक्षण, विश्लेषण और प्रहार भी सक्रिय हो जाते हैं :

किन्तु एकत्र करो
प्रज्वलित प्रस्तरों को
वे आते ही होंगे लोग
जिन्हें तुम दोगे

देना ही होगा पूरा हिसाब
अपना, सबका, मन का, जग का।

—*(चाँद का मुँह टेढ़ा है)*

जमाने भर का ज़हर पीकर, जानी-अजानी जगह में, न्यग्रोध की कोटर में, गुहान्धकार में, सत्य के परित्यक्त शिशु के इर्द-गिर्द, जग-पर्यटक जिप्सी की तरह कहाँ नहीं फन पटकता फिरा है मुक्तिबोध का फणिधर-काव्य! शोषित समाज की दशा बदलने के लिए, जटिलताओं की भीतरी खोज के लिए छटपटाता, पछाड़ खाता, दौड़ता काव्य-पुरुष, कोई सार्थवाह बनिया नहीं है। एक खत लिखता है दोस्त को मुक्तिबोध :

> पिछले दिनों इन्दौर गया था। मकान और रास्ते, मोड़ और गलियाँ, धूप और पेड़ों के नीचे हरी साँवली छाया, आपकी याद दिलाती थीं। हम उन दिनों एक अत्यन्त स्पृहणीय कमनीय सौन्दर्य-लोक में रहते थे। क्या वे दिन वापस नहीं आएँगे? अथवा दूसरे शब्दों में, क्या उल्लास और सौन्दर्य से स्पंदित जीवन पुनः स्थापित नहीं हो सकता? हमारे लिए नहीं, सभी लोगों के लिए।

(राष्ट्रवाणी, मुक्तिबोध स्मृति-अंक से)

यही तो है ब्रह्म राक्षस, कितना अभिशप्त और बेचैन। लगातार चलता है उसके भीतर चिंतन-समर। खुद तो वह डरावने अँधेरे कुएँ में छटपटा रहा है, मगर खोजना चाहता है संसार के लिए मांगलिक भविष्य। ऐसे जग-पर्यटक, त्रिकालदर्शी, परम व्याकुल मिथक मुक्तिबोध की कविता को कालों से जोड़ते हैं। मनुष्य की मुक्ति और कल्याण की ऐसी तड़प किसी और प्रगतिवादी कवि में शायद इतनी नहीं है कि वह दुर्धर्ष और विकराल लटें बिखेरकर सृजन-गंगा को झेल सके।

मनुष्य और साहित्य के इतिहास का कॉस्मिक उपयोग मुक्तिबोध के काव्य को अजब समृद्धि और विविधता देता है। सर्जना भी सर्जना पर सवारी करके उसकी राह मोड़ सकती है, यह प्रयोग भी मुक्तिबोध के ही बूते का था। इसके लिए बड़े दम-खम और संकल्प की जरूरत होती है। 'भूल-गलती' कविता को

पहले पहल पढ़कर मैं स्तब्ध रह गया और सहसा भूषण की वे पंक्तियाँ दस्तक देने लगीं जिनमें शिवा औरंगजेब के सामने खड़ा है—उसकी आँखों में आँखें डाले, न सलाम करता है, न सियरे वचन बोलता है। सबसे ऊपर खड़ा रहने लायक व्यक्ति अपराधियों की पाँत में खड़ा है। शिवा क्रोध से तमकता है तो औरंगजेब का चेहरा 'स्याह' पड़ जाता है।[1]

'भूल-गलती' लिखते हुए यह फ़्लैश जरूर कौंधा होगा मुक्तिबोध की आँखों में। मगर साम्राज्यवादी ताकत, प्रतिपक्षी संघर्षशील जनता, पूरे राजसी तामझाम और ऐतिहासिक शोषण-परम्परा को जिस तरह इस कविता में प्रतीकीकृत किया गया है और गलत प्रतिस्थापन की शान-शौकत के आगे तनी हुई सचाई का जो व्यक्तित्व खड़ा किया गया है और इससे भी आगे गुरिल्ला युद्ध के संकेत को जन-संघर्ष की एक नयी शैली के रूप में इस्तेमाल किया गया है—वह, उस फ्लैश को जाने कहाँ छोड़कर एक अपूर्व, अनोखी कविता का रूप ले लेता है। गरज कि अतीत के इस्तेमाल से कविता सिर्फ अतीत से जुड़ती नहीं, उसके इशारों से अपने उद्देश्य और अभिव्यक्ति को अधिक ताकतवर बनाती है। मजा यह है कि उन्होंने रचना-परंपरा का ऐसा कोई कोना नहीं छोड़ना चाहा जिसके उपयोग से कविता अधिक व्यंजक और धारदार बनती हो, यहाँ तक कि गम्भीर रचना में प्रायः तिरस्कृत जासूसी ऐयारी की परम्परा का भी अपने उद्देश्य के लिए इस्तेमाल करने में हिचक नहीं दिखायी।

'मुक्तिबोध' का 'चाँद का टेढ़ा मुँह' हर कहीं सेंध लगाता और दरारों में घुसकर तरह-तरह की शक्लों में ऐयारी करता है। चाँदनी खुद एक सफेद ऐयारी है जिसका लकदक प्रकाश रोमेंटिक सुख नहीं देता, बल्कि नकली संसार के अंधेरे में झाँकने के लिए पाठक को शागिर्द की तरह साथ ले चलता है।

---

1. सबन के ऊपर ही ठाढ़ो रहिबे के जोग,
ताहि खरो कियौ छै हज़ारिन के नियरे।
जानि गैर मिसिल गुसैंल गुसाधारि उर,
कीन्हौं न सलाम न बचन बोले सियरे।
भूषण भनत महाबीर बलकन लागो,
सारी पातसाही के उड़ाय गये जियरे।
तमक ते लाल मुख सिवा को निरखि भये,
स्याह मुख नौरंग सिपाह मुख पियरे॥

(शिवा बावनी)

मुक्तिबोध ने सौन्दर्य, प्रेम और वियोग के प्रतीक चाँद का अर्थ, प्रभाव और यहाँ तक कि उसकी स्वाभाविक परिणतियाँ भी इस ऐयारी और जासूसी के चलते बदल डालीं :

स्वार्थी भावों की लाल-लाल विक्षुब्ध चींटियों को सहसा
अब उजले पर कितने निकले अँधियारे बिल से झाँक रहे
सर्पों की आँखें तेज हुईं
अब अहंकार उद्विग्न हुआ
मानव के सब कपड़े उतार वह रीछ एकदम नग्न हुआ!

गंजे सिर चाँद की सँवलायी किरनों के जासूस
सामसूम नगर में धीरे-धीरे घूम-घाम
नगर के कोनों के तिकोनों में छिपे हैं।

अगर मुक्तिबोध भी 'वाद' की परेड में शामिल हो जाते और अपनी उपमाओं और प्रतीकों के लिए भी आकाओं का मुँह ताकते होते, तो वे प्रगतिशीलता को इतनी कवित्वपूर्ण, सृजन-समृद्ध वैचारिकता में तबदील नहीं कर सकते थे। उन्होंने दिखा दिया कि प्रगतिशील कविता का रास्ता शिवदानसिंह चौहान या नम्बूदिरिपाद से होकर नहीं जाएगा—मुक्तिबोध से होकर जाएगा।

मुक्तिबोध की कविता में ऐसी विरल करुणा, तीव्र विद्रोह, अपरिमित आस्था और परिपक्व पुष्टता है, सौन्दर्य और संघर्ष की ऐसी अद्वितीय दीप्ति है—जो निम्न और निम्न मध्यवर्ग के दुखियारे मनुष्य को न केवल राहत देती और विद्रोह के लिए उकसाती है, बल्कि एक तर्कसंगत विवेकदृष्टि भी देती है। वह मनुष्य को नारों के लिए नहीं, संघर्ष के लिए तैयार करनेवाली और तपानेवाली कविता है। उनकी कविता को पढ़कर अपने को ही दुबारा संपूर्णता में पाने का अहसास होता है।

सच्चिदानन्द हीरानन्द वात्स्यायन 'अज्ञेय'

व्यक्ति और समाज (`मम' और `ममेतर') के सम्बन्ध

संसार के दर्शनों, विचारों, विचारधाराओं के चिंतन-मूल में व्यक्ति और समाज रहता है। इनकी विभिन्न संज्ञाओं, व्याख्याओं और अंतर्बाह्य सम्बन्धों से दर्शनों और विचारधाराओं की भिन्नता रेखांकित होती है। सांस्कृतिक विचारधाराओं के सम्बन्ध में डॉ. गोविंद चंद्र पाण्डेय कहते हैं कि 'आत्मा और अनात्मा', 'अहं और इदं' —इन दोनों की प्रतीति के पीछे क्या मौलिक तत्त्व हैं, और वे किस प्रकार सम्बद्ध हैं, यह अनुसंधान सभी सांस्कृतिक विचारधाराओं को उनका आधारभूत रूप प्रदान करता है। (वै.सं. पृ. 65) यही बात प्रकारांतर से राजनीतिक, सामाजिक, साहित्यिक विचारधाराओं पर भी लागू होती है।

अज्ञेय एक गंभीर सर्जक और विचारक हैं। उनके भीतर 'सांस्कृतिक'और 'आधुनिक' तथा 'व्यक्तिवाद' और 'समाजवाद' मिलकर एक समन्वित दृष्टि अन्वेषित करते हैं। इसी संदर्भ में उन्होंने 'मम' और 'ममेतर' शब्दों की सर्जना की है। ये शब्द मोटे तौर पर 'व्यक्ति' और 'समाज' या 'अहं' और 'इदं' को व्यक्त करते प्रतीत होते हैं, परंतु अज्ञेय के यहाँ इनके मौलिक अर्थ हैं और इनके पारस्परिक सम्बन्धों में एक अनूठापन है। 'मम' अज्ञेय के यहाँ 'मेरा' अर्थात मेरे हिस्से का संसार, मेरे हिस्से का सच, मेरे हिस्से का समय आदि है। 'मम' की यह व्याख्या उन्हें भारतीय दर्शन के अहं और पाश्चात्य व्यक्तिवाद, समाजवाद आदि के 'व्यक्ति' से अलग करती है, हालाँकि दोनों से अंशतः जोड़ती भी है। जैसे 'मम' वेदान्त के 'अहं' का 'इदं' को बेधकर 'तत्' से मिलने की उत्कटता वाला 'आत्म' नहीं है, परंतु यह एक 'स्व प्रकाशित चैतन्य' है, जो वेदांत के निकट है। 'मम' व्यक्तिवादी व्यक्ति भी नहीं है, जो अपने में केन्द्रित और समाज के प्रति नकारात्मक हो। उल्लेखनीय है कि पाश्चात्य व्यक्तिवाद को

आरंभ में 'अहम्वाद' ही कहा जाता था। अज्ञेय का 'मम' समाज में तिरोहित व्यक्ति भी नहीं है, हालाँकि अपनी पूरी अस्मिता सहित वहाँ कतार में शामिल भी है, वह समर्पण तो करता है, लेकिन उसका समर्पण विसर्जित होनेवाला नहीं।

आधुनिक युग में जिस व्यक्तिवाद से अज्ञेय का सामना था— वह अस्तित्ववाद था। अज्ञेय ने एक ओर सार्त्र के अस्तित्ववाद को नकारा तो दूसरी ओर कीर्केगार्द और यास्पर्स के अस्तित्ववाद से प्रभावित भी हुए। (इसकी चर्चा हम आगे करेंगे) अज्ञेय के इस 'जुड़ने' और 'टूटने' की या 'मिलने' और 'टकराने' की उनके विचार-निर्माण में महत्त्वपूर्ण भूमिका है। आइए, इस पर अलग-अलग विचार करें :

सत्य : 'जितना तुम्हारा सच है, उतना ही कहो।'
देश : 'तुम नहीं व्याप सकते, तुम में जो व्यापा है उसी को निबाहो।'
समय : इतना भर कहूँ :
इतना कर सकूँ
जब तक चुकूँ।

यह जो 'इतना', 'जितना', 'जो' है, वही 'मम' है, सृष्टि में 'मैं' का सृजन-भाग— सत्य में, देश में, समय में। प्रश्न यह है कि सृष्टि में 'मैं' का यह 'अपना भाग' चुनना क्यों जरूरी है? संभवत: इसलिए कि यही मनुष्य मात्र के चयन या स्वाधीनता का आधार है। यह व्यक्ति के एकाधिकारवाद या अहम्वाद को भी नियन्त्रित करता है; नैतिक मूल्यों को भी मज़बूत करता है। जो चीज़ मेरी चेतना या सीमा से परे है वह मेरा परिवेश या मेरा प्राप्य नहीं है, यह विचार देश और काल के सतत परिवर्तनशील सम्बन्धों को मान्यता देता हुआ संस्कृति के विस्तार और प्रसार में वैयक्तिक कुण्ठा को बाधक नहीं बनने देता। 'कुण्ठा रहित इकाई' की जो बात अज्ञेय करते हैं वह व्यक्ति को ही कुण्ठा से निकालना नहीं है, कुंठित व्यक्ति से समाज या परिवेश को बचाना भी है। दूसरे शब्दों में यह विचार व्यक्ति के आतंक और उसकी आवांछित सत्ता से समाज की रक्षा करता है, ठीक वैसे ही जैसे यह समाज के आतंक और क्रूर दमन से व्यक्ति की रक्षा करता है। इस तरह अज्ञेय के तईं यह एक ऐसा सम्यक् दर्शन है जो व्यक्ति और समाज की महत्ता यथास्थान बनाये रखकर दोनों को एक दूसरे के प्रति ग्रहणशील और उदार

बनाता है। यह न तो व्यवस्था को रूढ़ि बनने देता है, न व्यक्ति को कुंठित और असहिष्णु।

इसे किंचित दूसरे धरातल पर भी देखें। 'ममेतर' को हम आचार्य शुक्ल के शब्दों में 'शेष सृष्टि' कह सकते हैं, इससे 'मम' के सम्बन्ध स्नेह से भरे भी हैं और गर्वीले भी हैं यानी समाज से संलग्नता के बावजूद रचनाकार व्यक्ति-स्वातंत्र्य का एक मूल्यपरक मानक बनाता है। स्नेह जोड़ता है, जबकि गर्व अपने अस्मिता बोध में अलग खड़ा है- दीपृ यानी स्नेहभरे समर्पण के बावजूद, गर्व की एक तटस्थता है जो एक स्तर पर बाँधता और दूसरे स्तर पर मुक्त करता है। और यह बंधन समाज से संलग्नता है, और कहीं नागरिक दायित्व भी है और यह मुक्ति तो है पर अलग छिटकी नहीं, यह अनुस्वारिता है।... कहीं स्वयंभू भी है और कहीं शव को 'शिव' भी बनाती है, कहीं शुद्ध ज्ञान भी है तो कहीं श्रद्धामय ज्ञान भी है जो भक्ति की पारंपरिक 'तन मन धन अर्पिति' से अलग, सचेत श्रद्धा है :

यह दीप अकेला स्नेह भरा
है गर्व भरा मदमाता, पर इसे भी पंक्ति को दे दो।

यह प्रकृत स्वयंभू, ब्रह्म, अयुत : इसको भी शक्ति को दे दो।
यह जिज्ञासु, प्रबुद्ध, सदा श्रद्धामय, इसको भक्ति को दे दो।

'मम' की अज्ञेय के काव्य में जितनी संलग्न, समर्पित, गर्वभरी, सश्रद्ध और सचेत, स्वयंभू उपस्थिति है उसे यहाँ देखा जा सकता है। प्रेमिका को सम्बोधित अज्ञेय की एक कविता है 'ओ निस्संग ममेतर', यहाँ 'ममेतर' 'शेष सृष्टि' के अर्थ में नहीं है—'मेरा ही जो दूसरा भाग है' इस अर्थ में है, जिसका प्रयोग कालिदास का यक्ष-यक्षिणी के बारे में 'जीवितं में द्वितीयम्' कहकर करता है। 'ममेतर' की आत्मांश के रूप में पुकार, 'ममेतर' के व्यापक अर्थ के प्रति कवि की दृष्टि को ध्वनित करती है और इसी स्नेह से भरे जुड़ाव को एक संवेदनशील जुड़ाव के रूप में रेखांकित करती है। इसे देखते हुए अज्ञेय को समाज के प्रति निषेधपरक, अहंकेन्द्रित व्यक्तिवाद से जोड़ना उचित नहीं है। 'नया कवि : आत्मोपदेश' में अहं को वर्जित करते हुए ये अज्ञेय ही तो हैं :

शक्ति का मत गर्व कर
तू उपशमन कर

कहीं रूपाकार को, उसमें
छिपा है सार जो, वह वर।

एक अन्य कविता 'दिया हुआ, न पाया हुआ' में वे 'अहम्' को अहंकार या निषेधमूलक व्यक्तिवाद से अलग करते हैं :

सबसे पहले तो यह बात
कि मैं अवध्य नहीं हूँ।
कोई भी हवा मुझे उखाड़ सकती है,
कोई भी दाँव मुझे पछाड़ सकता है,
किसी भी खाई से मैं फिर सकता हूँ
किसी भी जाल में फँस, दलदल में धँस,
कुंज में रम या गली-कूचे में बिलम सकता हूँ,
किसी भी ठोकर से औंधे-मुँह गिर सकता हूँ।

सीमा और विचलन-बोध की यह दृष्टि भला किसी को एकांत अहम् और आत्म-मुग्धता की बंदी बना सकती है। यह युगपत बोध है, एक सर्जक का प्रजातंत्र है, जहाँ ममेतर की स्वाधीनता यानी सृष्टि के प्रजातंत्र के लिए पूरा स्पेस है क्योंकि यह हुए बिना उसका कोई अर्थ नहीं।

अज्ञेय के भीतर भारतीय और पाश्चात्य 'मम' के स्पष्ट और पृथक् बिम्ब थे। ये बिम्ब 'अपने-अपने अजनबी' की सेल्मा एकेलोफ और योके में देखे जा सकते हैं। दोनों ग्लैशियर से दबे बर्फ के एकांत में अकेली हैं। योके पाश्चात्य संस्कृति के व्यक्तिवाद का प्रतीक है और सेल्मा भारतीय संस्कृति के 'व्यक्ति' का। योके क्षण में जीती है, जबकि सेल्मा स्मृति में। वह एक काल में नहीं, काल की निरंतरता में जीती है। दोनों की मृत्यु एक तरह से इच्छा मृत्यु है, लेकिन सेल्मा की मृत्यु तप-मृत्यु है—अत्यन्त शान्त, अखिन्न लेकिन योके की मृत्यु, मृत्यु नहीं, एक तरह से आत्महत्या है—हाहाकार, घृणा, क्षोभ से भरी हुई। मृत्यु में भी एक अहंकार है, ईश्वर को माफ करनेवाला अहंकार। इसका यह अर्थ नहीं है कि यहाँ दो संस्कृतियों का स्तरीकरण किया जा रहा है, वास्तव में उस प्राकृतिक अंतर को दर्शाया गया है जो दो संस्कृतियों, दो जीवन दर्शनों में रहते हुए सभ्यता को अपने ढंग से गतिशील करती हैं।

यह ठीक है कि योके स्वयं अहं और नकार की प्रतिमूर्ति है, जिससे कथाकार की अनुरूपता नहीं बन सकती — उस अवधारणा के कारण जो उसका रचना-मानस बनाता है। मुझे लगता है कि 'शेखर : एक जीवनी' के आत्यंतिक व्यक्तिवाद और कातर आत्मव्यथा से अधिक विकसित अस्तित्वीय प्रश्न इस कृति में उठाये गये हैं। लगता है, अज्ञेय अपने 'व्यक्ति' या 'आत्म' का निरंतर परीक्षण और परिष्कार करते रहे हैं। अन्त में शायद वे इसी निष्कर्ष पर पहुँचे हैं कि मानवीय स्वतंत्रता को समाज और संस्कृति से काटकर नहीं देखा जा सकता। कटने पर तो वह अकेले की स्वाधीनता होगी और अकेला हो जाने पर कोई 'स्वाधीनता' नहीं होती, सिर्फ अकेले हो जाना होता है। ज़ाहिर है यह 'अज्ञेय' को मान्य नहीं। प्रत्येक व्यक्ति की स्वाधीनता और उस स्वाधीनता में देश-काल-परिवेश की भूमिका की काव्यात्मक अभिव्यक्ति 'नदी के द्वीप' में हुई है। अज्ञेय का 'मम' यद्यपि नदी का द्वीप है, परंतु 'वह' देश और काल से राग या 'स्नेह' से जुड़ा है। द्वीप यदि व्यक्ति है तो वृहत भूखंड देश है जिसे वह 'पितर' की गरिमा देता है। नदी जो द्वीप को रचती-सँवारती है—वह उसे देश से जोड़ती भी है और अलग भी करती है, वह काल-प्रवाह की सूचक है, और द्वीप की माँ है :

माँ है वह। है, इसी से हम बने हैं।

लगता है, 'नदी के द्वीप' को यदि 'दीप अकेला' के साथ पढ़ा जाए तो अज्ञेय की व्यक्ति और सर्जक-दृष्टि की पुष्टि होती चलती है। 'नदी के द्वीप' में है :

स्थिर समर्पण है हमारा। हम सदा से द्वीप हैं स्रोतस्विनी के और दीप अकेला, भी है और स्नेह-भरा भी है जो 'पंक्ति', 'शक्ति' और 'भक्ति' को स्वयं अपने को देने की कामना करता है।

यह तटस्थता और समर्पण क्यों है इसका अर्थ 'नदी के द्वीप' में और खुलता है :

बहेंगे तो रहेंगे ही नहीं।
और फिर हम चूर्ण होकर भी कभी क्या धार बन सकते?
(रेत बनकर हम सलिल को तनिक गंदला ही करेंगे)

और जैसा 'अपने-अपने अज़नबी' के बारे ऊपर में कहा है कि उसके दो चरित्र, दो जीवन-दर्शन और जीवन-प्रणाली की अपनी-अपनी गढ़न है, वह स्तरीकरण नहीं है। अब आप 'नदी के द्वीप' में देखें :

द्वीप हैं हम।
यह नहीं है शाप। यह अपनी नियति है
हम नदी के पुत्र हैं। बैठे नदी की क्रोड़ में
वह वृहद् भूखंड से हमको मिलाती है
और वह भूखंड अपना पितर है।

व्यक्तित्त्व या अस्मिता का बोध और काल-प्रवाह से प्रतिश्रुति आत्म-विश्वास को जन्म देती है, जो एक ओर परनिर्भरता या दूसरे में (समाज में ही सही) तिरोहित होने में नहीं होती न उसके अनुपस्थित होने में होती है। भला पात्र के बिना तरलता को धारण कौन करेगा? समष्टि, समाज या ममेतर यही पात्र है। इसीलिए द्वीप निराश नहीं है, उसमें आत्मविश्वास है; कभी (काल प्रवाह में) बह भी गये तो फिर जमेंगे—'कहीं फिर खड़ा होगा, नए व्यक्तित्व का आकार।'

यहाँ देश-काल दोनों के प्रति अकृतज्ञता नहीं है, बल्कि एक आदर-स्नेह के सम्बन्ध हैं, परंतु व्यक्तित्त्व की सचेतता, संघर्ष, जिजीविषा के साथ। इस संबंध की व्याख्या पाश्चात्य व्यक्तिवाद से नहीं, भारतीय 'आत्मवाद' से ही हो सकती है, इस आत्मवाद के बारे में जयशंकर प्रसाद के उपन्यास 'तितली' के रामनाथ बहुत ही मार्के की बात कहते हैं :

'भारतीय आत्मवाद के मूल में व्यक्तिवाद है, किन्तु उसका रहस्य है समाजवाद की रूढ़ियों से व्यक्ति की स्वतंत्रता की रक्षा करना और व्यक्ति की स्वतंत्रता का अर्थ है व्यक्ति की समता की प्रतिष्ठा।'

यहाँ संदर्भ-च्युत होकर भी मैं कहना चाहता हूँ कि नयी कविता के दौर में अज्ञेय एक ऐसे रचनाकार हैं, जो अपने विचार, व्यक्तित्व और अन्य प्रवृत्तियों में जयशंकर प्रसाद के निकट पड़ते हैं। इसे मैं विजयदेवानारायण साही की तरह आवयविक समानता नहीं कहूँगा, बस एक निकटता है, कहीं भीतरी साम्य भी है जो अज्ञेय के अस्वीकार के बावजूद वहाँ मौजूद है। वैसे कभी-कभी यह भी होता है कि जो हममें झाँकता है, हमारी आत्म-सजगता उसका अकसर प्रत्याख्यान करती है। खैर, 'आत्मवाद' की प्रसाद की इस उपस्थापना में गौर करने की बात

यह है कि यह समाजवाद या समाज से स्वतंत्रता नहीं, उन रूढ़ियों से स्वतंत्रता है जो व्यक्ति की स्वतंत्रता छीनती है। व्यक्ति की स्वतंत्रता को बचाने का अर्थ है प्रत्येक व्यक्ति की स्वतन्त्रता को बचाना यानी सबकी समता। 'अहम् ब्रह्मास्मि' में निहित 'आत्मवाद' सबके भीतर ब्रह्म को देखे बिना पूर्ण नहीं होता। अज्ञेय पूछते हैं :

'क्या कोई अकेला स्वाधीन हो सकता है? क्योंकि कोई भी व्यक्ति अपनी संभावनाओं को ऐसे ही परिवेश में पा सकता है, जिसमें दूसरे भी अपनी चरम संभावनाओं को पूरी तरह से प्राप्त करने के लिए समान रूप से स्वाधीन हों।'

यही बात मुक्तिबोध कहते हैं— 'अपनी मुक्ति के रास्ते अकेले में नहीं मिलते।' परंतु दोनों के लिए व्यक्ति की मुक्ति में अर्थ-भेद है। मुक्तिबोध के लिए यह 'सामूहिक मुक्ति' है और अज्ञेय के लिए 'समूह में मुक्ति' परंतु इसका कोई विरोध समूह की मुक्ति से नहीं है और दरअसल, मुक्त समूह ही व्यक्ति को मुक्त कर सकता है यानी अज्ञेय के लिए अकेले का स्वाधीन न होना दरसल समाज से व्यक्ति के सहसम्बन्ध का स्वीकार है, जैसा कि वे हर जगह करते रहे हैं, इस दृष्टि से पश्चिमी व्यक्तिवाद की वह दृष्टि जो मानती है कि समाज का आवयविक अस्तित्व नहीं है, और वह स्वतंत्र व्यक्तियों का योग है, अज्ञेय के व्यक्तिवाद और भारतीय 'आत्मवाद' से एक हद तक निकट प्रतीत होती है। (अपनी बेतरबीब सामूहिक उपस्थिति के कारण नहीं, बल्कि मानव की सम्पूर्ण प्रतिष्ठा के कारण।) एक अन्य दृष्टि से दोनों का व्यक्ति स्वातंत्र्य कुछ अलग सत्ता रखता है। आप चाहें तो इनमें क्रमशः भौतिक और आध्यात्मिक प्रतीतियों को देख सकते हैं और यह भी कि आध्यात्मिकता, नैतिकता और संवेदनशीलता के स्पर्श के बिना निरे 'व्यक्तिवाद' द्वारा किये विघटन को रोकना कठिन होता है। पारिवारिक विघटन का जैसा दृश्य हम पश्चिम में देख रहे हैं वह इसी व्यक्तिवाद से जन्मे व्यक्ति-स्वातंत्र्य की चरम दशा है जो उत्तर संरचनावादी विमर्श में अपने सार्वत्रिक विखंडन में मौजूद है। आप देखें कि अज्ञेय का व्यक्ति 'द्वीप' ही नहीं, 'दीप' भी है। इसके पास अपना जो कुछ स्नेह और गर्व है, उसे वह पंक्ति (समाज) को देना चाहता है। परंतु यहाँ भी उसका विसर्जन नहीं होता। वह 'ममेतर' पंक्ति में 'मम' है, उसकी उपस्थिति, अपने अस्तित्त्व में पूर्ण सतेज है। पंक्ति

में रहते हुए भी हर एक अद्वितीय है। यहीं समतावाद या आत्मवाद; समाजवाद से अलग होता है क्योंकि यहाँ व्यक्ति समाज में विलीन या तिरोहित नहीं होता। उसका लोप नहीं होता। अपनी सम्पूर्ण सत्ता सहित वह समाज की एकता में अपनी प्रतिभा, नैतिकता, संवदेना और दायित्व सहित उपस्थिति है। दूसरी ओर 'ममेतर' भी व्यक्ति-निरपेक्ष नहीं, व्यक्ति-सापेक्ष है, उसके व्यक्तित्त्व को पूरी तरह सम्मानित करनेवाला। अज्ञेय 'अरी ओ करुणा प्रभामय' की एक कविता में संकेत करते हैं कि मछली (व्यक्ति) सागर (समाज या ममेतर) को ही नहीं टेर रही है, सागर भी मछली को टेरता है। ये परस्पर टेरते हुए दोनों ही हमारे काम्य हैं :

> *'अर्थ हमारा*
> *जितना है, सागर में नहीं*
> *हमारी मछली में है*
> *सभी दिशाओं में सागर जिसको घेर रहा है*
> *हम उसे नहीं*
> *वह हमको टेर रहा है।'*

व्यक्ति और समाज की इस परस्परता में न तो व्यक्ति पर समाज का निरंकुशताविरोधी पाश्चात्य व्यक्तिवाद हावी है, न समाज में अपने को तिरोहित करनेवाला साम्यवाद या समाजवाद। यह भारतीय आत्मवाद अधिक प्रतीत होता है।

इस अवधारणा की रोशनी में ही अज्ञेय के कथित 'अस्तित्ववाद' को देखना चाहिए। अज्ञेय सार्त्र के अस्तित्त्ववाद से न इत्तफ़ाक़ करते हैं न प्रभावित हैं, वे कीर्केगार्द और यास्पर्स के ईसाई अस्तित्त्ववाद को स्वीकार करते हैं, किसी धार्मिक़ता के कारण नहीं, वरन् 'वरण की स्वाधीनता' के कारण। इस बारे में ग़लतबयानी से क्षुब्ध अज्ञेय कहते हैं :

> 'हिन्दी के परिश्रम-विरोधी समाजवादी आलोचक मुझको भी अस्तित्ववाद और सार्त्र का अनुयायी कह देते हैं, उनके सम्मुख तो यह निवेदन करना भी निष्प्रयोजन है कि सार्त्र का साहित्यिक अस्तित्ववाद मेरे लिए विशेष आकर्षण कभी नहीं रहा है, यद्यपि मैंने पढ़ना समझना उसे भी चाहा, जैसे अन्य साहित्यिक सिद्धान्तों को समझना चाहता रहा, लेकिन उन दो प्रवृत्तियों में, जिन्हें ईसाई

अस्तित्ववाद और वैज्ञानिक अस्तित्ववाद कहा जाता है, मेरी विशेष रुचि रही है।''

और ईसाइयत की (1) संघटित चर्च-प्रणाली और (2) विकल्प की स्वाधीनता के द्वन्द्वात्मक सम्बन्ध में ही दरअसल, अस्तित्ववादी 'वरण की स्वाधीनता' रूपायित हुई है। कदाचित् इसीलिए सार्त्र की अपेक्षा कीर्केगार्द और यास्पर्स जैसे अस्तित्ववादी अज्ञेय की दिलचस्पी का विषय रहे। यास्पर्स की अस्तित्वीय चिंता का मूल है—'अभीष्ट वरण के विकल्पों की स्वाधीनता।' वे व्यक्ति और जगत के बीच 'सम्पर्क-संचार' को अनिवार्य मानते हैं और तज्जन्य टकरावों को भी। यास्पर्स में सम्भवतः अज्ञेय ने अपनी सांस्कृतिक चेतना की अनुरूपता भी पायी और व्यक्ति की निजी सत्ता, यानी 'मम' की स्वाधीनता भी।

मम और ममेतर के सम्बन्ध के बीच निहित बौद्ध दुःखवाद और मसीही करुणा की साझा उपस्थिति को भी रेखांकित करना चाहिए क्योंकि वे इन सम्बन्धों को अधिक मानवीय और मूल्यपरक बनाते हैं, इनमें एक मसृणता और संवेदन पैदा करते हैं। अज्ञेय का यह कहना कि 'दुःख सबको माँजता है'।—मात्र एक सूक्ति नहीं, एक रचनाकार और विचारक की संवेदनशील प्रतिपत्ति है।

अंत में यह जानना भी जरूरी है कि 'मम' और 'ममेतर' की यह व्याख्या और सम्बन्ध कहीं कलावादी बौद्धिकता तक ही तो सीमित नहीं है और क्या यह समकालीन प्रगतिवादी या समाजवादी चिंताओं से परे, अघाये हुए आदमी के अपने द्वीप या दीप की अस्तित्वीय पीड़ा का ही तो कोई दूसरा पाठ नहीं है? इस सम्बन्ध में अज्ञेय की ये पंक्तियाँ उद्धृत करना चाहता हूँ जिनमें वे एकांगी सोच को नकारते हुए, मनुष्य की स्वाधीन सत्ता का संवेदनात्मक प्रसार हर दिशा में देखना चाहते हैं :

क्योंकि मैं/ यह नहीं कह सकता/ कि मुझे/ उस आदमी से कुछ नहीं है/ जिसकी आँखों के आगे उसकी लम्बी भूख से बढ़ी हुई तिल्ली/ एक गहरी मटमैली पीली झिल्ली-सी छा गयी है/ और जिसे इसलिए चाँदनी से कुछ नहीं है/ इसलिए/ मैं नहीं कह सकता/ कि मुझे चाँदनी से कुछ नहीं है/ क्योंकि मैं/ उसे जानता हूँ/ जिसने पेड़ के पत्ते खाये हैं/ और जो उसकी जड़ की लकड़ भी खा सकता है/ क्योंकि वह मुझे प्यारा है, इसलिए मैं पेड़ की जड़

को या लकड़ी को/ अनदेखा नहीं करता/ बल्कि पत्ती को/ प्यार भी करता हूँ/ और करूँगा/ क्योंकि जिसने कोड़ा खाया है/ वह मेरा भाई है/ क्योंकि यों उसकी मार से मैं तिलमिला उठा हूँ/ इसलिए मैं उसके साथ नहीं चीखा-चिल्लाया हूँ :/ मैं उस कोड़े को छीनकर तोड़ दूँगा/ मैं इनसान हूँ और इनसान का वह अपमान नहीं सह सकता।

(क्योंकि मैं, सदानीरा, 216)

सत्य के अनेक पहलू हैं, एक स्वाधीन चेता कवि इसीलिए सत्य को इकहरा और सीमित नहीं कर सकता। वह मानवीय संवेदना और प्रकृति-सौन्दर्य या जीवन के विविध व्यापारों में से किसी को काट नहीं सकता। वस्तुगत और आत्मगत संसार में ऐसी समष्टिमूलक या समग्र उपस्थिति ही अज्ञेय के लिए व्यक्ति-स्वातंत्र्य और सामाजिक संलग्नता की समवेत सार्थक उपस्थिति है।

जनता की लहरों पर सवार

नागार्जुन अपने जीवनकाल में किंवदन्ती हो गये थे। बीसवीं शती में ऐसा मूर्तिभंजक, व्यवस्था और मठद्रोही, सधुक्कड़ी बानी-बोली का सर्जक; ऐसा दुस्साहसी और बेपरवाह कवि शायद ही कोई दूसरा हुआ हो। बाबा कोरे जनकवि नहीं थे, एक सर्जक-जन-पक्षधर थे। किसान-आंदोलन में दो बार जेल गये और तब भी जब आपातकाल की शक्ल में तानाशाही की उठी तलवार के आगे तने। बाबा का स्वर जनता की हिलोरों के साथ उठता-गिरता था, जनता जो महसूस करती थी, वह बाबा की कलम लिखती थी। यानी उसका विद्रोह, उसकी पीड़ा, उसका व्यंग्य, उसकी इच्छा-अनिच्छा... ! इसमें बाबा उसकी तरफ खड़े होकर उन बातों को भी खोलकर रखते थे, जिसे राजनीति, मीडिया और बुद्धिजीवियों का मायावी तंत्र किसी खुशनुमा आवरण में ढँक देता है। भूदान, आपातकाल और कई सामाजिक प्रसंगों पर लिखी उनकी कविताएँ वक्त का जिन्दा दस्तावेज हैं। इस तरह नागार्जुन सीधे जनता से प्रतिबद्ध खालिस जनकवि हैं। जरा बाबा की यह स्वीकारोकित देखें :

'जनता मुझसे पूछ रही है, क्या बतलाऊँ
जनकवि हूँ मैं, साफ कहूँगा, क्यों हकलाऊँ'

यही कविता-पारखियों का बाबा पर आरोप भी है कि वे तात्कालिक घटनाओं, व्यक्तियों, उद्वेगों पर लिखते थे, उनकी कविताओं का कोई स्थायी मूल्य नहीं है। लेकिन यही तो उनका निजीपन है, जो अपने ही बनाये क्लासिक फेब्रिक (Fabric) को फाड़ता-तोड़ता बढ़ जाता है। अपनी ही कविताओं के ऊँचे काव्य-

स्तर से उतरकर जन—भूमि में आना और जन से क्लासिक पर चढ़ना बड़ी ऊबड़-खाबड़ यात्रा है जिसका नागार्जुन के यहाँ कोई सर्जनात्मक अर्थ और इनसानी मकसद होता है। बाबा ने गहरी से गहरी और उथली से उथली रचनाएँ लिखीं, परन्तु कहीं भी वे अनुपस्थित या आधे उपस्थित नहीं हैं। छंद हो, बे-छंद हो, गद्य हो या बाल-रचनाएँ हों, उन्होंने इतनी वैविध्यभरी सृष्टि की है जिसे सहेजने पर अगले युगों को भी शायद नागार्जुन का मतलब समझ में आएगा। 'युगधारा'(1953) से लगाकर 'अपने खेत में' तक की अन्तिम यात्रा में यदि हम यात्री के संग चलेंगे तो न जाने कितने पड़ाव, कितनी दृश्यावलियाँ और संसार के रूप-विरूप के साक्षी होंगे। और सबसे बड़ी बात है कि हमारे भीतर का मनुष्य अधिक संवेदित और सक्रिय होगा।

कभी यहाँ...कभी वहाँ...बाबा का कोई ठौर ठिकाना नहीं था...अभी पटने में हैं, फलाँ दिन अल्मोड़े में होंगे, हफ्ते भर बाद वाराणसी या कहीं और...खण्डवा में कविता पढ़ रहे हैं, कल भोपाल स्टेशन से गुजरेंगे; चौमासा विदिशा में काटेंगे...कलकत्ते जा रहे हैं...गाँव की धूल फाँक रहे हैं, शहर में अमरूद खा रहे हैं...

एक दिन अलस्सुबह बाबा नागार्जुन, बुजुर्गवार त्रिलोचन के साथ अचानक मेरे घर आ धमके। पहले से कोई खबर न थी। कड़ाके की ठण्ड। अभी आँख ठीक से खुली भी न थी और दो-दो बाबा दुवार पर! मैं स्वागत-सत्कार की हलचल में आ गया, तो बोले—"चाकू और प्लेट ला दो।" —"क्यों"—बाबा झोले में अमरूद लाये थे। अमरूद और ठण्ड में सुबह-सुबह! मुझे परेशान देखा तो बोले, "हाँ, यह दमे का इलाज है। हमेशा सुबह अमरूद खाना चाहिए। सेहत के लिए।" अपना आतिथ्य अतिथि स्वयं लाये थे। जाहिर है, आतिथेय वे थे और मैं अपने ही घर में अतिथि। बाबा की यही बानक थी—हर कहीं।

आजन्म प्रवासी, शायद इसीलिए हरएक का घर उनका अपना था। अपने घर से तो गौने के 3-4 माह बाद ही निकल पड़े थे। बरसों आश्रमों में, अखबारों के दफ्तरों में, विहारों में भटकते रहे। किसान-आंदोलन के साथ हो गये तो जेल की हवा खानी पड़ी। पिता ने सीधे जेल से ही उन्हें गिरफ्तार किया और घर लाये। लेकिन कितने दिन रुकते? फिर बहाने से बाहर। अस्सी की उम्र तक भी बाबा यायावरी से न थके थे, न ऊबे थे। वह तो बीमारी ने उन्हें बिस्तर पर न पटका होता तो बाबा शायद यात्रा करते-करते ही प्राण त्यागते। उनमें बच्चों जैसी चंचलता थी, जवानों जैसी आग थी, बूढ़े तो वे कभी हुए ही न थे। यात्री शायद कभी बूढ़ा नहीं होता।

यह कैसी खोज थी? कौन-सी बेचैनी थी आखिर? राहुलजी भी इसी तरह बेचैन रहे जिन्दगी-भर, शायद कबीरदास भी रहे हों। एक बार केशवानंदजी ने जब श्रीलंका जाने से रोकना चाहा तो बाबा ने कुछ इस तरह कहा कि "और कुछ जानूँगा तो लोगों का, देश का और भला कर सकूँगा।" यानी 'स्व' की खोज में नहीं भटक रहे थे बाबा। उन्हें तलाश थी लोगों के सुख-दुःख की। भारत की आत्मा खोजने के लिए गाँधी जब निकले थे तो लोगों ने उनका भी मजाक उड़ाया था। मगर जिसके भीतर कोई अदम्य आग जलती रहती है, वह कहाँ परवाह करता है उपहासों की!

पिछले पचास सालों में हिन्दुस्तान की जो राजनीति रही, समाज की, गरीब आदमी की जो हालत रही, जितनी तरह के अपघात आदमी के साथ हुए और दुनिया के नक्शे पर भी जो ऊधम मचायी गयी—वे सब या उनमें से अधिकांश नागार्जुन की कविताओं और उपन्यासों में एक चित्रशाला की तरह देखी जा सकती हैं; चित्रों के मुर्दाखाने की तरह नहीं, साक्षात्कार की चेतना से संपन्न दस्तावेजों की तरह। इनमें नागार्जुन की तकलीफ, घृणा, क्रोध, उत्तेजना और बदलाव की तीव्र आकांक्षा अग्नि-पिंड की तरह दहक रही है।

तात्कालिक कविता में समय कैसे व्यंग्य करता और नारे लगाता है? क्लासिक्स क्या होता है? सामयिकता रचना में कब कालजयी होती है? भाव और शब्द-संपदा के वास्तविक स्रोत कहाँ-कहाँ होते हैं? संवेदन, संपृक्ति, अतीत, वर्तमान, राग, विद्रोह, प्रकृति, गाँव, शहर, जनता और व्यक्ति रचना में कैसे सार्थक हस्ती हो जाता है? आधुनिकता और उत्तर-आधुनिकता किस बला

का नाम है? कवि और कविता का व्यक्तित्व किन सक्रियताओं के चलते अभिन्न होता है?—यह सब नदी की तरह बहती, उफनती नागार्जुन की कविता बिना जाने भी बेहतर बता सकती है।

नागार्जुन दरअसल जनचरित्र था, जिसे न समझकर दबी ज़बान से और कई बार खुले गले से उनकी धुरी-हीनता पर आसान टिप्पणी की गयी। पक्षधरों ने उनकी विसंगतियों या मार्गांतरणों को छिपाने की कोशिश की। मानो वे इन तमाम विचलनों से इनकार करते हुए कवि का पक्ष मजबूत कर रहे हों, जब कि वे भी उनका गलत मूल्यांकन करते रहे। दरअसल नागार्जुन इसीलिए नागार्जुन हैं कि वे जनता के विवेक का ही नहीं, उसके आवेशों का भी; उसकी खूबियों का ही नहीं, कमजोरियों का भी; शाश्वत का ही नहीं, तत्काल का भी; शोषण का ही नहीं, राग और सौन्दर्य का भी प्रतिनिधित्व करते हैं। कई बार वे उन व्यक्तित्वों और कृतियों की प्रशंसा और आदर करते हैं जो प्रगतिशीलता की सूची से खारिज हैं, लेकिन जिन्होंने जीवन के ऊँचे मानक कायम किये हैं और कला, सौन्दर्य, अध्यात्म तथा विचारों को समृद्धि दी है। वरना मेघदूत, गीत-गोविंद, विद्यापति, गाँधी, महावीर, गौतम बुद्ध आदि उनके काव्य की सकारात्मक विषयवस्तु क्यों होते?

जनकवि समझता है कि जिन चीजों को नासमझियाँ कहा जाता है उनका भी जनता के लिए मूल्य है, क्योंकि वह पोथी पढ़कर नहीं, खुद चलकर सीखती है। जनता से सम्पृक्त कवि जो हर कदम पर उसके साथ रहा उन लोगों की तुलना में अधिक आश्वस्त करता है (और सिखाता भी है) जो ऊँचे सिंहासनों पर बैठकर उपदेश देते हैं और पग-पग पर जनता को अपनी उच्चता के प्रदर्शन द्वारा हीनता का बोध कराते हैं। नागार्जुन हर तरह की चौखट से इनकार का नाम है। वे दरअसल बौद्ध नहीं; करुणा-द्रवित मनुष्य थे, वे कम्युनिस्ट नहीं, प्रगतिशील थे; वे ज्ञान और संस्कृति के सार्थवाह नहीं, लोकाकांक्षा के सहचर थे। इसीलिए नागार्जुन का कर्म-क्षेत्र और काव्य-क्षेत्र परिपाटी जनित दृष्टि के लिए अनेक तरह के बेमेलों, विरोधों और करणीयों-अकरणीयों का घालमेल रहा है।

गाँधी से जब किसी ने पूछा था कि मैं देश की सेवा करना चाहता हूँ। बताइए, क्या करूँ? गाँधी ने कहा था, अपने गाँव की (झाड़ू लगाकर) सफाई करो। नागार्जुन भी राष्ट्रीय साम्यवाद की अपनी व्याख्या यों करते हैं :

'अन्तरराष्ट्रीय साम्यवाद जब राष्ट्रीय होगा, तभी राष्ट्रीय मार्क्सवाद

कहलाएगा। मेरे लिए इसका मतलब स्थानीय समस्याओं और निकट के संघर्षों से जुड़ना है। बाहर-बाहर हम प्रगतिशील बने रहें और भीतर वही प्रतिक्रियावाद काम करता चले तो फिर कैसी राष्ट्रीयता और कैसी साम्यवादिता ? मैं स्थानीय समस्याओं से निर्लिप्त होकर मार्क्सवादी नहीं कहलाना चाहता

(नागार्जुन का राष्ट्रीय मार्क्सवाद : वीरेन्द्र कुमार बसु, वागर्थ, दिसम्बर, 1998 से साभार)

नागार्जुन बहुश्रुत ही नहीं, बहुपठित थे, परन्तु उन्होंने किताबी ज्ञान को अपने लोक-साक्षात्कारों के आड़े नहीं आने दिया। इसलिए यथा-अवसर जन-चेतना को; उसकी वेदना, आकांक्षा और पक्ष को व्यक्त करते रहे। इससे अडिग मतवाद को धक्का पहुँचा और कई बार सिद्धांत और वाद-पण्डितों की समझ में यह बात नहीं आयी कि आखिर नागार्जुन का 'स्टैंड' क्या है ? जैसे उन्हीं की भाँति वे भी 'खड़े' हों। विजय बहादुर को लिखे एक पत्र में कवि ने अपनी वास्तविक शक्ति का रहस्य प्रकट किया था जो उसे संघर्षशील जनता के बहुलांश से मिलती थी। इसीलिए जहाँ, जो भी उन्हें जन-विरोधी दिखाई देता, उसपर बिना किसी समीकरण के टूट पड़ते, फिर वह चाहे जो दल हो, व्यक्ति हो या देश हो। जब नागार्जुन ने अपनी माँ पर अत्याचर करते अपने बाप को नहीं बख्शा तो वे किसी को जनता पर अत्याचार के लिए क्यों बख्शते ?

बाबा के किसी बदलाव या कथित भटकाव में समझौतापरस्ती या लाभ की स्थिति नहीं रही। उलटे हर बार उन्हें ऐसा करते हुए खतरे उठाने पड़े। वे आलोचकों, दलीय लोगों और राजा-सामन्तों की आँख में हमेशा खटके हैं। उन्हें पराधीनता के दौर में भी जेल में रहना पड़ा और स्वाधीनता के दौर में भी। जिन्होंने तीसरी, चौथी और कई आजादियों की घोषणा की हो—उन्हें हर आजादी की पराधीनता में कैदी ही बने रहना होता है। क्योंकि जन-स्वतंत्रता का संघर्ष अनन्त होता है, इसीलिए सच्चे जन-लेखक की त्रासदी का भी। आपातकाल के दौर में एक बार एक विख्यात वामपंथी आलोचक ने त्रिलोचन से कहा था कि "नागार्जुन गुमराह हो गये हैं," तो त्रिलोचन ने सव्यंग्य उत्तर दिया—"हाँ, क्योंकि राह तो सिर्फ 'कुर्सी' की ओर ले जाती है।" लोक-चेतना के पक्षधर प्रगतिशील भिक्खु नागार्जुन लाभान्वेषी राहगीरों को तो गुमराह ही लगेंगे।

इसका अर्थ नहीं है कि बाबा की तमाम विसंगतियों और मार्गांतरणों से इनकार किया जा रहा है और उनका औचित्य दिखाया जा रहा है। दरअसल कहा यह जा रहा है कि उनकी कविता में भारतीय जनता के उत्पीड़न, आकांक्षा और समकालीन मनोवृत्ति के सामयिक बिम्ब हैं। और बाबा की रचनाओं तक पहुँचने की पहली शर्त ही यह है कि सिद्धांतों और संगतियों को जनता की तात्कालिकता के संदर्भ में पहचाना जाए। स्वयं मेरी आलोचक बुद्धि कई बार कहती है कि तुक जोड़नेवाली, सपाट, चलतू और सामयिक कविताओं को गंभीरता से लेने की क्या जरूरत है? लेकिन मेरा जन-पक्ष कहता है कि—है...क्योंकि जो कवि सिर्फ यही नहीं चाहता हो कि वह जनता के बारे में लिखे, बल्कि वह अपने कवित्व की कीमत देकर भी ऐसी कविता करना चाहता है, जो उस जनता तक पहुँचे जिसके बारे में और जिसके लिए वह लिख रहा है—उसकी ऐसी कविताओं का मूल्यांकन प्रचलन से भिन्न प्रतिमानों पर होना चाहिए।

नागार्जुन का मुख्य संघर्ष यह रहा है कि वे ऐसे मुद्दे तलाशें कि उनकी कविता साधारण, अपढ़, कष्ट भोगती जनता की कविता बन सके। उन जैसे विद्वान और काव्य-मर्मज्ञ प्रतिभाशाली कवि के लिए यह कितना कष्टसाध्य काम रहा होगा—इसे सिर्फ वे ही जानते होंगे। साधारण तुक्कड़ कवि के लिए जो चीज सहज प्रतिभाहीनता का आत्म-प्रदर्शन भर होती है, वही एक मर्मज्ञ कवि के लिए कितनी सांसत की बात होती है? उदाहरण के लिए लोकभाषा में लिखनेवाले तुलसी दास का अभिव्यक्ति-संघर्ष कबीरदास से भिन्न लेकिन किसी कदर कम नहीं था, बल्कि अधिक ही था, क्योंकि वे संस्कृत के पण्डित भी थे और अवधी में लिखकर गँवार माने जाने का उन्हें पूरा खतरा था जबकि पण्डितों के बीच पुजनेवाली भाषा उनके लिए हाथ में रखा आँवला थी। इसलिए तुलसी या नागार्जुन जैसे कवि की सहजता के पीछे छिपे कठोर संघर्ष को; अभिप्राय की उत्कटता और उस उत्कटता से उत्पन्न रचना-मर्म को (जो सहजता को भी गहराई देता है) पहचानना होगा। नागार्जुन ने कविता का ऊँचा आसन अक्षुण्ण रखकर जनता से ऊपर उठने की माँग नहीं की, बल्कि वे खुद कविता और ज्ञान की सहजता सहित जनभूमि पर उतरे हैं। उन्हें यह चिन्ता नहीं रही कि उनकी कविता का क्या बनता है, वे चिंतित थे कि उससे जनता का क्या बनता है। (ज़रा इस रोशनी में जन-पक्षधर आज के कवि क्या आत्म-निरीक्षण करेंगे?) नागार्जुन के सम्पूर्ण व्यक्तित्व, प्रयोजन और जद्दोजहद को देखते हुए

उनके काव्य का मूल्यांकन भिन्न स्तर पर करना आवश्यक है, भले ही उनके सन्दर्भ में, प्रचलित काव्य-मूल्यों की बलि ही क्यों न चढ़ानी पड़े। जाहिर है कि कविता के प्रतिमानों-मूल्यों की ऐसी बलि प्रतिभाहीन, सतही, अज्ञ और तुक्कड़ कवियों के लिए नहीं चढ़ाई जा सकती।

नागार्जुन की तुक भी कोई तुक नहीं है और व्यंग्य कोई मसखरापन नहीं है। इनमें एक तल्खी, सम्प्रेषण की एक प्रणाली और खिलवाड़ों का विद्रूपीकरण है। नागार्जुन जानते थे कि किस कविता को तुरन्त फसल काटनी है और कैसे काटनी है ? और किस कविता को ऊँचे पेड़ की शक्ल में खड़ा होकर फल देना है ? यहाँ तक कि उन्होंने कई कविताएँ जन-प्रसार के लिए पोस्टर और पर्चों की शक्ल में छपवाकर लोगों में वितरित की थीं। उन्होंने रेलों और बसों में अपनी छोटी-छोटी किताबें बेची थीं। जिसके भीतर यह आग न हो, यह समझ न हो, ऐसी उदग्र प्रतिभा न हो और ऐसी विज्ञता न हो, वह अगर ऐसा कुछ करे तो नागार्जुन की कोटि में नहीं आ जाता और उसकी कविताओं का मूल्यांकन भी नागार्जुन की तरह नहीं हो सकता।

एक जीवित और समकालीन कवि का पूरा चरित्र हमारे सामने था और वही वर्तमान में उसके मूल्यांकन का आधार है और भविष्य में भी होगा। उसका दस्तावेजी व्यक्तित्व और जन-प्रभाव आगामी समयों को बताएगा कि वह साक्षात्कारी कवि था, उसने समय को अपनी आँखों से जाँचा और भोगा था; जनता के आघातों, त्रासों और शोषण के कारणों को पहचाना था, इसलिए वह न केवल अपने युग का प्रासंगिक कवि था, बाद के युगों को भी वह राह दिखाता रहेगा। हालाँकि नागार्जुन की अनेक राजनीतिक और सामयिक कविताएँ अकसर सतही और सपाट हैं, वे एक हद तक इतिहास बन कर रह जाएँगी। लेकिन समाज के तत्कालीन उद्वेलन के लिए वे जरूरी कविताएँ थीं जिनकी सार्थकता अपना जनोद्देश्य पूरा कर लेने और जनता को जाग्रत करने में थी। इस दृष्टि से नागार्जुन सर्वहारा जनता के प्रतीक और जीवंत कवि मित्र थे।

लेकिन जैसा ऊपर कहा गया है, नागार्जुन केवल उन्हीं रचनाओं के लेखक नहीं हैं, जिनके आधार पर उनके कवि-व्यक्तित्व का एक माहौल बनाया गया है। हर समझदार पाठक जानता है कि नागार्जुन ही हैं, जिन्होंने 'नीम की दो टहनियाँ', 'अकाल और उसके बाद', 'बादल को घिरते देखा है', 'चन्दना', 'वे और तुम', 'कालिदास, सच-सच बतलाना' जैसी कविताएँ भी लिखी हैं जो

पारखियों के लिए भरपूर कविता है। फिर भी उनकी बहिर्मुख आलोचना ही अधिक हुई है और शायद इस वजह से किसी गहरी अभ्यंतर-दृष्टि से उन्हें पहचानने की कोशिश कम हुई। जन और जनप्रवाही कवि के साथ नागार्जुन के श्रेष्ठ कवित्व, गहन संवेदना और व्यापक आयामों को; प्रेम, वियोग, प्रकृति, सौन्दर्य और अनेक कोमल-कठोर प्रसंगों, भावों और उदात्तताओं को प्राय: नहीं देखा गया। खैर, इतना तय है कि वे मन या सर्जना की चाहे जिस ऊँचाई पर हों, चाहे जहाँ से उन्होंने विषय-वस्तु उठायी हो, उनका सहज संवेदित लोक-मन उसमें सक्रिय रहता है। जैसे 'चन्दना' कविता उस नारी से सम्बन्धित है जिसका उद्धार महावीर ने किया था, लेकिन इस कविता का सम्बन्ध उसके जैन श्राविका बनने से या जैन धर्म से या महावीर का व्यक्तित्व उभारने से नहीं है, एक दासीपुत्री के तीव्र उत्पीड़न और उस उत्पीड़न से मुक्ति दिलाने की मानवीय संवेदना से है। आपातकाल में जेल में उन्होंने अपने प्रिय सहचर 'नेवले' पर बहुत लम्बी और अच्छी कविता लिखी। उसमें भी कोमल और संवेदित मनोकामना तथा विचित्र हार्दिकता है। जेल के साथियों के साथ अपने-आप प्रेम में गिरफ्तार हो गये। इस प्राणी की साहचर्य भावना व्यक्त करने के साथ ही उन्होंने अनेक वृहत्तर सवालों का अनायास स्पर्श किया है, जो शायद जेल के त्रासद संस्मरणों या जनता के लिए संघर्ष करनेवालों को जेल में डाल देने के विरोध में लिखी तेज तर्रार कविताओं से भी नहीं किये जा सकते थे :

'मोतिया ओ: ओ: ओ:
मोतिया! मोतिया!!
हाँ, इसी तरह बड़ों की बात मानते हैं—
इंसान तो क्या, हैवान तक निगाहें झुकाकर
करीब सरक आते हैं
हाँ, इसी तरह!
बिलकुल इसी तरह
कम से कम घण्टा भर तो अभी आराम कर लें
इस बूढ़े बन्दर की गोद में।'

एक कविता में नागार्जुन ने आत्म भर्त्सना के बहाने अपनी पत्नी के प्रति जिस मार्मिक प्रेम की व्यंजना की है उसमें भी एक स्त्री की सम्पूर्ण गरिमा और कर्तव्यनिष्ठा का ही स्तवन है। प्रकृति को लेकर उन्होंने अकसर वर्षा पर कविताएँ

की हैं, क्योंकि बरसात ग्रामीण जनता की जीवन-प्राण है। शायद इसीलिए कालिदास का 'मेघदूत' उनके मन में बेहद रमा हुआ था, जो प्रेयसी से बिछोह की यातना का ही नहीं, जनजीवन के व्यापक सर्वेक्षण और उसकी अंतरंगता का काव्य भी है। खेती-किसानी से जुड़े कवि का मेघ से जुड़ना भी स्वाभाविक है और वियोगी कवि का 'मेघदूत' से भी।

सांस्कृतिक मूल्यों की उदार समावेशिता ने नागार्जुन जैसे घुमक्कड़ से काल-यात्रा भी करायी है और वे उसकी अनुकूलता और प्रतिकूलता का दूसरों के मुकाबले ज्यादा सार्थक इस्तेमाल कर सके हैं। मसलन 'मंत्र' कविता में आहुति मंत्रों का इस्तेमाल या 'काली माई' कविता में काली के मिथक में नवीन अर्थ योजना के माध्यम से शोषण और क्रूरता का जीवंत खाका खींचनेवाली कविताएँ। नागार्जुन इसके सच्चे अधिकारी हैं। उन्होंने 'प्रतिबद्ध हूँ' कविता में अपने व्यक्तित्व और कृतित्व का जो ब्यौरा दिया है उससे उन्हें सही और समग्रता में समझने की दिशा मिलती है। वे कहते हैं :

'प्रतिबद्ध हूँ, जी हाँ, प्रतिबद्ध हूँ—
बहुजन समाज की अनुपल प्रगति के निमित्त
संकुचित 'स्व' की आपाधापी के निषेधार्थ...
अविवेकी भीड़ की भेड़ियाधसान के खिलाफ...
अन्ध बधिर व्यक्तियों को सही राह बतलाने के लिए
अपने आपको भी व्यामोह से बारम्बार उबारने के खातिर
प्रतिबद्ध हूँ, जी हाँ, शत प्रतिशत प्रतिबद्ध हूँ।

सम्बद्ध हूँ, जी हाँ, सम्बद्ध हूँ—सचर अचर सृष्टि से

आबद्ध हूँ, जी हाँ, आबद्ध हूँ—स्वजन परिजन के प्यार की डोर में...
तीसरी चौथी पीढ़ियों के दन्तुरित शिशु सुलभ हास में...
लाख-लाख मुखड़ों के तरुण हुलास में।

इसी कविता में नागार्जुन ने कहा है कि मैं राग, द्वेष, क्रोध, घृणा, हर्ष, शोक, उमंग, निश्चय-अनिश्चय, संशय, भ्रम, क्रम-व्यतिक्रम, निष्ठा-अनिष्ठा, आस्था-अनास्था, संकल्प-विकल्प, जीवन-मृत्यु, उत्थान-पतन, प्रकाश-तिमिर, दंभ, अणु-महान, काल-महाकाल, शून्य-महाव्याप्ति, अथ-इति, अस्ति-नास्ति, रूप-रस-गन्ध-स्पर्श शब्द, गति-अगति, प्रगति-दुर्गति, यश-कलंक सबसे सम्बद्ध

हूँ। यह कविता नागार्जुन के व्यापक आयामों की ओर इशारा करती है। यह उनकी स्वीकारोक्ति-भर नहीं है, उनके व्यक्तित्व और रचना का सार है।

जाहिर है, एक बड़ा कवि न तो पालतू रह सकता है, न किसी सीमा में आबद्ध रह सकता है। वह सारी प्रतिबद्धता, आबद्धता या संबद्धता को अपने लिए चुनता है और उनके जरिए लोक, समय और मानवीय कर्तव्य से जुड़ता है। तभी जरूरत पड़ने पर वह इनका अतिक्रमण करने में आत्मनिर्भर होता है। सब कुछ भोगते हुए और सबसे बँधकर भी सबसे बाहर आ खड़े होने का साहस नागार्जुन में है। हर युग की जनता जो पीड़ाएँ झेलती है, वह सबसे ज्यादा प्यार अपने साथ खड़े कवि को अधिक करती है। ऐसे कवि को प्रायः शास्त्र-वास्त्र और भाषा-वाषा का पातिव्रत्य रास नहीं आता। नागार्जुन का न कोई धर्म था, न जाति, न वाद। पिता का दिया हुआ नाम भी उन्होंने त्याग दिया था। अनाम यात्री की तरह वे चलते रहे। बौद्ध विहार में उन्होंने अपने लिए जो नाम चुना, वह भी एक विकट बौद्धिक दार्शनिक का था। कविता की शाश्वतता की उन्हें चिन्ता नहीं रही। जो चीजें जनता को उलझाती, भीरु बनाती, शोषित-पीड़ित करती है, नागार्जुन की कविताएँ उनका हिम्मत के साथ विरोध करती हैं। उनकी कविता का जो राग पक्ष है, वह आत्म-राग न होकर लोक-राग है। उनके भीतर महाकरुणा का निवास है, जो आत्म-वंचना से नहीं, आत्म-पीड़न की पराकाष्ठा से ही सम्भव होती है।

शिवमंगल सिंह 'सुमन'

बिसराये न बिसरें

सुमन को तब से देखा था जब वे गुराँस के फूल थे* (और प्रेयसी के जूड़े में गुराँस के फूल खोंसने की उनमें ललक थी—'आओ गुराँस का फूल खोंस दूँ जूड़े में।') और तब तक देखा था जब वे काँस के फूल हो गये थे। अनुभव की परिपक्वता में वह रूप और रंग तो नहीं था, लेकिन ताज़गी बरकरार थी। ऐसा विस्मित भराव कि देखते ही बने—कहाँ मिलता है! विविधता उनमें भीतर और बाहर दोनों से परावर्तित होकर आती थी, जिससे उनका कृती व्यक्तित्त्व चित्र-संयोजन या कम्पोज़िशन बन गया था। युवा काल में वे उत्सव-पुरुष थे, फिर अलग-अलग समयों में अलग-अलग तरह के उत्सव-पुरुष रहे। और उज्जैन ने भी उन्हें अन्तिम विदाई दी तो उसी शान से, जैसे उत्सव-पुरुष को दी जाती है। आखिर वह महाकाल जैसे उत्सव-देव की नगरी जो है—अनुराग में 'कुमार सम्भव' और 'बिराग' में 'चिता भस्मलेपी' (चिता भस्मालेप सृगति नृकरोतिः परिकरः) ।

एक साधक को पूरी जिन्दगी में तिल-तिल जलकर अन्त तक भी जो हासिल नहीं होता वह सुमन को अपने जीवन और सर्जना के उदयकाल में ही एकमुश्त मिल गया था। प्रकृति ने उन्हें कश्मीर जैसी उद्दाम और दुर्लभ सुषमा दी थी। ऊर्जा, सम्मोहन, मादकता कविता और उछाह उनके यौवन के दिन थे, जो उन्हीं तक न ठहर कर उन तमाम स्पर्शों में, उस हवा में संक्रमित होते थे, जो उनका पर्यावरण था। कभी-कभी इतना कुछ एक साथ पा लेना दहशत पैदा करता है, लेकिन सुमन ने आगे बढ़कर उसे आवेग से बाँहों में भरा और अपने को—अपने

---

* बहुत सुन्दर सूर्ख फूल, जो पहाड़ी क्षेत्रों में वृक्ष पर लगता है।

सबकुछ को; प्रस्तुत करने की मोहक कला विकसित की। प्रतिभा को उन्होंने अग्नि और चिंता से अधिक दीप्ति और आह्लाद से सहेजा—उसी टकसाल में लोकप्रियता ढली। मैंने उन्हें मंच पर एक महानायक की तरह कविता सुनाते देखा था और हज़ारों लोगों को एक साथ आन्दोलित होते हुए भी उनके ऐन्द्रजालिक भाषण सुने थे और मस्ती देखी थी। उनका सान्निध्य पाया था और गरिमा छुयी थी।

सफलता और यश की सीढ़ियों पर एक के बाद एक चढ़ते हुए भीतर क्या कुछ टूटता और छीजता रहा है—इसे सुमन के अलावा कौन जानता? क्योंकि वे मूलतः कवि और विचारशील मनुष्य थे। उनके पत्रों में, बातचीत में और बाद की रचनाओं में यह अहसास रह-रहकर झलकने लगा था। 'मिट्टी की बारात' में व्यक्त वेदना यदि 'वाणी की व्यथा' में कुछ ज्यादा ही तिक्त होकर उभरी है तो इसी वजह से कि कवि अपने को लगातार आँक रहा था :

केवल मैं, केवल मैं
भटक रहा विकलांग
अपने अहसासों में।

शिव में (जिसकी नगरी में वे रहते थे) गंगा और गरल की जोड़ी है। उन्मत्त गंगा को जो जटाओं में बाँध सकता है, वही कण्ठ में गरल साध सकता है अथवा कण्ठ में जब गरल सधा हो तभी गंगा जटाओं में बँधती है। शायद इसे सुमन ने 'विश्वास बढ़ता ही गया' और 'पर आँखें नहीं भरीं' के सृजन-काल में घनीभूत साधा था। तभी प्रगतिशीलता और प्रेम-सौन्दर्य की आविष्ट अनुभूति के साथ, गाँधी की हत्या का एक तीखा द्रवण उनके भीतर मचला था, जिसने उनके मूल्यांकन की दिशा बदल दी। यह विचित्र है कि 'सुमन' की सर्वोत्तम कविताओं का दौर उनके अवमूल्यन की प्रस्तावना बना। यहीं से प्रगतिवाद ने उन्हें खारिज करना शुरू किया। 'सुमन' को मारने के लिए उनमें जनमे गाँधी को मारने के लिए उन्हें भी 'लोकप्रियता' वाले उसी या हथियार का बहाना मिला जो मूलतः कलावादियों और अंतर्मुखी व्यक्तियों का होता है; और यह सुमन के लिए ऐसा आघात था, जिसे वे ही झेल सके, पर इससे उनकी कलम में जुम्बिश जरूर आयी।

यों, यह असंदिग्ध है कि सुमन के व्यक्तित्त्व का केन्द्र 'लोकप्रियता' था जो

उनके लिए लोक-संग्रह और साहित्य-सृजन दोनों का आधार रहा। इस तृष्णा ने उन्हें बहुत से खेल खिलाये जिनमें जीत भी होती है और हार भी। क्योंकि भीड़ की आँखों में अपने को देखना, या भीड़ के द्वारा देखे जाते हुए देखना—एक सर्जक की अन्तिम साध नहीं हो सकती। किसी हद तक वह सहज मार्ग है; जबकि जो सहज नहीं है, वही रचनाकार की साधना या चुनौती होती है। इसे दृष्टि पाने की बेचैनी भी कह सकते हैं, जिसके लिए सर्जक हमेशा निर्वासन का दण्ड भोगता है—अकेले छूट जाने का खतरा मोल लेता है। ज़ाहिर है कि सुमन के लिए यह खतरा उठाना असंभव था, परन्तु विडम्बना है कि उसके बावजूद वे साहित्य के क्षेत्र में अकेले छूट गये। जब तक उन्हें महसूस हुआ कि वे अकेले हैं, 'आउट-साइडर' हैं, तब तक वक्त जाता रहा था :

मैं केवल मैं
दर्शकों को देखने में व्यस्त
स्टार्ट लेने में पिछड़ गया
धीरे-धीरे चक्कर पर चक्कर छूटते गये

X X X

मैं इतना पीछे
कि किसी को मेरी बारी
देखने की फुरसत नहीं...

(वाणी की व्यथा)

ऐसा तो नहीं है कि सुमन स्टार्ट लेने में पिछड़े थे। वे अपने समय के अग्रगामी, अत्यंत लोकप्रिय कवि रहे हैं फिर भी अंततः उन्हें ऐसा क्यों लगा कि वे केवल 'जीभ निकाले/श्वान-सा हाँफते' या 'बेतहाशा पदलबारा दौड़ते चले जाने' की नियति से बँधे हैं?

वैसे 'सुमन' के परिप्रेक्ष्य में यह अध्ययन महत्त्वपूर्ण है क्योंकि वह ऐसे तमाम व्यक्तित्वों को पहचानने की कुंजी देता है जो लोकेषणा या पद-सम्मान-एषणा की प्रबलता से सृजन में पीछे छूट जाते हैं या अवमूल्यन के शिकार होते हैं। ऐसा भी नहीं कि सुमन को अपने आवेगशील विचलन का बोध नहीं रहा। दूसरों को चेताने के बहाने जैसे वे बार-बार स्वयं को ही चेताते थें—'पथ भूल न जाना पथिक कहीं'। परन्तु व्यक्तित्त्व को चाहे जितना सँवारा और सम्हाला जाए, उसकी अपनी भी प्रकृति होती है। इसी प्रकृति ने सुमन को विभिन्न हवाओं,

गतियों और अवस्थाओं में तैराने, उड़ाने और बहाने का काम किया है। शायद इसका उपचार वे यही समझते रहे कि निरन्तर दौड़ते रहो, गतिशील रहो, व्यस्त रहो। यही उनकी नियति भी थी और दुख भी था। बाद के समय में वे इस अंतर्विरोध से प्राय: विचलित रहते थे।

सुमन का आत्म-विचलन, आत्म-रक्षा या उसके लिए बनाये तर्कों से शुरू होता है। 'मिट्टी की बारात' की भूमिका में वे कहते हैं—'राह कभी एक-सी नहीं रहती, अतएव जैसे-जैसे वह बदलती जाए, वैसे-वैसे पथिक को भी हवा-पानी-धूप के अनुकूल स्वयं को बदलना चाहिए।' यह एक महत्त्वपूर्ण जैविक तर्क है परन्तु उन्होंने इस बात पर ग़ौर नहीं किया कि अगर यह सर्जक के आत्म विचलन का भी तर्क हो, उसकी विकासमान यात्रा को परिभाषित करता हो, तब तो चिंतनीय बन जाता है, क्योंकि कई बार आत्म-सुविधा, आत्म-मुग्धता और अपने हर काम को उचित ठहराने का तर्क बनकर वह सृजन को लील जाता है। अपने लिए अपनी राह की माँग लेखक की स्वायत्तता की सही माँग है परन्तु स्वयं 'राह' एक अस्पष्ट संज्ञा है; और बदलती हुई हवा-पानी-धूप हमेशा ही औचित्यपूर्ण या स्वास्थ्यप्रद होती है, यह भी कैसे कहा जा सकता है। क्योंकि कई बार लेखक को धारा के विरुद्ध अपने को खड़ा करना पड़ता है।

'सामयिकता' रचना का एक मूल्य है, पर एकमात्र मूल्य नहीं हो सकती। जबकि जो मूल्यवान होता है उसमें सामयिकता भी समायी होती है, क्योंकि 'समय' की एक धारावाहिक सत्ता है, जिसमें तात्कालिकता निहित है; जबकि तात्कालिकता में समय या सृजन को बाँधना, अपने भीतर पसरी मानवता के अनवरत प्रयत्नों और संकल्पों के प्रति अनाश्वस्तता है। हो सकता है कि जीवनधारा को खण्डित रूप में देखना कुछ लौकिक दे जाता हो, लेकिन रचनाकार को जो सम्पन्नता मिली होती है, उसके मूल्य पर बाहर की कोई संपन्नता उसे सच्चा सहारा नहीं दे सकती। उस संपन्नता की इतनी हैसियत नहीं होती है कि उस पर सर्जनात्मकता न्यौछावर कर दी जाए। वह बाहरी जलवायु या व्यवस्था रचना में सहयोग या विक्षोभ तो पैदा कर सकती है; उसका संचालन नहीं कर सकती। इन सबके बावजूद 'सुमन' को अगर बचाया है तो उनके भीतर के संवेदित मनुष्य ने; अनवरत अध्ययन, चिंतन ने और उस आंतरिक विनम्रता ने जो बहुत-से क्षरण बचा लेती है।

सुमन की मूल आत्मा रोमेंटिक है। रोमान भीतर की आविष्ट हवाओं का नाम है, जिसकी जरूरत कमोबेश हर कलाकार को होती है। लेकिन इसे नियंत्रण में रखना भी हर कलाकार की सबसे बड़ी तपस्याओं में होता है, क्योंकि जो जितना पागल है उसे बाँधना उतना ही मुश्किल है। अगर पकड़ कमजोर हुई तो वह आपकी गिरफ्त में आने की बजाय खुद आपको ही गिरफ्तार कर लेता है। उत्तेजित क्षणों की अनुभूति को हड़बड़ी में रचने का मतलब, उबलते दूध को गटकने की तरह है, लेकिन अगर वह निहायत ठण्डा हो जाए तब भी बेमज़ा हो जाता है। एक मर्मज्ञ रचनाकार कुनकुने तापमान में अनुभूति को रचना में उतारता है। अगर आप इसका आस्वाद सुमन में लेना चाहें तो उनके मध्यकाल की कुछ रचनाओं में ले सकते हैं, जबकि उनके पूर्व और उत्तरकाल की अधिकांश रचनाओं में क्रमश: उबले और ठण्डे दूध की तासीर है।

यह ठीक है कि सुमन की प्रेमिल आत्मा ने संवेदन को अनेक स्तरों और रूपों में देखने की कोशिश की, जो कई बार सफल रही। लेकिन बहिर्मुखता के कारण कई बार संवेदन की महीन बीनाई में उन्होंने चूक भी की है। मांसल प्रेम-सम्बन्धी रचनाओं में ही नहीं; करुणा और परिशुद्ध राग की कविताओं में भी देह-गंध बहुत तीव्र और आक्रामक हुई है; यहाँ तक कि प्रतीकों और संकेतों में भी अन्यथा मांसलता से जुदा होना उनके लिए मुश्किल रहा। मारीशस पर लिखी कविता में पुरुरवा और उर्वशी के गंध मादन पर विहार का प्रसंग कुछ ऐसा ही है। 'योगः कर्मसु कौशलम्' कविता में ऐसी पंक्तियों को आप किस तरह की कविता कहेंगे :

दानवीय लिप्सा ब्रह्मानन्द को चुनौती है
मानवीय प्रणय निवेदन तो नपुंसक है।

यहाँ सुमन ने जो भी कहने की हिम्मत दिखायी है, उसमें सेक्स की आक्रामकता को एक सपाट शोर के अलावा किस तरह समझा जाए? सुमन में ऐसे तमाम ओवरस्टेटमेंट्स या बड़बोलेपन का अध्ययन होना चाहिए जो सांसारिक आकांक्षा को जरा भी न छोड़ सकने की विवशता और रचनाकर्म की जरूरत के बीच एक शाश्वत द्वन्द्व की तरह भड़भड़ाता रहता है। इससे सुमन का नहीं, अनेक रचनाकारों का अध्ययन संभव होगा।

कभी-कभी संबन्धों की ऊष्मा का सामान्यीकरण और अभिव्यक्ति की

मुखरता का अतिशय व्यक्ति को कृत्रिम बनाता है। इस वजह से भी सुमन का निजी और सार्वजनिक लहेज़ा दिखावटी समझा गया; मगर वह उनके व्यक्तित्व का अंतर्भाग था शायद इसीलिए जनसामान्य के वृहत्तर समाज ने प्राय: इस मामले में नाक-भौं सिकोड़नेवाले व्यक्तियों की पुष्टि नहीं की। यह सुमन के अंतर्हित शिल्प की खूबी थी। वास्तव में 'सुमन' भरावों की उपस्थिति थे, एक पूरा ऑरकेस्ट्रा जो अपने इर्द-गिर्द जीवन को, लघुता में भी बड़े होने का, अभाव में भी भरे होने का आभास देता था। यह कोई मामूली जैविक उपस्थिति नहीं है। कवि के रूप में प्रगतिशील धारा में हमने उनके योगदान की चर्चा की ही है और देखा है कि इस धारा को प्रतिष्ठित करने, ऊर्जा प्रदान करने, और उसका संवेदन-तत्त्व विकसित करने में उनका कितना बेजोड़ अवदान रहा है। 'जल रहे हैं, दीप, जलती है जवानी' या 'विश्वास बढ़ता ही गया' की अनेक कविताओं की टक्कर की कितनी कविताएँ प्रगतिवादी साहित्य में हैं? फिर ऐसा उत्साह, जोशोखरोश कहाँ मिलता है जिसके भीतर सृजन की अग्नि दहकती हो। एक स्तर पर तो सुमन की रोमानियत ने भी प्रगतिशीलता में जो सकारात्मक भूमिका अदा की थी, वह निस्संदेह संवेदना की गहनता के लिए अत्यंत मूल्यवान थी। खैर, यह तो था ही, एक अध्यापक, वक्ता और कवि के रूप में सुमन की उपस्थिति विराट् सांस्कृतिक उपस्थिति थी। परम्परा और आधुनिकता का उनमें बहुत समृद्ध और सुन्दर संयोजन था। उनकी चाल-ढाल से लगाकर उनकी हर अदा में, हर वर्तुलता में उनका स्रष्टा झलकता था। यह उन्हें विशिष्टता देता था। इसलिए उनके मूल्यांकन को एक खास सीमा से निकालकर व्यापकता देनी होगी। क्योंकि उनकी कविता में भी यही वैविध्य है। देश-विदेश, शहर-ग्राम, नयी से नयी चेतना उनकी कविता में गुँथी है। वे बहुलता, व्यापकता के कवि हैं। हाँ, स्फीति उनमें कभी-कभी खलती है।

बाद के वर्षों में सुमन में वैविध्य के साथ संक्षिप्तता आयी, रोमान एक अलग तरह की भूमिका में उनके काव्य में अवतरित हुआ। उत्तरकाल में निरीक्षण भी प्रबल हुआ और कविता में अनायास सादगी आयी। बेशक इसमें कुछ अटपटापन और काव्य की दृष्टि से ह्रास के संकेत भी थे, फिर भी विविधता और अभिव्यक्ति का बेलौसपन ध्यान आकर्षित करता है। यों सर्जना की भी एक जीवनावधि होती है, परन्तु सुमन की जिजीविषा दैहिक ही नहीं, रचनात्मक भी थी, इसलिए वह

उनकी जैविकी का अंग भी बनी रही, जिसने शरीर छोड़ने से पहले खुद छूटने से इनकार कर दिया।

सुमन को उदात्त और सहृदय मनुष्य के रूप में याद किया जाएगा। इस सिकुड़ती हुई टुच्ची दुनिया के रास्ते से चलते हुए जब हम उनके पास पहुँचते हैं तो पता चलता है कि वे सदाशयता और परदुखकातरता की कितनी दुर्लभ मूर्ति थे।

•

सुमन के पास बैठना मुझे हमेशा ऐसा लगा है मानो खुले जलाशय के पास घनी छाँह तले बैठा होऊँ! कई युग जैसे पास सरककर बतियाने लगते, कई अनोखे लोग, दंतकथा-सी लगती बहुत-सी स्मृतियाँ, कई पुस्तकों का एकसाथ आस्वाद।

सुमन मनुष्यता की ऐसी आदमकद मूर्ति थे जिस पर नक्काशियों के उम्दा नमूने दिखाई पड़ते थे।—वे एक किंवदंती पुरुष थे!

शमशेर बहादुर सिंह

संवेदन की गहनतम आँख

'ओ मेरे घर
ओ हे मेरी पृथ्वी
साँस के एवज़ तूने क्या दिया मुझे'
—ओ मेरी माँ?
(ओ मेरे घर/ इतने पास अपने)

जिस दिन पृथ्वी-माँ ने साँस के एवज़ में '*कवि का कटु-बीज*' दिया, उसी दिन उसे दे दिया क्रूरतम युद्ध, कटुतम प्रेम, अपने से निरीह कई-कई भगवान, बुद-बुद-सी आँख और सितारों-भरा आसमान, दर्शकशाला में फैली लम्बे नाटक की हँसी (उपहास), सोने के नाम पर जागना, लोरियों के नाम पर अँधेरे की तलवारें—यही सब कुछ।

सारी दुनिया को अपना घर माननेवाले कवि को यही 'सब कुछ' तो मिलता है विरासत में :

'दुखिया दास कबीर है जागे अरु रोवै'

जिसके सीने में एक दरिया हो और उसमें हवाएँ गूँजती रहती हों, जमाने भर की; उसका क्या सोना और क्या हँसना?

शमशेर मूलतः रोमानी कवि हैं। स्वयं वे और उनकी कविताएँ इसका ऐलान करती हैं। लेकिन यह रोमान जिस संसार में आँखें खोलता है, उसकी हकीकत यह है :

'एक रोमान
जो कहीं नहीं है मगर जो मैं
हूँ हूँ
एक गूँज ऊबड़-खाबड़
लगातार

आँख जो कि अँखुआ
आई हो बहुत ही क़रीब बहुत
ही क़रीब'

(एक नीला दरिया बरस रहा /चुका भी हूँ नहीं मैं)

एक ग़ैररूमानी दुनिया के बीच स्व-अर्जित हठी रोमान है—डबडबायी आँखों में सितारों-भरे आसमान को पा लेने की चाह जैसा; लेकिन जिसे वास्तविकता में पा सकना मानो मौत की प्रतीक्षा करना है। फिर भी कवि है, जो इसे किसी भी कीमत पर, इंतिहाई हद तक, पाना चाहता है :

' मुझको प्यास के पहाड़ पर लिटा दो जहाँ मैं
एक झरने की तरह तड़प रहा हूँ
मुझको सूरज की किरनों में जलने दो—
ताकि उसकी आँच और लपट में तुम
फ़ौवारे की तरह नाचो।'

(टूटी हुई बिखरी हुई/ कुछ और कविताएँ)

सचमुच अपने जीवन में शमशेर प्यास के पहाड़ों पर झरने की तरह तड़पते रहे; खुद सूरज की किरनों जैसी आग में जलते हुए, उसकी लपट से फ़ौव्वारों को रंगारंग करते रहे। जबकि कटु-क्रूर जीवन से जो निराशा, कुंठा, अकेलेपन या अनास्था के स्वर उठते हैं—फिर यह रोमान कहाँ से आ गया? यह लबालब प्रेम, यह वीणा की झंकार से बुना हुआ सौन्दर्य, जहाँ पृथ्वी साँस लेती है :

' कत्थई गुलाब
दबाये हुए है
नर्म-नर्म
केसरिया साँवलापन मानो
शाम की
अँगूरी रेशम की झलक
कोमल
कोहरिल
बिजलियाँ-सी
लहराये हुए है

आकाशीय
गंगा की
झिलमिली ओढ़े
तुम्हारे
तन का छंद
गतिस्पर्श
अति अति अति नवीन आशाओं भरा
तुम्हारा
बन्द-बन्द।'

(कत्थई गुलाब/ इतनेपास अपने)

अपनी वेदना में से जन्मी सौन्दर्य की कितनी विराट, कितनी अद्वितीय अनुभूति शमशेर के रचना-संसार में है, इसकी यह एक झलक है। फकत जो सौन्दर्य-स्मृति को सारे आसमान और ज़मीन में समो देती है :

'सूना-सूना पथ है, उदास झरना
एक बादल-रेखा पर टिका हुआ
आसमान
जहाँ वह काली युवती
हँसी थी।'

(सूना-सूना पथ है उदास झरना/ कुछ और कविताएँ)

शमशेर के लिए प्रेम ही सत्य है, बाकी सब मिथ्या :

'तुमको पाना है अविराम
सब मिथ्याओं में
ओ मेरी सत्य!'

(तुमको पाना है अविराम/ काल तुझसे होड़ है मेरी)

यह सत्य दैहिक बोध में उतना नहीं है, जितना आत्मिक अनुभूति में है। (गो कि दैहिक बोध के भी चित्र शमशेर के यहाँ हैं और बिलकुल अष्टधातु की मूर्ति जैसे ठोस) :

'हाँ, तुम मुझसे प्रेम करो
जैसे मछलियाँ लहरों से
करती है
जैसे हवाएँ मेरे सीने से करती हैं।'

\ (टूटी हुई बिखरी हुई/ कुछ और कविताएँ)

या
'जाओ
किन्तु मुझ में बस कर
सुगन्ध की तरह
मेरे साथ
मैं हवा की तरह अदृश्य जब हो जाऊँ
जहाँ कहीं भी जाओ।'

(तुमको पाना है अविराम/ काल तुझसे होड़ है मेरी)

सौन्दर्य और प्रेम शमशेर के लिए एक सम्पूर्ण जीवन है, जहाँ वे अपने को पूरी तरह समर्पित करते और सुरक्षित महसूस करते हैं, क्योंकि वहीं से निकलते हैं जीवन के सारे रस-राग-प्रयोजन :

'तूने मुझे दूरियों से बढ़कर
एक अहर्निश गोद बना कर
लपेट लिया है।'

(सौन्दर्य/ इतने पास अपने)

परन्तु शमशेर की कविता जिस युग में विकसित हुई थी, वह नयी कविता का था—सौन्दर्य और प्रेम से अनासक्त—बल्कि प्रतिरोधी। उधर प्रगतिशीलता के परचम उड़ रहे थे—पूरे जोश-ओ-खरोश में। शमशेर की अकेली, गमगीन और अभावग्रस्त जिन्दगी थी। आम तौर पर समय और कवि के जीवनानुभव जिस एक बिन्दु पर मिल जाते हैं, वही कविता का केन्द्र होता है। हमने देखा है कि बहुत-से किताबी कवियों के मुकाबले शमशेर का जीवन सच्चे सर्वहारा का जीवन था, कम्यून और कम्युनिस्ट पार्टी ने भी उन्हें प्रभावित किया था; नयी कविता में उनकी मजबूत साझेदारी थी—फिर भी शमशेर सबसे अलग थे। क्योंकि समय और जीवनानुभव जिस बिन्दु पर मिले थे उनसे कहीं हटकर था उनके भीतरी भूकम्प का केन्द्र। वे वहीं से परिचालित थे; जहाँ से अमृत ही नहीं, विष भी निकलता है :

'सरलता से भी गूढ़, गूढ़तर
तत्त्व निकलेंगे
अमित विषमय
जब मथेगा प्रेम सागर
हृदय।' (चुका भी हूँ मैं नहीं/ इतने पास अपने)

प्रेम-सागर के मंथन से जो जहर निकलता है, वह शमशेर ने जिया भी है और पिया भी है। यही वह पीड़ा है जो उनके काव्य में अपार करुणा में बदली है। सारी मानवता के दु:ख पहचानने और उसे निजी स्तर पर भोगने के रूप में; तमाम विषमय को भोगते हुए उसके विरुद्ध आंतरिक गहन विद्रोह के रूप में। शमशेर की आलोचना के साथ जो गड़बड़ी हुई है, वह यह है कि उनके रोमान में छिपी हुई उस पीड़ा को और पीड़ा में छिपी व्यापक मानवीय चिन्ता को, जो व्यंजन में स्वर की तरह छिपी थी, अकसर नहीं देखा गया। नतीजे में उनमें फाँक दिखाई दी, जो वृहत्तर अर्थ में प्रेम को देखने पर शायद न दिखती और सुझाई देता कला का वह संघर्ष जिसमें :

'प्रेम का कँवल कितना विशाल हो जाता है
आकाश जितना
और केवल उसी के दूसरे अर्थ-सौन्दर्य हो जाते हैं
मनुष्य की आत्मा में।' (कला/ इतने पास अपने)

शमशेर के कवि-मूल में जो प्रेम है, वही विराट होकर मनुष्य की आत्मा का बहुविध सौन्दर्य बना है, जिसकी ज़द में दुनिया की सारी हलचलें, अनुभूतियाँ, संघर्ष आ जाते हैं। क्योंकि सौन्दर्य सुन्दर ही नहीं है, सुन्दर की अनवरत तलाश है जिसमें असुन्दर भी मिलता है—और हद तक। इसलिए शमशेर के संवेदन-केन्द्र पर ही नहीं, उसके विकास-क्रम, प्रयोजन और परिणति पर भी गौर करना जरूरी है। बिना इसके उनके विचार और काव्य; समय और काव्य; जीवनानुभव और काव्य में दरारें ही दरारें देखी जाती रहेंगी। उदाहरण के लिए अकसर कहा जाता है कि शमशेर बात तो प्रगतिशीलता की करते हैं और कविताएँ रोमानी लिखते हैं—यानी वे कविताएँ जो उनकी श्रेष्ठ और गहरी कविताएँ हैं। विसंगति देखिए कि पहले तो इन्हें अलग-अलग किया गया और फिर उनपर अलग-अलग होने का आरोप लगाते हुए उनमें फाँक देखी गयी; जबकि कवि को हमेशा

ही इस पर हैरत होती रही है कि :

'शतरंज का एक खाना है
जिसमें तुम मुझे उठाकर रखते हो।'

(मेरे समय को/ इतने पास अपने)

लेकिन शमशेर हैं कि शतरंज का मोहरा बनने को तैयार नहीं। न खुद। न कवि।

> अपने एक लेख 'आशु कविता' में वे लिखते हैं—(सच्चा कवि) 'स्थितियों को अपनी आँखों से देखता, अपनी अनुभूत की रोशनी में उसे समझता, अपने निजी तर्क से उन्हें परखता और उसे अपनी निजी शैली में प्रस्तुत करता है। दूसरों की मुँहदेखी बात करना उसकी शान के खिलाफ है (कुछ और गद्य रचनाएँ, पृ. 238)। 'डायरी' (कहीं बहुत दूर से सुन रहा हूँ) कविता में वे लिखते हैं—लेखक (और लेखक ही क्यों)—एक साँचा है, उस साँचे में आप फिट हो जाइए—हर एक के पास एक साँचा है/ राजनीतिज्ञ, प्रकाशक...शिक्षा संस्थानों के गुरु लोगों के पास।...यह लॉबी, वो लॉबी रूस के पीछे। नहीं अमेरिका के। नहीं, चीन के। अजी नहीं, अपने घर के बाबाजी के। इस झंडे के उस झंडे के।...लाल? नहीं, भगवा। नहीं, काला। नहीं, सफेद...।

लेकिन हमारी कठिनाई यह है कि उसे खाँचों में केद करना चाहते हैं, क्योंकि हम कविता में भी रोमानियत को रोमानियत; करुणा को करुणा; प्रगतिवाद को प्रगतिवाद के सपाट अर्थ में देखते हैं। नतीजा यह होता है कि शमशेर की संवेदना का मूल चरित्र हमें उनकी मुखर प्रतिबद्धता से मेल खाता प्रतीत नहीं होता। जबकि इस संवेदनात्मक धुरी पर ही उनकी पूरी सर्जनात्मकता (यहाँ तक कि प्रगतिशीलता भी) टिकी हुई है। हालाँकि यही बात मुक्तिबोध के साथ भी हुई है, क्योंकि उनकी मूल या केन्द्रीय संवेदना भयाक्रांतता या संत्रास (हॉरर) की है,जिसे हम शिल्प की अजब जटिल बुनावट, भाषा के विद्रूप, बिम्ब के विखंडन, संरचना की विकृति आदि में देख सकते हैं। इसी को उन्होंने सामाजिक अर्थ दिया है, जिसे असंदिग्ध प्रगतिशीलता में देखना संभव लगता है। कारण यह है कि संत्रास का प्रगतिशीलता से तालमेल स्वाभाविक है। शोषण की

प्रक्रिया शोषित के भीतर संत्रस्त अनुभव के रूप में जन्म लेती है। तभी तो वह अकेले नहीं, संगठित होकर संघर्ष करता है। (संगठन अकेले व्यक्ति के संत्रास या भयग्रस्तता का परिहार है) इसीलिए मुक्तिबोध की मूल संवेदना और विचार में विसंगति नहीं दिखाई देती; जबकि शमशेर की मूल संवेदना—अर्थात् रोमानियत—प्रगतिशील विचारों की मूलगामी प्रतीत नहीं होती, उलटे प्रतिगामी लगती है क्योंकि उसे सामान्य अवधारणा समझा गया जिसका अर्थ प्रेम, सौन्दर्य, कल्पनाशीलता, वायवीयता आदि है। परन्तु जैसा हमने देखा है कि शमशेर की रोमानियत का अंतस्तत्त्व है—वेदना; (जो उनकी प्रेम-सौन्दर्य की कविताओं में भी रह-रहकर झलकती है।) निरन्तर मनुष्य के पक्ष में व्यापक लगती है। वास्तव में करुणा प्रगतिशीलता का भी मूल भाव है। इसी से उत्पन्न होता है विद्रोह और प्रतिकार। करुणा शमशेर की प्रगतिशील या सामाजिक भावना को ऐसा कोमल, वेदनामय अंत:स्पर्श और कहीं-कहीं व्यंग्यात्मकता देती है, जो सर्वथा करुणाग्रस्त रूमानी या रोदनशील कवियों से उन्हें अलग करती है। उदाहरण के लिए 'बैल' या 'लेकर सीधा नारा' कविता देख सकते हैं जिनमें निहित पीड़ा कितनी तीखी और मर्मबेधी है :

'मुझे वह इस तरह निचोड़ता है
जैसे घानी में एक-एक बीज कसकर दबाकर
पेरा जाता है
मेरे लहू की एक-एक बूँद किसके लिए
समर्पित होती है
यह तर्पण किसके लिए होता है?'

(बैल/ काल तुझसे होड़ है मेरी)

अनुभूति-स्पर्शी कविता, बहिर्मुख भाषणधर्मी कविता की तुलना में शोषण की यातना और उससे जन्मनेवाले प्रतिकार को अधिक सशक्त—अर्थात् हृदय को हिला देनेवाले अन्दाज में व्यक्त करती है, यह उक्त कविता में महसूस किया जा सकता है और 'हमारे दिल सुलगते हैं' जैसी कविताओं में भी जहाँ सर्वहारा कहता है—'सरकारें पलटती हैं जहाँ—हम दर्द से करवट बदलते हैं' (कुछ और कविताएँ), इसी तरह जब कवि कहता है :

'मैं समाज तो नहीं; न मैं कुल
जीवन

कण-समूह में हूँ मैं केवल एक कण
कौन सहारा
मेरा कौन सहारा!' (लेकर सीधा नारा/ बोत बोलेगी)

ऊपर से यह असहायता की कविता लगती है परन्तु यह व्यक्ति-जीवन में सामाजिक जीवन की करुणार्द्र पुकार है। 'प्रेम की पाती' इसका एक और उदाहरण है, जहाँ प्रेम की अत्यंत कोमल अपील में साम्प्रदायिकता पर तीखा प्रहार हुआ है। नदी की धार की तरह काटती है वह भीतर जमे हुए कटुता और क्रूरता के पत्थर को :

' होली का भय दिवाली का आतंक
ईद-मुहर्रम एक ही भाँति।' (बात बोलेगी)

विकट उत्सव बोध पर कैसा व्यंग्य और सकारात्मक सुझाव यहाँ है। जनता को एक करने के लिए कोई नारा न लगाते हुए कल्पनामयी, आकर्षक और आन्तरिक बल पहुँचानेवाली उत्साह की कविता सामूहिक राग-बोध से ही उत्पन्न हो सकती है :

'सूरज
उगाया जाता
फूलों में
यदि हम
एक साथ
हँस पडते

चाँद
आँगन बनता
आँखों में रास-भूमि यदि—
सौर मंडल की मिलती।'

(सूरज उगाया जाता/ कुछ और कविताएँ)

आगे कवि कहता है कि हम काव्य के सार होते; भूत और भविष्य के प्रतिमान होते—यदि हम वर्तमान में एक साथ हँसते, रोते, गाते। एकता का यह गीत भले ही रोमानी उपादानों से रचा गया है परन्तु इससे व्यक्त क्या हो रहा है ?

जो लोग शमशेर में प्रेम और सौन्दर्य की स्वप्निल दुनिया ही देख पाते हैं, उनके लिए यह शेर नज़्र है :

'मेरी बातें भी तुझे खाबे-जवानी-सी है,
तेरी आँखों में अभी नींद भरी है शायद।'

(कुछ शेर/ कुछ और कविताएँ)

असल में संवेदना पर विचार करते हुए संवेदना के प्रकार के साथ संवेदना के गुण, काल और प्रभाव पर भी विचार करना जरूरी होता है। शमशेर की संवेदना का गुण इतना गहरा और अंतरंग है कि वह मनुष्य को किसी उथले भाव की ओर नहीं ले जाता; किसी गहन का उत्खनन करने, गहरे डूबने की ओर बुलाता है और उससे कुल मिलाकर जो संप्रेषित होता है, वह मनुष्य को प्रेम-सौन्दर्य के किसी एकायामी राग में गर्क नहीं करता, बल्कि उसमें एक मानवीय विश्व-दृष्टि का आविर्भाव करता है। इसे कवि की समग्रता में देखा जाना चाहिए। उसके कुल जीवन और साहित्य में। स्वयं शमशेर मानते हैं :

'हर कवि का मोटे तौर पर, एक निजी काव्य-संसार होता है, जिसमें वह प्रायः रमा-सा रहता है। अगर ऐसा नहीं है तो वह वास्तव में कवि ही नहीं है। जरूरत इस बात की है कि कवि अपने इस निजी काव्य-संसार को निरन्तर अधिक-से-अधिक समृद्ध करता चले। समृद्ध करने का अर्थ है अपनी विषय-वस्तु को लेकर अन्दर ही अन्दर गहरा चिन्तन। जो भी विषय-वस्तु या उस विषयवस्तु की जो दुनिया उसे आकृष्ट करती है, उसे अपनी भावनाओं में जितना भी अधिक मूर्त कर सकता है, उसे करना चाहिए। उसके हर पक्ष का विश्लेषण भी उसकी चेतना में जारी रहना चाहिए।'

(कवि कर्म : प्रतिभा और अभिव्यक्ति/ कुछ और गद्य रचनाएँ)

शमशेर का एक 'व्यक्ति मन' है, जिसे वे कवि का 'निजी काव्य-संसार' कहते हैं पर देखना यह है कि क्या यह 'व्यक्ति के लिए' ही है, या इसका कहीं उत्थान या प्रसार हुआ है ? शमशेर की यह काव्य पंक्ति—*'व्यक्ति-मन होता है जन-मन के लिए'*—पंक्ति-भर नहीं है, उनके कुल काव्य-संसार का अक्स है। कवि, जीवन के हृदय की 'संकुचितता' पर क्षुब्ध होता है। परिणामस्वरूप उसके

कथन और कथ्य की सीमाएँ फैल जाती हैं। वह युद्धरत दुनिया के विरुद्ध खड़ा हो जाता है, विभेदों और ईर्ष्याओं के जाल काटकर पूरी दुनिया को शान्ति की विराट गोद में देखना चाहता है, यानी जिस प्रेम-गोद में वह स्वयं लिपटा है, उसी में सारी दुनिया को लिपटा देखना चाहता है :

'शराब
यानी इनसानियत की तलछट का छोड़ा हुआ
स्वाद
मुझे दो
मगर पैमाना हो
फ़ोनिमिक्स
उन भाषाओं का, पश्चिम और पूर्व की जो
मिलन-सीमा को
आर्गनित करती हैं
बस
वहीं मेरा कवि
तुम्हारा अन्यतम...' (नीला दरिया बरस रहा है/ चुका भी हूँ नहीं मैं)

'अमन का राग' इस माने में शमशेर की अद्वितीय कविता है, जहाँ उन्होंने दुनिया भर के सारे भेद-भाव तिरोहित कर, उसकी तमाम श्रेष्ठताओं का शान्ति के व्यापक अर्थ में रूपान्तरण किया है। तभी अपने वैचारिक आग्रह को दरकिनार करते हुए कवि कहता है :

'मुझे अमेरिका का लिबर्टी स्टैचू
उतना ही प्यारा है जितना
मास्को का लाल तारा।' (अमन का राग/ बात बोलेगे)

वह हवा में उड़ती अनेक पताकाओं की परवाह न करते हुए जनता के उस दुख तक पहुँच जाता है, जो किसी पताका से परिभाषित नहीं होता :

'एक जनता का
दुःख एक
हवा में उड़ती पताकाएँ
अनेक' (बात बोलेगी/ वही संग्रह)

रोमानियत की एक अंतर्वृत्ति है स्वच्छंदता। वह कवि को किसी वाद या विचारधारा से प्रभावित होने पर भी उसको कैद में नहीं बँधने देती अन्यथा जो कवि किसी समय जिस चीन के प्रति अनुरक्त होकर 'चीनी जनता का लोक सत्तात्मक गणराज्य' के एक-एक अक्षर की प्रतिकृति को उदात्त काव्यार्थ देता है, जो अंततः इन पंक्तियों के साथ समाप्त होता है :

'हमारा अन्तर
एक बहुत बड़ी विजय का
आलोक चिह्न है।' (चीन/ कुछ कविताएँ)

(यहाँ 'हमारा' शब्द सिर्फ चीन के लिए नहीं, भारत और सम्पूर्ण विश्व के सर्वहारा के लिए है।) परन्तु उसी चीन के द्वारा 1962 में भारत पर आक्रमण करने पर वह आन्तरिक वेदना से, लेकिन दृढ़ता के साथ भारत के 'सत्यमेव जयते' को वैश्विक और मानवीय मूल्य के रूप में प्रस्तुत करते हुए चीन को चुनौती देता है :

'वह
सत्य है
वह शक्ति के दुरभिमानियों का
रसातल नहीं।' (सत्यमेव जयते/ चुका भी हूँ नहीं मैं)

यह कवि के 'व्यक्ति मन' में समाये विश्व-राग का ही नतीजा है कि वह साम्प्रदायिक दंगों के और आपसी झगड़ों के खिलाफ 'ईश्वर मैंने अगर अरबी में प्रार्थना की' या 'प्रेम की पाती' (घर के बसंता के नाम) जैसी कविता लिखता है जो गाँधी की जन्मशती पर लिखी गयी थी (यह आज की बात नहीं है, जब गाँधी प्रगतिशील विचारकों के लिए मान्य हो रहे हैं, यह तब की है जब वे उनके यहाँ प्रतिक्रियावादी माने जाते थे और उनकी अहिंसा, धर्म आदि अछूत।) गाँधी का वास्ता देते हुए कवि गुजरात वासियों को धर्म की झूठी मान्यताओं के लिए लताड़ते हुए कैसा उपालंभ देता है :

'धन गुजरात में गाँधी तर्पन
धन्न रे धर्म की मूरत काँची।' (चुका भी हूँ नहीं मैं)

साम्प्रदायिक दंगों में मनुष्य की सारी घृणा, द्वेष, संकीर्णता और कुरूपता उभरती है। मनुष्य के परस्पर सौहार्द और शान्ति की कामना करनेवाले कवि को

इससे बार-बार आघात पहुँचा है। इसकी अभिव्यक्ति उसने कई कविताओं में की है। स्वतंत्रता के पूर्व से ही यह सिलसिला चल रहा था, जिसे गोरों की राजनीति शतरंज के रूप में खेल रही थी। तब की सियासी चाल पर व्यंग्य करते हुए कवि परोक्ष रूप से हिन्दुस्तानियों को आगाह करता है और ऐसा हमला करता है जिसमें शोर कम और मार ज्यादा है :

'जो धर्मों के अखाड़े हैं
उन्हें लड़वा दिया जाए!
जरूरत क्या कि हिन्दुस्तान पर
हमला किया जाए!!'

और अपने देशवासियों को ऐसी समझाइश भी देता है जिसमें अपनापन है, अपील है :

'तबियत जैसी बन जाती है
फिर बनती ही जाती है
जो तन जाती है आपस में
तो तनती ही जाती है।'

(धार्मिक दंगों की राजनीति/ काल तुझसे होड़ है मेरी)

रोमानियत एक आवेगात्मक अनुभूति है। प्रचलित प्रेम-सौन्दर्य में सीमित न करें तो यह मूलतः आवेग ही है। यदि इसका समुचित विकास हो तो—इसमें दृष्टिसम्पन्न जोश और उत्साह भी शामिल होते हैं। शमशेर में आवेग का यह प्रेरक और उत्साहपूर्ण रूप देखें, जहाँ कवि घनीभूत पीड़ा के आवरण चीरता ज्योति के निःशंक आकाश में उतरकर मोह, प्रेम और भय के कुअंकों को मिटा देने का आह्वान करता है :

'खोल, उठा ज्योति के मयंक
अंक मिटा भाल के, निशंक!
मोह सत्य भौंह बंक
लौह सत्य प्रेम पंक
...अन्यथा व्यथा, व्यथा, वृथा...
है अनादि : आदि रंक—शून्य अंक

तोल उठा वक्ष के अशंक भाव
की अथाहता!'

(घनीभूत पीड़ा (एक सिम्फनी) /कुछ कविताएँ)

और यह वही धारदार चुनौती है जो उनकी प्रारंभिक कविताओं में ज्यादा ठोस, ज्यादा कांक्रीट थी :

'ढीली इस जीवन की कमान
कसनी है,
छूटेंगे जिस पर कड़े प्राण
के तीर, जो कि
भेदेंगे सातों आसमान'

x x x

'टूटेंगे अरि दल के पहाड़
के पहाड़
जब जन-बल का सागर दहाड़
कर उट्‌ठेगा
करता विचूर्ण फ़ासिस्ट हाड़।'

(जीवन की कमान/ उदिता)

इसी दौर में उन्होंने 'बंगाल का अकाल' पर कई कविताएँ लिखीं। 'बंबई के 70 वर्ली किसानों को देखकर 'नाविकों पर बमबारी', 'जहाजियों की क्रांति', 'य' शाम' जैसी अनेक यथार्थ और वस्तुपरक प्रगतिवादी कविताएँ इसी समय की हैं। 'कश्मीर', 'फिर वह एक हिलोर', 'निजामशाही : 1948' जैसी राष्ट्रीय कविताएँ तत्कालीन राष्ट्रीय संघर्ष को लेकर लिखी शमशेर की ठोस कविताएँ हैं।

शमशेर की संवेदना और काव्य-व्यक्तित्व का विकास वृक्ष की तरह हुआ है। रोमानियत प्रारम्भ में जड़ों की तरह अधोमुखी रही है, इसे उन्होंने स्वयं 'घोर वैयक्तिक अतार्किक भावुकता' कहा है। (मार्क्सवाद से संपर्क के बाद) उन्होंने उपर्युक्त ठोस और स्थूल कविताएँ लिखी हैं जो वृक्ष के तने की तरह हैं। इसके बाद वे शाखाओं, पत्तों, पुष्पों की तरह आकाश में खुले-खिले हैं। वृक्ष एक ही है परन्तु आकार, प्रकार, अभिव्यक्ति बदली हुई है। इसीलिए यद्यपि बाद में उन्होंने समकालीन समस्याओं को इस तरह प्राय: रेखांकित नहीं किया, हालाँकि उनके अक्स उनकी कविताओं में कलात्मक माध्यम से उतरे और दिशाओं में खुलते

गए। लगता है कि ठोस आवेगपरकता धीरे-धीरे उनके काव्य में अधिक सूक्ष्म, परिष्कृत और कलात्मक होती गयी यानी घटनाएँ अंतर्वस्तु का रूप लेती गयीं जो पदार्थ को नहीं, अर्थ को संप्रेषित करती है। यही रचना को कालांतर में संप्रेषित हो सकने की शक्ति देती हैं। वैसे भी रचना में जो सन्दर्भ होता है वही बाद में 'अर्थ' या 'संवेदन' के रूप में मनुष्य की अंतर्वृत्तियों को प्रभावित करते हुए रचना को कालजयी बनाता है। इसके भीतर उस मानस-वृत्ति का स्वरूप नहीं, बल्कि दी गयी दिशा और सर्जनात्मक भूमिका प्रमुख हो जाती है। वही मूल्यांकन का आधार भी होती है।

कवि की अंतर्वस्तु पर ही निर्भर करता है कि वह अपने संवेदन को क्या शक्ल और कैसी दृष्टि देता है। उदाहरण के लिए कबीर अपने दार्शनिक और आध्यात्मिक संवेदन को (क्योंकि वे मूलतः संत थे) सिर्फ भगवत्-स्मरण, गुरु-सेवा या षट्चक्र-भेदन तक सीमित नहीं करते; समाज से परे कोई एकांत संसार नहीं बनाते, बल्कि समाज के चौरस्ते पर खड़े हो जाते हैं। क्योंकि संतत्व ने उन्हें इतना निर्भय, निश्शंक और दृष्टि-सम्पन्न बना दिया है कि वे किसी भी सांसारिक व्यक्ति की तुलना में सामाजिक-धार्मिक रूढ़ियों, पाखण्डों पर अधिक प्रबल और अचूक प्रहार कर सके। अध्यात्म जहाँ एक ओर उन्हें आत्मा की अनश्वरता, निर्लोभ, सांसारिक जीवों से कुछ पाने की अनपेक्षा देता है, वहीं उन्हें मृत्यु भय, स्वार्थ, यश आदि की कामना से मुक्त करके ऐसा निर्भय चरित्र भी देता है, जो उनके धार्मिक संवेदनों को लौकिक प्रयोजन का उपकारक बना देता है। ऐसी स्थिति में क्या उनके आध्यात्मिक संवेदन की व्याख्या सामान्य प्रतीतियों से की जा सकती है? कवि द्वारा स्वयं की खोज करनेवाली सरणियों से गुजरे बिना तो हम सिर्फ उसकी कविता का सपाट वर्गीकरण और एक कवि के भीतर दो या कई कवियों की अवधारणा करते रहेंगे। कबीर को विद्रोही, समाजचेता कवि कहते हुए हम अकसर भूले रहेंगे कि वे मूलतः दार्शनिक और आध्यात्मिक कवि हैं और इन्हीं संवेदों से उनका विद्रोही और समाज चेता कवि आविष्कृत हुआ है। इस चेतना की समझ के लिए उनके धार्मिक-दार्शनिक-सामाजिक काव्य को मूल संवेदन के संभावित परिणाम में देखने की ज़रूरत है।

सच तो यह है कि कवि अपनी सामग्री कहाँ से लेता है या उसमें निहित अनुभूति-दिशाएँ कौन-कौन सी हैं—इस पर विचार करते हुए हम यह भी नहीं भूल सकते कि वह कैसे इनका नियोजन और संचालन करता है, क्योंकि एक-

सी विषय-वस्तु होने पर भी दो कवि, इसी अर्थ में एक-दूसरे से अलग होते हैं। मान लीजिए कि मुक्तिबोध, कलावादियों का शिल्प 'फैंटेसी' लेते हैं, काफ्का जैसा भय और आतंक उनके मन में भी है, परन्तु वे फैंटेसी का इस्तेमाल यथार्थ के उद्घाटन या यथार्थ के विद्रूप का उद्घाटन करने के लिए करते हैं; वायवीय और कलावादी शिल्प उनके यहाँ रचनात्मक स्तर पर भिन्न रूप लेता है और उनकी भयग्रस्तता का वह अर्थ नहीं है जो काफ्का की भयग्रस्तता का है।

शमशेर से साक्षात्कार लेने जब रंजना अरगड़े पहुँची तो पहला सवाल शमशेर ने ही किया—'आपने वीरेन्द्र जैन को पढ़ा है?'...'मैं अगर किसी कवि से अपने को मिलता-जुलता मानता हूँ तो वह वीरेन्द्रकुमार जैन हैं।' शमशेर की स्वीकारोक्ति से रंजना की तरह औरों को भी आश्चर्य हो सकता है। तमाम समकालीन प्रगतिशील और नये-पुराने कवि जिनका नाम शमशेर बार-बार लेते हैं, उन्हें छोड़कर वे वीरेन्द्रकुमार जैन को याद क्यों कर रहे हैं? इसलिए कि वीरेन्द्रकुमार जैन भी अपने मूल में तीव्र रोमानी कवि हैं। उनके अध्यात्म और विद्रोह की दिशाएँ यहीं से खुलती हैं। दोनों की दिशाएँ (बकौल शमशेर) बाद में अलग हुई, 'अगर्चे बिलकुल अलग नहीं।' यानी शमशेर रूमानी मूल की स्वीकारोक्ति के साथ उससे खुलनेवाली संभावनाओं की ओर भी इशारा कर रहे थे और यह भी कि मूल की समानता के बावजूद कवि की अपनी जिज्ञासा और चिंतन-दिशा के अनुरूप रोमान भिन्न दिशाएँ ले लेता है। वीरेन्द्रकुमार जैन और शमशेर की भिन्न दिशाएँ क्या हैं? वीरेन्द्र कुमार जैन की रोमानियत अध्यात्म की दिशा में मुड़ गयी है जबकि शमशेर की जिज्ञासाएँ और चिंतन-दिशा के कारण उनकी रोमानियत जीवन के विभिन्न पक्षों की ओर। जैसे मुक्तिबोध की भयाक्रांतता; सामाजिक, आर्थिक और बौद्धिक भयाक्रांतता तथा उससे आगाह करनेवाली प्रवृत्ति में बदल जाती है, वैसे ही शमशेर की रोमानियत अनेक वैयक्तिक, सामाजिक, बौद्धिक, नैतिक, प्राकृतिक और वैश्विक दिशाओं को अगोरती है; इसे कहीं वे प्रेम, सौन्दर्य, प्रकृति, तो कहीं व्यक्ति, घटना, कला, लिपि या शोकानुभूति के माध्यम से व्यक्त करते हैं। लेकिन जैसे भय के केन्द्र से निकली मुक्तिबोध की कविता बहुरूपी होते हुए भी भय से लय बनाये रखती है, वैसे ही शमशेर की अनेक दिशाओं में खुलती कविता रोमानियत से अपनी लय बनाये रहती है, इसके उदाहरण हम ऊपर दे चुके हैं। परिणामस्वरूप वे उग्र व्याख्यान देने, भाषा को रेह्टरिक प्रवाह में बहाने, बिखेरने की अपेक्षा उसका बहुत सँभाल

कर सूक्ष्म और व्यंजक उपयोग करते हैं। इसके जरिये वे मानवीय करुणा, सौन्दर्य, प्रेम और मनुष्य–रक्षा के भावों को कविता में एहतियात से सहेजते हुए दिखाई पड़ते हैं। इसे इस तरह देखा जा सकता है जैसे किसी समय निराला ने छंद–मुक्ति को मानव–मुक्ति का पर्याय कहा था, वैसे ही हम भाषा के एहतियात से इस्तेमाल को जीवन की सम्हाल का पर्याय कह सकते हैं। ये सारे तत्त्व शमशेर की मूल रागात्मकता के हैं, इसलिए उनकी रोमानियत पर विचार करते हुए उसे रीतिवादियों, स्वच्छंदतावादियों, हालावादियों की रोमानियत से अलग पहचानना होगा, साथ ही उसे रोमानियत की सामान्यीकृत अवधारणा से भी (जरूरत के मुताबिक) अलगाना होगा, और अलगाव की तमाम रूप–रेखाओं में हमें रोमानियत में बिंधी वेदना पहचाननी होगी। हम उनके जीवन–प्रसंग में देख चुके हैं कि गरीबी और कष्टों ने उनकी 'रोमानियत' को कैसी मानवीय सौगात दी है। इसी से व्यक्तिगत वेदना विश्व–करुणा में बदलती है। फिर भी विश्व–करुणा और विश्वराग को एक बड़े कैनवास में फैलाकर देखना शमशेर की इस भावना की सही व्याख्या नहीं है—क्षुद्र से क्षुद्र चीज में राग और वेदना का अन्वेषण, उसे अपनी संवेदना से स्पर्श करना भी इसका अर्थ है और शायद ज्यादा सटीक, ज्यादा गहरा। एक छोटी–सी कविता देखें जहाँ रूप की सीमा के भीतर विराट–दृष्टि का विरल और विस्फोटक संकेत है :

'बँधा होता भी
मौन यदि
उस व्यथा के रूप से कोमल

जो फिर युग हो
समय पा लेता
उसे तब भी।'

(बँधा होता भी/ कुछ और कविताएँ)

यह 1941 की कविता है, यानी प्रारंभ से ही कवि के मन में वह प्रयोजन निहित था जिसका बाद में विकास हुआ। प्रेयसी के मौन सौन्दर्य के भीतर कवि जिस व्यथा का अनुभव कर रहा है, वह 'रूप' में बँधी या सीमित नहीं है। एक करुण–मौन सौन्दर्य, काल को; (और देश को भी) अतिक्रमित करता है, अर्थात् अनंत तक फैलता है। यह है शमशेर की रूमानी दृष्टि।

शमशेर चीजों को राग और सौन्दर्य के उपादानों के रूप में ही नहीं देखते,

उसके भीतर धड़कते जीवन की अनुभूति भी करते हैं :

'यह खँडहर की साँस
तुम जिसे भर रहे हो वंशी में—
है तंग घुटी-सी सुबह
लाल-सफेद सियाह!'

(निशा निमंत्रण के कवि से/ उदिता)

कवि अपने माध्यम को संबोधित करते हुए कहता है कि *'ओ माध्यम/ क्षमा करना/ कि मैं तुम्हारे पार जाना चाह रहा हूँ।'* यह माध्यम के पार जाना क्या है—भाव, भाषा और अभिव्यक्ति के पार जाना। तभी वह प्रेयसी के हृदय में जो साज बज रहा है, उसमें चाँद देखता है—यह एक अनुभव को बेध कर दूसरे अनुभव में पहुँचना है। खैर, चर्चा चल रही थी माध्यम में, चीजों में जीवन को धड़कते महसूसने की। आप देखें कि शमशेर के यहाँ 'सोनाली धूप चुस्कियाँ पीती है', 'गुंचा जख्मी होता है', 'चाँदनी की उँगलियाँ क्रोशिये बुनती हैं', 'फैक्टरी और मशीनों का हृदय' होता है, 'संध्या विजड़ित चरण खड़ी रहती है', 'लहरें सिर धुनती हैं'। इसका अर्थ है सृजन-माध्यम में अपने प्राण पिरो देना। कविता और अनुभव के समस्त अवयवों में जब तक कवि अपने प्राण नहीं डालता, उसका काव्य-संसार जड़ प्रतिकृति बना रहता है। शमशेर के यहाँ प्राण डालने की यह प्रक्रिया कितनी आत्मपरक और रागरंजित है!

आलोचना की आधुनिक शब्दावली में वस्तु या घटना के प्रति तीव्र संवेदना को नकारात्मक ढंग से लेने का फैशन है। लोग आसानी से कह देते हैं कि फलाँ कविता या कहानी के भीतर रोमानी सोच है—यानी यथार्थ से परे कोई आत्मपरक सरलीकरण! कोई आरोपित आवेग! लेकिन वस्तु तब तक सप्राण और संप्रेषण की तीव्रता हासिल नहीं करती जब तक उसमें कवि या कथाकार अपने प्राण नहीं डालता, यानी अपने को समूचा नहीं दे देता। समूचा देने का भाव ही आत्म-मुक्ति है। बस, देखना यह है कि यह तथाकथित सृजनात्मक आचरण यथार्थ से इतनी दूर न पड़ जाए कि उससे बोध का विवेक समाप्त होकर ऐसी प्रवृत्तियाँ जन्म लें जो अतिरंजना को वामवीय बना दें। आत्ममुक्ति दूसरे शब्दों में रचनाकार का अपने-आप लिया उत्तरदायित्व है क्योंकि यहाँ उसने 'दर्पण' की भूमिका से हटकर अंतर्वस्तु का स्वयं उत्खनन किया है, जिसके लिए वह स्वयं उत्तरदायी

है; अपने विद्रोह के लिए भी और अभिप्राय के लिए भी। शमशेर की यह आत्ममुक्ति उन्हें समग्रता देती है—यानी समग्रता का विवेक और उदारता। कवि की मुक्ति किस अर्थ में हुई है, इसे आप स्वयं देख सकते हैं :

‘ मैं जो हूँ
मैं कि जिसमें सब कुछ है...

क्रान्तियाँ, कम्यून
कम्युनिस्ट समाज के
नाना कला विज्ञान और दर्शन के
जीवन्त वैभव से समन्वित
व्यक्ति मैं।
मैं, जो वह हरेक हूँ
जो तुझसे, ओ काल, परे है।’

(काल तुझसे होड़ है मेरी)

यह है अपने ‘मैं’ को समग्र में व्याप्त महसूस करने की विराटता और यह विराटता अराजकता नहीं, अविवेक नहीं, उत्तरदायी विश्व×चेतना है, एक मंथन है जो तमाम अनुभवों, वस्तुओं और माध्यम को घंघोल देता है, सिर्फ घंघोलने के लिए नहीं, उनके संयोजन या सम्मिश्रण से उस ‘दर्शन’ को पाने के लिए जो इकहरे प्रयास से नहीं मिल सकता, शायद एक विराट समुद्र-मंथन से ही मिल सकता है :

‘ कवि घंघोल देता है
व्यक्तियों के जल
हिला-मिला देता है
कई दर्पनों के जल
जिसका दर्शन हमें
शान्त कर देता है
और गम्भीर
अन्त में।’

(कवि घंघोल देता है/ काल तुझसे होड़ है मेरी)

शमशेर की कविता में समग्रता ही नहीं, बहुलता भी है, और वे इसे कलम की नियति भी मानते हैं :

'इक कलम है और सौ मज़मून हैं
एक क़तरा खूने दिल तूफान है।'

(कुछ शेर/ कुछ और कविताएँ)

अब आप देखिए न—जो युग रुदन का नहीं था, उसमें भी शमशेर ने मित्रों, स्नेहियों, कवियों, कलाकारों की मृत्यु पर जितनी कविताएँ लिखीं, उतनी किसी आधुनिक कवि ने नहीं। उन्हें जब भी किसी घटना, विचार, सम्बन्ध, रूप या अनुभूति ने भीतर तक छुआ है—वह उनकी कविता में उतर आयी है। इसी वैविध्य ने उनके काव्य को 'रागात्मक ऐश्वर्य' दिया है और दिया है एक रचनाकार का प्रजातंत्र। मनुष्य के मन को जिस कोण से, जिस तरह कोमल बनाया जा सके, सहलाया जा सके, उसे अँधेरे सँकरे संसार से मुक्त किया जा सके; सत्य और सुन्दरता की अनुभूति से छुआ जा सके, कठोरता को बेधा जा सके, घृणा और युद्ध के विरोध में खड़ा किया जा सके और संघर्ष का बल दिया जा सके—इसी प्रयास में लगी शमशेर की कविता विश्वनागरिकता का एक मार्मिक आख्यान है।

वास्तव में एक बड़े कवि का लक्षण ही यह है कि वह मनुष्य के सुख में, दुख में, लघुता में, विराटता में, आशा-आकांक्षा में—यानी कि हर वक्त, उसके साथ रहे और साथ रहने का आश्वासन दे। शिविरों के चलते उनकी 'अमन का राग', 'जहाजियों की क्रान्ति', 'पिकासोई कला', 'ये लहरें घेर लेती हैं' जैसी पचीसों कविताओं में इस या उस कारण से हम कोई खामी दिखा सकते हैं या उन्हें निरस्त कर सकते हैं परन्तु तटस्थ दृष्टि से सोचें तो ये कविताएँ सच्चाई, सौन्दर्य, करुणा और संघर्ष की मार्मिक अभिव्यक्तियाँ हैं। उनकी मृत्यु के बाद प्रकाशित संग्रह 'कहीं दूर से सुन रहा हूँ' की कई कविताओं में सूक्ष्म आध्यात्मिक संकेत है। लगता है कि निराला की 'प्रार्थना' कविताओं के काल जैसी मन:स्थिति हो गयी थी तब उनकी। लेकिन यह तात्कालिक स्थिति ही नहीं थी, 1953 से 58 के बीच लिखा एक गीत 'भजन' इसमें संकलित है, जो भक्त-कवियों जैसी मन:स्थिति का है—*'हरि मोरी आड़ हरी ही केवाड़'*। ये बीज अन्त में पल्लवित हुए। इस पल्लवन में भारतीय योग और दर्शन की भूमिका भी देखी जा सकती है :

'अगम भाव
स्वयं उदधि स्वयं नाव
ना ना गतियों पार, जाते किस परम्
आत्मा का अद्‌भुत बहाव
लिए—
चीर सु षु म् ना की कमर
आदि ब्रह्म तल में
पकड़ वही बिन्दु
जहाँ नाभि-नभ नभ-नाभि
नाल—
तल-बिन्दु।'

में स्थित
ओ अशेष। (ओ अशेष...)

(एक दुस्तर आध्यात्मिक प्रयास/कहीं बहुत...)

इन सबको शामिल किये बिना शमशेर की संवेदना, समग्रता में शायद ही समझी जा सके :

'मृत्यु के परे की मेरी जन्म-शक्ति
आओ...
मेरे विश्व संचित प्रिय
गहनतम
मेरी पूर्ण आत्मा को
और और और अधिक अपनाने आओ!' (क्या हो गया बोलो/ उदिता)

इस विरल और उदात्त पुकार को क्या उनके राग-संसार का विस्तार नहीं कहना चाहिए, क्योंकि राग-केन्द्र के तमाम बड़े कवियों को हमने इस महाराग तक पहुँचते पाया है। उक्त कविता में 'विश्व संचित प्रिय' बहुत सार्थक और प्रतीकात्मक है। महाराग का अतीन्द्रिय आध्यात्मिक बोध उनका संचित लौकिक राग है—उसी का विस्तार और उदात्तीकरण। इस अर्थ में मुझे लगता है कि अब जो कविता मैं उद्धृत कर रहा हूँ वह सिर्फ प्रेमिका को संबोधित नहीं है, सम्पूर्ण

मानवता को सम्बोधित है क्योंकि यह 'सन्दर्भ' कविता के समग्र प्रभाव में एक 'अर्थ' हासिल करता है जो किसी बिन्दु से झरते प्रकाश की तरह मनुष्य के केन्द्र को ही नहीं परिधि को भी घेरता है—जहाँ तक पहुँचना संभव हो, मन का :

' धरो शिर
हृदय पर
वक्ष वह्नि से —तुम्हें
मैं सुहाग दूँ
चिर सुहाग दूँ!
प्रेम-अग्नि से —तुम्हें
मैं सुहाग दूँ!
विकल मुकुल तुम
प्राणमयि
यौवनमयि
चिर वसन्त —स्वप्नमयि
मैं सुहाग दूँ
विरह-आग से —तुम्हें
मैं सुहाग दूँ।'

(गीत/ कुछ और कविताएँ)

वीरेन्द्रकुमार जैन

प्रज्ञा-चक्षु कवि का काव्य (आ) लोक

उसने इन्द्रिय-गम्य सीमा को तोड़ देने के लिए ऐन्द्रिक अनुभूतियों के सीमांत बींधे थे। *(अनागता की आँखे)*

अपने प्यारे कवि जॉन कीट्स पर लिखी वीरेन्द्रकुमार जैन की ये पंक्तियाँ क्या खुद उन पर लागू नहीं होतीं? वीरेन्द्र भौतिक संसक्तियों के कवि उसी सीमा तक हैं, जिस सीमा तक वे उसके सीमांत बींधकर उसके पार जाना चाहते हैं। अर्थात्, वे मौजूदा जीवन की तमाम यातनाओं को झेलते हुए भी अतींद्रियता के कवि हैं। उनकी कविता के एक साथ दो आयाम हैं—अपने संसार का गहरा परिताप और परा संसार का आह्लादमय आलोक-अनुभव। इस तरह वे एक साथ भौतिक संसक्ति और आध्यात्मिक चेतना के कवि हैं—एक साथ मार्क्स और अरविंद का समंजन—फिर भी उनसे उत्तीर्ण। अपने नवीन दर्शन का प्रतिफलन न वे मार्क्स की यांत्रिक आर्थकता में देख पाते हैं और न अरविंद की वैयक्तिक स्वायत्तता की मूर्धा में। अपने आरंभिक दौर में वे मार्क्स से लेते हैं ऐहिक साम्य-भाव और अरविंद से लेते हैं आध्यात्मिक अतिक्रान्ति। वे एक को अनिवार्य मार्ग मानते हैं और दूसरे को अनिवार्य गंतव्य।

जहाँ तक साहित्यिक स्वात्मता का सवाल है, उन्होंने उसके सभी समकालीन पड़ावों को अतिक्रांत किया है। उन्होंने छायावाद की कल्पक वायुमुखता को नकारकर मांसल सौन्दर्य की सृष्टि की, लेकिन बच्चन आदि की तरह उसी में मदहोश नहीं हुए, उसे कामाध्यात्म का एक सांकेतिक माध्यम बनाया। लेकिन इससे उसकी स्थूलता बाधित नहीं हुई; उदात्त भले हो गयी हो। फिर, प्रगति-युग में पैगम्बरों, योगीश्वरों, बोधिसत्त्वों और तीर्थंकरों तक को एक जनवादी प्रोग्रेसिव की तरह चुनौती देकर भी मतवादी बद्धता के घेरे तोड़ वे उसके पार आ खड़े हुए। नितांत बौद्धिकता के परवर्ती युग में अपनी प्रज्ञात्मक चेतना के बावजूद

वे निरे बौद्धिक नहीं हुए और भावलोक की अनहोनी घटना का इंतजार करते रहे, प्रयोगवादियों की तरह सिर्फ मन पर ही नहीं, शरीर पर भी सम्पूर्ण संघात और संताप झेलकर भी वे कुंठित नहीं हुए। केवल यही बात इस कवि की निर्वैयक्तिक साधना का सबसे बड़ा प्रमाण है।

यानी अतिक्रान्ति वीरेन्द्रकुमार जैन के चिंतन, काव्य और व्यक्तित्व—तीनों का बीज है। जहाँ प्रगति रुक जाती है, प्रयोग चुक जाते हैं, बौद्धिकता जड़ हो जाती है, दर्शन जाने से इनकार कर देता है और व्यक्तित्व सर्वहारा, सर्वहत या क्षुब्ध हो जाता है—वहाँ वीरेन्द्र नयी उदात्ततर भूमि की तलाश को निकल पड़ते हैं। तभी न वे 'आउट-साइडर' हैं। नित्य-अन्वेषी व्यक्ति जो दर्शन, चिंतन और जानी हुई भूमियों को फलांग उनके पार हो जाए, हर जगह आउट साइडर ही तो बना रहेगा। लेकिन वैचारिक तार्किकता, विवेक और साहित्यिक मानदण्ड की यह मजबूरी है कि वे व्यक्तित्व को अपरिभाषेय कहकर अपनी अक्षमता जाहिर नहीं कर सकते। इसीलिए शायद साहित्य के 'मुगलिया का एक मामूली दरबारी' भी यह कवि नहीं बन पाया। इक्कीस तारोंवाले एचकताने बाजे का एक तार भी नहीं। वीरेन्द्रकुमार जैन कम-से-कम ऐसे कवि तो कभी नहीं रहे, जो अस्पष्ट विचारोंवाले प्रयोगधर्मी नवलेखकों में भी स्थान पा सकने के योग्य न हों—बहरहाल।

क्या इस अतिक्रांति का ही नतीजा नहीं है कि दिनकर को वीरेन्द्रकुमार जैन के काव्य की भूमिका लिखने के लिए कोई उपयुक्त भाषा नहीं मिलती? वीरेन्द्र ने कविता को भाषा दी ही कब है? उन्होंने भाषा को दिया है अंतर्बोध। नम्रता के लिहाज से अपनी वाणी को कवि ने 'दिगम्बर' कहा है। मगर वह प्रचलित अर्थ में नंगी नहीं है—इतनी व्यापक है कि भाषा का कपड़ा उसे ओछा पड़ता है, उसे चाहिए एक आक्षितिज वसन! (भाषा के बारे में 'शून्य पुरुष और वस्तुएँ' के फ्लैप पर कही बातें मुझे काफी बड़बोली लगी थीं। लेकिन वीरेन्द्रजी की तमाम कविताएँ पढ़ लेने के बाद वे मुझे एक हद तक सही जान पड़ती हैं। खासकर जिस किस्म का अवबोधन उनके काव्य में है, उसके लिए उनका भाषा-संवेदन बहुत उर्वर है।)

वीरेन्द्रकुमार जैन के काव्य पर शुरू से गौर करें तो दो बातें सारे वैविध्यों,

विषयांतरों या असमताओं के बावजूद उभरकर सामने आती हैं : एक है उनकी चुनौती-भरी मुद्रा (जिसकी प्रतीक-कविता है—'यातना का सूर्य-पुरुष') और दूसरी है लोक-संवेद्यता। यद्यपि ये दोनों काव्य-गुण संश्लिष्ट हैं, फिर भी पहली बात से तो किसी को इनकार नहीं हो सकता। क्योंकि उनकी सर्वतोमुखी अतिक्रांति में विभिन्न भूमियों को तेजी से लाँघने की जो उत्कटता और आत्मविश्वास है—वह कूच करने जैसी चुनौती है। जहाँ तक लोक-संवेद्य भूमिका का प्रश्न है—यह उनके काव्य में अधिकाधिक जटिल होती हुई पहेली की तरह है, जिस पर एक लम्बी बहस की जरूरत है।

'अनागता की आँखें' और 'यातना का सूर्य-पुरुष' में वीरेन्द्र की आध्यात्मिक चेतना इतनी मुखर नहीं है, जितनी 'शून्य पुरुष और वस्तुएँ' में हैं। पहले दो के संग्रहों में अध्यात्म सम्पुट में हैं, जिसके दो पुट हैं : मांसल अनुभूति और द्वन्द्वात्मक भौतिकता। देहबोध और विद्रोह के बावजूद उनके काव्य में अदम्य आस्था और संकुल तरलता झाँक ही जाती है। कविता के अन्त तक जाते-जाते वे ढरक जाते या उदात्त हो जाते हैं। क्योंकि प्रारम्भ से ही कभी भी वीरेन्द्र आस्तिकता का भयंकर संत्रास झेलते हुए भी कुंठित नहीं हुए। उपालंभ, क्षोभ और यहाँ-वहाँ विद्रोह के रूप में उनका यातना-लोक पिघलकर रचना में बहने लगा हो तो अचरज नहीं। 'शून्य पुरुष और वस्तुएँ' तक आते-आते वीरेन्द्रकुमार जैन खालिस तीर्थंकरी प्रज्ञा और अनुभूति से ओतप्रोत हो गये हैं। लेकिन फिर भी धरती को सम्हाले हुए उसे अध्यात्म-लोक में रूपांतरित करने को विह्वल लगते हैं :

'जीवन अपनी सारी विभीषिकाओं,
यातनाओं, पीड़ाओं, परेशानियों,
पतनों, कुंठाओं, अवरोधों के साथ,
मुझे प्रिय है, शिरोधार्य है—
अपनी सम्पूर्ण द्वन्द्वात्मकता में,
सामासिकता में।'

(शून्य पुरुष और वस्तुएँ)

आध्यात्मिक होकर भी तर्क को मान्यता देना वीरेन्द्र के काव्य में गौर करने की चीज है। संत्रास और कुहासे के बीच से जैसे उन्होंने अपना परालोक शोध निकाला है, वैसे ही वे संसार के बीच प्रसरित दुखों-द्वन्द्वों को अपने यूटोपियन

परा-संसार में बदलने का स्वप्न देखते हैं। सम्भव है, यह सब उनके लिए हकीकत हो, लेकिन उन्होंने अपने काव्य में ऐसी कोई प्रक्रिया ईजाद नहीं की है, जिससे सम्पूर्ण संसार का व्यक्तित्वान्तरण संभव हो, शक्तिपात से दीक्षित, अतिमानवीय व्यक्ति भले ही भौतिकता को अतिक्रांत कर सकता हो। लेकिन यह प्रक्रिया, फिर भी, वैयक्तिक साधना ही है—व्यापक जीवन के लिए कोई निर्णयात्मक हल नहीं है।

सहसा सोये-सोये शून्य हो जाना या छलाछल भर जाना एक वैयक्तिक अनुभूति है, और उच्चतर साधना का नतीजा है। इसका सामान्यीकरण नहीं किया जा सकता। जिस स्थिति का अवबोधन कवि को हुआ है, वह क्या हमारे अपने संसार का अनुभव है ? आप देखें :

'वैषम्य कहीं नहीं है,
पराजय कहीं नहीं है,
सीमा कहीं नहीं है,
अंत कहीं नहीं है,
भंगुरती कहीं नहीं है,
मृत्यु कहीं नहीं है।'

(शून्य पुरुष और वस्तुएँ)

हम इंतजार करेंगे उस वक्त का जब ये सब कहीं नहीं होंगे। परन्तु हमारे आस-पास इतना घटाटोप अँधेरा है, इतनी विषमता है, इतने संत्रास हैं, इतनी पराजय है कि हम इस घनघोर आस्था के मानी नहीं निकाल पाते।

वीरेन्द्रकुमार के काव्य को लेकर ये बातें उठ सकती हैं, उठनी भी चाहिए। क्योंकि एक तो यह कवि हमारे अपने संत्रास और सन्निपात की दुनिया का अचूक शिकार हुआ है। दूसरे, वह इसी दुनिया को बदल देने का या बदलने की संभावना का दावा करता है। तीसरे, वह मार्क्स के दर्शन से गुजरा है और उसे लोक-मंगलकारी मार्ग भी मानता है। चौथे, वह नित्य गतिशील ऊर्ध्वतर चेतना में विचरता है और यदि उसे यह इहसास हो जाए कि उसका मौजूदा दर्शन मनुष्य को यथास्थिति से उबारने के लिए नाकाफी है और पूँजीवादी समाज के हितों की प्रच्छन्न सुरक्षा कर रहा है, तो शायद वह उससे पराङ्‌मुख होकर कोई वास्तविक समाधान भी खोजे।

आस्तिक कवि से अनास्तिक पद्धति से बात करना मुझे नहीं जँचता।

इसलिए अगर हम यह मान भी लें कि उसकी बतायी चेतना और अतिक्रांति मनुष्य का गंतव्य है और वह उस तक पहुँचे बगैर रह नहीं सकता, तो उसे पाने का न्यायसंगत रास्ता क्या है? क्या क्रांति के बगैर ही अतिक्रांति की जा सकती है? सवाल व्यक्ति का नहीं, मनुष्यमात्र का है, खासाकर उस मनुष्य-समूह का, जो दलित है, शोषित है, सर्वहत है। क्या जीने की आवश्यक शर्त पूरी किये बिना उसके लिए बिम्बित परालोक का आलोक एक दूसरे किस्म की मृगतृष्णा नहीं है?

कविता योग की अध्यात्म-साधना नहीं है। वह एक लौकिक और जागतिक घटना है। एक आध्यात्मिक युटोपिया की खातिर सामान्य मनुष्य को जागतिक सम्बन्धों की निरर्थकता का सीमांत जान लेने के लिए सारी यातनाएँ और शोषण सह लेने की सलाह क्योंकर दी जा सकती है? इससे उबरने का नहीं, निबटने का एक स्पष्ट रास्ता संघर्ष का रास्ता ही हो सकता है।

कवि का यह अनुभव तथ्यों से समर्थित है कि जो सर्वहारा की वकालत करते हैं, वे ही गद्दीनशीन होकर फासिस्टों, पूँजीपतियों और सामंतशाहों की सी हरकतें करने लगते हैं। लेकिन इससे यह कहाँ प्रकट हुआ कि संघर्ष को दूषित करनेवालों की वजह से रास्ता ही दूषित हो गया है? और क्या आध्यात्मिकता की बहस करनेवालों ने इसी मार्ग को कम दूषित किया है?

वीरेन्द्रकुमार प्रज्ञाचक्षु कवि हैं। देह से सबकुछ भोगते हुए भी वे देखते अन्तर्बोध की आँखों से ही हैं और जो निर्णय लेते हैं वह भी अंतःप्रज्ञा से ही। भौतिक यातनाओं को यथार्थदर्शियों और प्रगतिपंथियों से भी अधिक वेधक और जहरीले स्तर पर झेलते हुए उसके सम्पूर्ण विष को अपूर्व उल्लास से पीकर, उससे उत्तीर्ण हो जाना और कविता के अमृतत्व में उसका रूपायन करना कोई छोटी-मोटी साधना नहीं है। गहरी और प्रणम्य साधना है। लेकिन फिर कहूँ—वह आत्मगत उपलब्धि है—व्यक्तित्व और काव्य, दोनों स्तरों पर उसका सामान्यीकरण संभव नहीं है।

अगर हम मनुष्य के सोये हुए अंतर्बोध को आध्यात्मिक ढंग से जगाना चाहें भी तो इसके क्या नतीजे हो सकते हैं? जिस जातीय गुण के कारण हमें मनुष्य के रूप में आक्रांत और शोषित किया जाता रहा है, क्या कवि उसी की पुनरावृत्ति चाहता है? आध्यात्मिकता का राजनीतिक प्रयोग गाँधी-युग में अत्यंत सफल होकर भी उसके तुरन्त बाद उसकी पैरोडी बन गया। फिर भी गाँधी ने उसे एक

निश्चित कार्यक्रम, एक निश्चित धारणा और एक निश्चित दृष्टि दी थी—वहाँ तक आध्यात्मिकता का इस्तेमाल संभव था। लेकिन जिस अध्यात्म के पास मनुष्य को बदलने और उसकी हालत को सुधारने का कोई निश्चित कार्यक्रम न हो—वह पूँजीवाद के हाथ का खिलौना-भर बनकर रह जाता है (एक सामूहिक अर्थ में)।

पूँजीवाद हमेशा मन्दिरों के इतने ऊँचे गुम्बद उठाता है कि उसके महल और उसकी ऐयाशी उनके पीछे छिप जाए। वह धर्म-कर्म का शंख इतनी जोर से फूँकता है कि उसके शोर में क्रांति के सत्य की आर्त चीख दब जाए। इसलिए पूँजीवादी सभ्यता को ही विधायक और नकार, दोनों अर्थों में आध्यात्मिकता की जरूरत होती है। जो लवैण्डर की खुशबू में लिपटे, वायलेटी दुपट्टा ओढ़े आलीशान इमारत की रेलिंग पर खड़े हैं, जो भौतिकता से परेशान और ऊबे हुए हैं—यह उनका सिरदर्द है कि वे सहसा आत्म-विस्मृत हो जाएँ और देखते-देखते किसी अदृश्य लोक में संचरण करने लगें। वीरेन्द्रजी ने मौजूदा पश्चिम के जिस उच्चतर विकास की चर्चा की है, उसके सिलसिले में यही कहा जा सकता है कि उस गोलांश की सम्पन्नता उबकाई के स्तर पर पहुँच चुकी है। भौतिकता को गले-गले भोग लेने के बाद ही उससे उत्तीर्ण होने का सवाल पैदा होता है। हम तो पहले ही नंगे हैं, दिगम्बर हैं, खालिस योगी! हमें मौजूदा संसार में पहले ठीक-ठाक ढंग से अपनी इयत्ता हासिल करनी है—तभी तो हम उससे ऊपर उठेंगे!

आध्यात्मिकता और सांस्कृतिक अवबोध की जड़ें हमारे जातीय संस्कारों में बहुत गहरी हैं। इसलिए तमाम विषमताओं के बावजूद इस भावना का संक्रमण हममें बहुत आसानी से हो जाता है। भारतीय जीवन से आध्यात्मिकता को निकाल फेंकने-जैसी इतिहास-विरोधी बातों में अपना वक्त जाया न करते हुए उसका क्रांति, आत्म-बलिदान, सत्यनिष्ठा, कर्मठता और समता के सिलसिले में बेहतर और प्रासंगिक इस्तेमाल किया जा सकता है, अन्यथा सन्दर्भों में यह प्रसंग छेड़ना एक बेसुरी आवाज ही होगी।

—इतिहास की आवृत्ति से हम आसानी से जान सकते हैं कि आध्यात्मिकता की बद्ध चेतना के कारण हम भले एक संस्कृति के रूप में जीवित रह सकें, लेकिन इसी वजह से हम सर्वदलित, सर्वआक्रांत और सर्वहारा हुए। क्या ऐसा नहीं हो सकता कि हम संस्कृति के रूप में जिन्दा भी रहें और पूरी तरह विकसित

भी हों। हीनता-ग्रंथि से मुक्त हों? वीरेन्द्रकुमार जैसे कवि से हम ऐसी प्रक्रिया को तलाशने की आशा कर सकते हैं, क्योंकि अब भी उसे नयी एवं अपूर्व राह की तलाश है।

यहाँ मुझे प्रसाद की सहसा याद हो आयी है। प्रसाद के नाटकों, कथाओं में आनंद किस्म का एक पात्र लोक के बीच निस्पृह करुणा और चेतना बिखेरता रहता है। वह एक अर्थ में समाज का चिकित्सक होकर उपस्थित है—दार्शनिक होकर नहीं। इस पात्र के द्वारा प्रसाद ने राजनीतिक, सामाजिक और वैयक्तिक—तीनों भूमियों पर बड़ी विधायक भूमिकाओं का निर्वाह करवाया है। 'कामायनी' में भी जब मनु वानप्रस्थ-मुद्रा में होते हैं तो वे और श्रद्धा अपने स्वात्मांश को लोक-निर्माण के लिए अर्पित कर, आगे की भूमियों का आरोहण करते हैं। शासक बन भीति न फैलाने की सलाह देते हैं। वह एक तरह से लोकवाद ही है। हिमालय पर उनसे मिलने इड़ा, मानव और सम्पूर्ण सारस्वत प्रदेश के लोग जाते हैं। मनु-श्रद्धा उनमें एक व्यापक भाव-बोध, एक उन्नत व्यवस्था के प्रति अंतःस्फूर्ति उत्पन्न करते हैं और इस तरह (मुक्तिबोध के आरोप के बावजूद) वे लौकिकता और आध्यात्मिकता का ऐसा समन्वयन करते हैं—जिससे भौतिक जीवन को सम्पूर्णता प्रदान की जा सके। इस तरह का प्रयास वीरेन्द्र की कविताओं में नहीं झलकता—यानी आध्यात्मिकता का सामूहिकीकरण। वे लिखते हैं—

> 'मेरी आत्मकथा अपने विस्तार में अंततः सर्वकथा हो-होकर रही है। आत्मानुभूति ही यहाँ विश्वानुभूति हो गयी है। आत्यंतिक रूप से वैयक्तिक संवेदना में लिखी जाकर भी, मेरी लम्बी कविताओं में अनायास एक ओर युग की समस्याओं, संघर्षों, पीड़ाओं तथा दूसरी ओर सार्वकालिक तथा सार्वदेशिक मानव-आत्मा की अस्तित्वगत मौलिक वेदनाओं और अंतर्द्वन्द्वों का एकबारगी समावेश और संश्लेष हुआ है।'

यानी वीरेन्द्रकुमार एक साथ भौतिक इन्वाल्वमेंट और आधिभौतिक चेतना-द्वन्द्व के कवि हैं, इसके आगे वे अतिमानस के कवि हैं। लेकिन उनके काव्य में सारे संघर्ष और समस्याएँ—पीड़न को परीक्षा की तरह सहन करने और उनसे आधिभौतिक और आध्यात्मिक सतहों पर उत्तीर्ण होने की प्रेरणा देने के लिए उपस्थित हैं। मानसिक द्वन्द्वों और संघर्षों का समाधान आध्यात्मिक जगत् में भले

हो, शुद्ध भौतिक कष्टों का इलाज आध्यात्मिकता नहीं हो सकती।

यह सारी चर्चा इसलिए की गयी है कि हम जिस कवि से मुलाकात कर रहे हैं, वह सर्जनात्मक स्तर पर महाप्राण कवि है। उसकी सृजनात्मक प्रतिभा विलक्षण है। उसके काव्य की उदात्ततम गहराइयाँ हमें समुद्र के सामने लाकर खड़ा कर देती हैं। वीरेन्द्रकुमार का मूल्यांकन करते हुए उक्त तमाम बहसों के बाद भी यह ध्यान देने की बात है कि वे भाव-प्रधान कवि हैं, बौद्धिक कवि नहीं। इसके अलावा उन्होंने अपने दर्शन का काव्यीकरण और आधुनिकीकरण दोनों किया है। उनके काव्य की अदम्य भास्वरता और अनुभूतिपूर्ण आस्तिक यातना प्रदीप्त और विह्वल दोनों करती है। उनके काव्य में देह, मन और प्राण के मंथन से निकला अमृतत्व है। दिनकर ने संभवतः इसीलिए 'शून्य पुरुष और वस्तुएँ' को हिन्दी का परम श्रेष्ठ काव्य-ग्रंथ कहा है। फिर भी यह काव्य 'नखत की आशा किरण समान' बनकर रह गया; हमारी अपनी जमीन के लिए यह जगत प्रकाश्य फिर भी नहीं बन पाया। इतना अवश्य है कि इसकी कक्षा में पहुँचने पर यह आलोकित करता है, और यह आत्मगत काव्य की एक उपलब्धि है।

वीरेन्द्रजी की कविताएँ सहज बोध और स्वयं-प्रकाश्य ज्ञान की कविताएँ हैं। इनमें आत्म-प्रत्याभिज्ञान अपनी ऊर्ध्वतम सीमाओं पर पहुँचा है। वीरेन्द्र की कविताएँ मुक्तिबोध के भिन्न छोर पर खड़ी कविताओं में अपनी शक्ति और गरिमा में अद्वितीय हैं। उनका उत्तरकालीन काव्य मूलतः एक ही कविता है जो कवि की ईमानदारी का साक्ष्य है। यह कवि की आस्तिक पीड़ा का निचोड़ और अतिक्रांति के स्तर पर उसकी परम उपलब्धि है। इन कविताओं में आधुनिक महानगरीय संसार के उपादान बड़े सधे और अनुभूत ढंग से सँजोये गये हैं। वे तेज, कटु, स्निग्ध और गंधवान इमेजरी का एकसाथ बहुविध आस्वाद देती हैं, और फिर भी एक ऐसे दुःसह लोक का साक्षात्कार कराती हैं—जिसकी सीमा को अतिक्रांत करना या उसके पार पहुँचना लाजमी लगता है। कवि नितांत आधुनिक भाषा से अपने दार्शनिक, अव्याकृत लोक को पकड़ने की विह्वल लेकिन कारगर कोशिश करता है।

वीरेन्द्रकुमार की कविताएँ अकसर मुक्तिबोध की तरह लम्बी होती जाती हैं। लेकिन मुक्तिबोध की लम्बी कविताएँ और बिम्ब-शृंखलाएँ मनुष्य के गहरे और परेशान उलझावों, शोषणों और संघर्षों की ऐहिक अभिव्यक्तियाँ हैं, जबकि

वीरेन्द्रकुमार की ऐसी ही बिम्ब-शृंखलाएँ और उनसे भी लम्बी कविताएँ उनके मनोलोक की यातनाओं और आध्यात्मिक ऊर्ध्वगमन की संश्लिष्ट अभिव्यक्तियाँ हैं। उनमें भौतिक यातनाएँ भी नितांत मानसिक और आध्यात्मिक अतिक्रांति की ओर इशारा करती लगती हैं, जबकि मुक्तिबोध की कविताएँ भौतिक क्रांति की ओर! दोनो कवि सर्जनात्मक अनुभव में गहरे डूब जाते हैं, लेकिन एक, भीतर धँसकर मनुष्य की गहरी जीवनगत व्यथा का साक्षात्कार करने को, क्रांति की 'तेजस्क्रिय मणियाँ' प्राप्त करने को परेशान है और दूसरा गहरे इसलिए धँसता है कि मोती की आब के भीतर छिपी किसी समुद्र-सी इटर्निटी को खोज ले :

कि तुम अंतलांत सागरों के भी
अतलतम गर्भ की
परमगोपन सागरिका हो :
कि तुम उस सागरिका की,
तलशायिनी सीपी के
भीतरतम की
अब तक अनछुई सीपी हो :
कि तुम उस सीपी के
मर्म में दीपित मोती के भी
अंतर्तम जलाभ कक्षों की
चिरतरला मोती हो!
कि तुम उस मोती के भीतर
संविलीन
मेरे अन्तिम अपनत्व की संपदा हो :
इसी से, ओ, मेरी इटर्निटी,
तुम्हें पाने का अन्त नहीं है।

(शून्य पुरुष और वस्तुएँ)

इसलिए इस डूबकर लिखनेवाले कवि के काव्य-संसार में बिना डूबे उसकी गहनतम अनुभूतियों को नहीं पाया जा सकता। आध्यात्मिक आस्तिकता के बिना भी, विशुद्ध अंतर्बोध के स्तर पर भी, इन्हें ग्रहण करें तो एक मानसिक खुलापन इनमें हासिल होता है। बेहतर होता कि वीरेन्द्रकुमार जैन अपनी लम्बी-लम्बी भूमिकाओं की बहस में न उलझते, क्योंकि इनके कारण, उन्होंने कैसे

हासिल किया है, यह प्रधान हो गया है और क्या हासिल किया है, यह गौण रह गया है। पूर्व-पश्चिम, मेलार्मे-मार्क्स, रवीन्द्र-अरविन्द और गुरुदेव आदि मुकामों ने उनकी मुक्त और स्वतंत्र काव्यानुभूति में बाधाएँ उपस्थित की हैं। वरना सिर्फ विशुद्ध सौन्दर्य, विशुद्ध मानव-शांति, शिल्प संवेदन, काव्य संवेदन वगैरह को लेकर कवि की रचना-प्रक्रिया और काव्यानुभूति पर बड़े-बड़े समाजवादियों ने भी कम बहसें नहीं की हैं! वीरेन्द्र की भूमिकाएँ दरअसल उन पर अलग ढंग से सोचने को विवश करती हैं।

वीरेन्द्रकुमार का कवि सम्पूर्ण दिक्काल से अपने लिए एक विशेष संवेदन चुनता है। यह कवि सीमित अर्थ में न यथार्थवादी है, न अतियथार्थवादी, सच तो यह है कि यह सतह पर यातनाओं को भोगता है और उसे अंतर्बोध में विशेषीकृत परावर्तन द्वारा भिन्न संवेदनों में रूपान्तरित करता है यानी उसका यथार्थ सिर्फ मनोलोक में सिमटकर अपने संसार की यातना के आवर्तन में ही नहीं भटकता, बल्कि उसे अन्यदेशीय भूमिका में स्थानांतरित भी करता है, नतीजा यह होता है कि मुक्त प्रासंगिकता अंततः एक अनिवार्य पड़ाव-भर रह जाती है :

जागकर पाया,
मेरा पीछे छूटा चरण अब
अगला कदम बनकर
आसीन था
पूर्वांचल की चोटी पर उदय होते
नवीन सूर्य की कोर पर
मैं आगे गतिमान हुआ और देखा
वह शून्यांतरित हो गयी नारंगी
तैर आयी मेरे सामने
आह, मेरी मनोकाम्या नूतन पृथ्वी
कि मैं चलूँ उस पार
और लो, मैं उस पार चल पड़ा!

(शून्य पुरुष और वस्तुएँ)

यह संवेदन वस्तुतः सक्रिय-संवेदन है, निरन्तर अग्रमामी, पारगामी!

वीरेन्द्रकुमार किसी मूड के तहत कविता नहीं करते। वे दरअसल एक स्थायी भाव के तहत कविता करते हैं। उनका काव्य-मन आध्यात्मिक है। उन्हें

संपूर्ण यातनाएँ और मुक्ति इसी परिचित लेकिन अगम्य दिशा की ओर ले जाती हैं। इसी कारण उनके संपूर्ण काव्य में निहित काम और यातना एक भावसाध्य पावनता में बदल जाती हैं। उनकी 'पीड़ा' और 'काम' की यह मौलिक विशेषता है। उनकी भाषा, उनकी लय और उनका बिम्बलोक आध्यात्मिक संवेदन के जरिये रचा हुआ है यानी निरन्तर इटर्निटी का बोध उनके काव्य-संसार को ग्रस्त किए हुए है। इस माने में उन्होंने शुद्ध कविताएँ प्रायः नहीं लिखीं। यह उनकी ईमानदारी है कि वे इसे स्वीकार भी करते हैं।

वीरेन्द्रकुमार जैन का व्यक्तित्व विखंडित और अहंग्रस्त नहीं है, समग्र और समर्पित है। इसलिए मामूली, सतही भटकावों के बाद वे अपनी मौलिक विशिष्टता में लौट आते हैं। इस कवि ने महज वस्तु-जगत को ही भाव-जगत में नहीं बदला, अध्यात्म को मनोविज्ञान में रूपांतरित कर, उसे सीढ़ी बनाकर, मन के पार हो जाने की काव्यानुभूतियाँ हासिल कीं। उसने मुक्त यथार्थ को आधुनिक शब्द-संवेदनों में उपलब्ध किया और अपने काव्य-संसार के लिए नये शब्दों की सर्जना की। उनके काव्य में लौकिक और लोकोत्तरता की ऐसी रागमयी अनुभूति है, जिसका बयान शायद इसी भाषा में संभव है :

तुम सामने बैठी हो,
और मुझे तुम्हारी याद आ रही है!
कैसा अजब 'इटर्निटी' का अहसास है,
कैसा अपूर्व अनंतों का-सा खुलाव है
तुम्हारे प्यार में!

(शून्य पुरुष और वस्तुएँ)

कविता के जरिये रचा हुआ कवि

यह भी क्या बात हुई कि जो कवि कविता में वह सब प्राप्त कर लेता है जो दर्शन और धर्म में भी नहीं मिलता; उसे बार-बार भक्त कवि कहने को जी करता है। आखिर उसने कौन-सा विनय, कौन-सी समर्पिति, कौन-सी तन्मयता, कैसी निस्पृह संसिक्ति हासिल कर ली है?

नसें तो नसें, जिसे हड्डियों में भी अपना दिल धड़कता लगता है, जो किसी बौद्धिक तर्क के सहारे कविता नहीं रचता, बल्कि जो कविता लिखता ही नहीं, कविता उसे लिखती है; जिसे आज की कविता पिछले तमाम युगों की अपेक्षा अतीत से सबसे अधिक जुड़ जाने योग्य लगती है, जो कोकिल, हवा, नदी, मेघ, पिचकारी, आँचल, और दूध की भाषा बोलता है, उसके बारे में हमें ऐसा क्यों लगता है कि वह पिछले पाँच दशकों का विरल कवि है?

जो हमेशा मैं की जुबान में बात करता है, जिसके सभी काव्य-संग्रहों में 'मैं' निरंतर स्फीत होता चला जाता है, जो अपने राग, अपने विराग, अपनी विह्वलता, अपने उछाह और थकन की दास्तान कहते-कहते कभी थका नहीं, वह अपनी कविता से पूरा-का-पूरा गायब क्यों हो जाता है? कवि का अतिरिक्त दबाव तो हम कमोबेश मुक्तिबोध-अज्ञेय से लगाकर अपांक्तेय कवि नरेश मेहता और वीरेन्द्रकुमार जैन में भी अनुभव करते हैं। लेकिन यह कवि अपनी कविता में अन्तर्धान क्यों हो जाता है? क्या उसकी कोई इयत्ता ही नहीं है, या उसने अपने उछाह से लेकर अपने बुढ़ापे तक को हममें रोप दिया है? क्या 'मैं' का मतलब यह होता है कि कवि निःशेष हो जाए और कविता से हमारी सीधी मुलाकात करा दे?

किसी जमाने में जब शब्द उसका खिलौना थे और अब, जबकि उसकी समझ से शब्द उसके खिलाफ भी खड़े हो जाते हैं—उसे लाँघकर उससे भी बड़े हो जाते हैं—तब भी क्यों लगता है कि उसके शब्द उसके पसीने से भीगे हुए

एक खास जिस्मी गंध देते हैं? क्या वह मिट्टी की गंध ही तो नहीं है जो उसने अपनी देह में रचा ली है?

'प्रतीक' जिसकी जुबान पर चढ़े नहीं, उनके सहारे आगे बढ़ पाना उसे रथ के टूटे पहिये सँभालने की तरह लगता है, जो उसे छू जाता है उतना भर कह देना उसके लिए काफी है, जो सिर्फ चड्डी और बनियान पहनकर पथ पर निकल पड़ा है, जो हमेशा एक भीगी हुई भाषा लिखता है, आधुनिकता का कोई तीखा तेवर प्रकट करने जैसी मुखर बेचैनी कभी जाहिर नहीं करता; उसकी भाषा, उसका विन्यास, उसकी पकड़ और तर्कसंगता हमें आश्वस्त करती क्यों लगती है? हमें क्यों लगता है कि उसमें जीवन की गहरी बौद्धिक समझ है, भाषाई तराश है, शिल्प का टटकापन है? क्यों वह उस वक्त के युवकों को—जो अब बूढ़े हो चले हैं—उन्हीं की तरह, युवा पीढ़ी का अपना आत्मीय कवि लगता है?

भवानीप्रसाद मिश्र की एक कविता है, नये संदर्भ की 'चिनगारी'। इसमें पुरातन और नवीन के विचित्र और विरोधी सामंजस्य के जरिये कवि ने अपनी रचना की तरफ इशारा किया है :

पुराना और कठोर जैसे स्फटिक
हर चोट पर
फेंकता है नयी से नयी चिनगारी
ऐसी जलाने और सुलगाने के गुण और चमक में
और सौन्दर्य में पुरानी आदिम चिनगारी की तरह
फिंकना चाहिए
अर्थ पुराने से पुराने शब्दों में से
नये सन्दर्भों में
मेरा आज का मन
एक नया संदर्भ है
मगर ऐसा नया भी नहीं कि लगाव न हो उसका
किसी पुराने के साथ
लगाव के बिना कुछ भी नहीं रह सकता।

(अँधेरी कविताएँ)

यद्यपि इस या ऐसे उद्धरणों के सहारे हम सीधे-सीधे कवि की अवधारणा का मूल्यांकन तो नहीं कर सकते, लेकिन विचारों का आभास जरूर पा सकते हैं।

वह शायद यह है कि भवानीप्रसाद मिश्र परम्परा को आधुनिकता से पृथक् करने के संघर्ष की अपेक्षा परम्परा को आधुनिकता में रूपांतरित करने के संघर्ष में व्यस्त कवि हैं। मूल संवेदन और भाषा के स्तर पर उनके इस अनवरत संघर्ष का साक्ष्य स्वयं उनका काव्य है। क्या यही वजह नहीं है कि उनमें लोकगीतों-जैसा मार्मिक उपालम्भ, गहरी आर्द्रता और स्निग्ध जीवन्तता पाते हुए भी हम उन्हें एक ताजे-टटके सूरजमुखी की तरह देखते हैं, जो टूटकर लटके हुए फाटकवाले बगीचे के भीतर खिलकर सूरज को भी मात दे रहा है?

भवानीप्रसाद मिश्र की काव्य-चिन्ता के दो उत्स हैं—पहला है हवा और आग में, वन और आकाश में, जन और जीवन में उनका निरन्तर खुला रहना, और दूसरा है—सृजन-प्रक्रिया के दौरान कविता हासिल करना :

मेरे आँगन के पेड़ से
उड़कर
छोटी-सी एक चिड़िया ने
जुड़कर आसमान से मुझे
इस छोर से उस छोर तक
पहुँचा दिया।

(अँधेरी कविताएँ)

मिश्रजी की काव्य-सर्जना सीधे-सीधे जमीन से उठकर आकाश में खुलती है। वह कोई उर्वशी नहीं है जो आकाश से पृथ्वी को जोड़ती है और फिर से आकाश में चली जाती है; वह चिरैया है (बचपन की सोन चिरैया नहीं) जो जमीन से उठती है और आकाश को नापकर अपने नीड़ में लौट आती है। आकाश से उसका रिश्ता पंखों का रिश्ता है और धरती से पैरों का। मिश्रजी ने एक जगह अपने कवि से कहा है :

जिस तरह हम बोलते हैं, उस तरह तू लिख।
और इसके बाद भी हमसे बड़ा तू दिख॥

(गीतफ़रोश)

धरती से कवि के साक्षात् संबंधों का अर्थ आम आदमी से सीधा संबंध है, लेकिन आसमान से जुड़ना कल्पनाशीलता की एक ऐसी उड़ान है जो उसका

फिर से बड़ा दिखना है।

सामान्य मनुष्य और कवि के संबंधों की यह एक मार्मिक परिभाषा है, और यह केवल कुछ काव्य-पंक्तियों में सिमटी हुई नहीं है, बल्कि उनके सम्पूर्ण काव्य में संगुंफित हैं। इस कवि को अगर धरती उछालती भी है आसमान की ओर, तो आकाश की गोद में दे देने को नहीं—बल्कि अपने ही अंक में पुनः समेटने के लिए—कदाचित् अधिक उल्लास और अधिक ललक के साथ।

जीवन के समग्र अनुभव को प्रगाढ़ इच्छाओं के साथ सम्प्रेषित करने की बेचैनी भवानीप्रसाद मिश्र के कवि को आत्मलीनों, कलाविदों अथवा दार्शनिकों से पृथक् कर, मोक्ष या कलागारों के बीच नहीं, जीवन के बीच खोलती है। उसके स्वर, भाषा, भाव-बोध सब-कुछ जीवन के अंतर्गत उपलब्ध हुए हैं; भाषा-कोश या शास्त्र की नकल से नहीं—जिसे कवि आधुनिक कविता की सबसे बड़ी दुश्चिंता मानता है। पत्थर पर नाम खोद देने की इच्छा इस कवि की नहीं है। यह कवि सम्पूर्णतः कविता के हाथों विसर्जित है—यानी संपूर्णतः जीवन के हाथों। उसके काव्य में हवा, नदी और सूर्य निरन्तर प्रवाहित होने को चरितार्थता देते हैं। इतनी काव्य-पीढ़ियों से गुजरकर ताजे-टटके रह पाने का राज क्या यह नहीं है?

मुझे खतरा है कि निरन्तर गतिशील काव्य-चेतना और नित्यनूतन अवधारणाओं की तुलना कोई पंत के कथित पल-पल परिवर्तित वेश से न कर ले। क्योंकि पिछले तमाम काव्य-युगों और वादों के बीच मिश्रजी की प्रवाहशीलता और मुक्त संवेदनात्मक काव्य-सर्जना किसी आमंत्रित बदलाव का नहीं, जीवन की अन्तर्वाही संगति और सम्यक् बदलाव का नतीजा है।

जब वे कहते हैं कि 'मैं कविता नहीं लिखता, कविता मुझे लिखती है' तब भी वे प्रकारान्तर से इसी जीवन-प्रवाह की ओर इशारा करते हैं। एक जगह इसी बात को उन्होंने जरा मोटे ढंग से बुना है (क्षमा चाहता हूँ, बुनावट के रेशे खोल-कर कविता को बिखेरने के लिए):

तीर की तरह छूट कर प्राण
बिंध गये एक उड़ते गीत में।

(बुनी हुई रस्सी)

'बिंधना' आदि शब्दों में अगर हम न जाएँ और सिर्फ 'प्राण' और 'गीत' की प्रक्रिया तक ही अपने को सीमित रखें, तो लगेगा कि गीतों को प्राणों में नहीं बींधा गया है, बल्कि गीतों ने प्राण बींधे हैं—और यह कवि का वाक्-प्रपंच नहीं है बल्कि सम्पूर्ण कविताओं से समर्थित तथ्य है। कविता की कोई वैचारिक या संरचनात्मक पूर्व धारणा भवानीप्रसाद मिश्र में कभी नहीं रही। इसे सीधे-सीधे प्रक्रिया कहने से भी काम नहीं चलने का। इस वाग्धारा से निपटने के लिए एक सतत प्रवहमान जीवनधारा को सत्य मानकर चलना होगा। अपने युग के काव्य की रपटीली, स्निग्ध जमीन को अस्वीकृत कर उन्होंने लीक तोड़ने की घोषणा के साथ गीतफरोशी का विद्रोही स्वर छेड़ा था। प्रगति-युग की स्थूल संवेदना को झेलते हुए प्रकृति और जीवन के बीच समन्वय की तलाश करने और परम्परा को नया अर्थ देने की अनवरत कोशिशों के बीच मिश्रजी की काव्य-चेतना निरन्तर विकसित हुई है।

वे अपने काव्य की जमीन पर खड़े होकर आधुनिकता की ओर कटाक्ष से देखते रहे। यही कारण है कि आधुनिक युग में भी वे बुद्धि को ताक में रखकर भावात्मक संवेदनों से अपनी कविता का रिश्ता कायम करने की बात करते हैं। गो यह बात कविता की तुलना में गद्य-लेखक की हैसियत से उनका पिछड़ापन जाहिर करती है, क्योंकि उनकी कविताओं की अपील आम तौर पर बौद्धिक है। यहाँ तक कि शुद्ध भावात्मक सहजता से कई जगह उन्हें समझा भी नहीं जा सकता।

वास्तव में लोगों के द्वारा अपने को प्रगतिवादी, प्रयोगवादी और कभी-कभी प्रतिक्रियावादी कह देने के तार्किक विश्लेषण से चिढ़कर ही वे अपने को मुक्त भावनावादी और मान्यताविहीन कह देने से भी नहीं चूके। लेकिन वादों के बन्धन से मुक्त होने और मान्यताविहीन होने में बड़ा फर्क है। क्या यह उनकी मान्यता नहीं है कि वे काव्य को मानवात्मा के खालिस सुख और खालिस दुःख की अभिव्यक्ति मानते हैं?

अपने अकेले और निविड़ अकेलेपन में भी वे निस्संग नहीं रहे। उनके साथ समूची प्रकृति और मनुष्य रहा। इसलिए उनकी बौद्धिकता छूछी और निरपेक्ष नहीं है, बल्कि उसमें संवेदनात्मक आसक्ति है—इतनी कि वे चाहकर

भी उससे मुक्त नहीं हो सकते। 'अँधेरी कविताएँ' में उनकी संवेदनात्मक बौद्धिकता की चरम सीमा देखी जा सकती।

बाद की उनकी छोटी कविताओं में आत्मलीन समाधि का सुख उतरा। एक निरन्तर खुले व्यक्ति का कई जगह कविता में समाधिस्थ हो जाना एक तरह से रामचरितमानस के अन्तराल में विनय-पत्रिका पढ़ने जैसा है। सोचता हूँ, उन्हें कितना उद्धृत करूँ, लेकिन उनकी एक छोटी कविता का हवाला देना चाहूँगा जो 'बुनी हुई रस्सी' में संगृहीत कविता है,—'पाप और सूरज'। इसकी कुछ केन्द्रीय पंक्तियाँ हैं :

तज कर अपनी तेजी
कहाँ रहेंगे
पाप और सूरज ?

पढ़ा था मैंने कहीं
पाप का फल है गेहूँ
किरनों का फल है
फूल।

कवि ने सृजन और उत्कर्ष को पाप और सूरज के जरिये जिस सांकेतिक भाषा में व्यक्त किया है, उसके अन्तर्हित सत्य का साक्षात्कार जीवन और कविता के मध्य दुहरी समाधि लगाकर किया जा सकता है। क्योंकि ऊपरी विसंगति से अन्तर्हित संगति तक पहुँचने की प्रक्रिया वही हो सकती है, जिससे स्वयं कवि अपने अनुभव और अपनी कविता में पहुँचता है। यहाँ जीवन के तथ्य और सत्य को सरल रेखा में बाँधने की कारगर कोशिश है। टीका के रूप में लेखक की ये पंक्तियाँ उद्धृत की जा सकती हैं :

जैसे सरल रेखाएँ
बाँध सकती हैं
कुटिल से कुटिल क्षेत्रों को अपने में
ऐसे समा लिया है मैंने सत्यों को और तथ्यों को।

(अँधेरी कविताएँ)

जीवन को बहुत करीब से, उसके भीतर धँसकर जीनेवाला कवि ही तो आखिर मौत के बजाय उसके काले नाखूनों की चिन्ता करता होगा।[1] टूटते पंखों में खुद को टूटते हुए[2] या हरी दूब पर चलकर [3]जिन्दा सोये आदमी पर चलने-जैसा महसूस करता होगा।[3] प्रकृति के प्रति सूक्ष्म संवेदनाएँ ही क्या जीवन के प्रति स्थानान्तरित नहीं हो जातीं, या जीवन के प्रति कवि के इरादों और रागों को जाहिर नहीं करतीं ?

इसी से क्या यह बात छनकर नहीं आती कि कवि ने जीवन-संवेदनों को मिट्टीधर्मी होकर हासिल किया है ? इस इकलौती बात को समझकर ही हम भवानीप्रसाद मिश्र की आत्ममेधी साधना तक पहुँच सकेंगे, जिसके लिए प्रारम्भ में मैंने कवि के तिरोहित होने की बात कही थी। क्योंकि मिट्टी का कोई गुण-

---

1. मैल से भरे हुए
काले नाखून चुभो दिये हैं
तुमने मेरे गले में
और मैं उस चुभन का दर्द
उतना महसूस नहीं करता
जितना सोचता हूँ
नाखूनों के कालेपन को। (अँधेरी कविताएँ)

2. जब अँधेरा घिरता है
मेरा मन डाल के टूटे पत्ते-सा
नीचे गिरता है
और आवाज सुनता हूँ मैं
डाल से अपने मन के टूटने की। (अँधेरी कविताएँ)

3. सुबह टहलते-टहलते
हरी-भरी दूब पर पाँव पड़े
तो लगा, जैसे पड़ गया हो पाँव
किसी सोते हुए आदमी के शरीर पर। (बुनी हुई रस्सी)

धर्म, पत्र-पुष्प या फल में स्थानान्तरित नहीं होता, सिर्फ एक अदम्य शक्ति-स्रोत, एक समेकित ऊर्जा ही उसमें पुष्पित-फलित होती है। मिट्टी के पास कोई आडम्बर नहीं है और मिश्रजी के पास भाषा या शिल्प का कोई पाखण्ड नहीं है। अपने ही सृजन के हाथों मिट्टी सब-कुछ लुटा देती है और कवि, जो कुछ उसके पास है, अपनी कविता को दे देता है। मिट्टी आत्मदान की सीमा पर निःशेष हो जाती है और कवि काव्य-दान की सीमा पर।

किसी सूत्र-भाषा में भवानीप्रसाद मिश्र की बहुविध काव्य-सर्जना को बींधा नहीं जा सकता। इस कवि के जाग्रत विवेक और ऊर्जा का कोई मापदंड हो, तो बात गुँथे नहीं, खुले। मगर वह तो गूँथता है समूचे जीवन को—अपनी काव्य-सर्जना में, सम्पूर्ण जीवन को आत्मसात् करने की विह्वलता और छटपटाहट लिये—उसे फूल को बिखेर देनेवाली हवा और जंगल को जला देनेवाली आग की तलाश है, जो उसके भीतर भी चल रही है, जल रही है। वह ऐसा क्या करे कि किसी तरह अपनी बानी 'तुम्हारे होठों में, उगा दे? उसके चार पेट और आठ आँखें या चार चोंच और आठ पंख हो जाएँ कि वह जीवन के समूचे सौन्दर्य और समग्र अनुभव को प्राप्त कर तुम्हारे हवाले कर दे?' लेकिन वह कितना असहाय है कि कोशिश के बावजूद अपनी बाँहों को बहुत बौना पाता है। ये शरीर छूने-वाली बाँहे नहीं हैं, हवा और आग—दोनों को आगोश में बाँध लेने की आकांक्षा और 'पागल विवेक' है।

जीवन के अगाध सौन्दर्य और अविकल लपटों और पागल हवाओं को बाँधने वाले कवि की यह विकलता उन लोगों पर किये गये व्यंग्य को सटीक बनाती है, जो सिर्फ संतरे को देखते रहते हैं और उन्हें अश्वत्थ, वट, सागौन, नदी, पहाड़ कुछ नजर नहीं आता। इस व्यापक दृष्टि ने भवानीप्रसाद मिश्र को कभी बुढ़ाने नहीं दिया, बुढ़ापे के बावजूद! जो कवि जीने और जानकारी के पापों को पीने में फर्क समझता हो, उसका काव्य नुमाइशी फेहरिस्त नहीं हो सकता।

इसी सिलसिले में वे फिजूल बातें भी याद हो आती हैं, जिनमें लोग भवानीप्रसाद मिश्र में सतपुड़ा के वनों की आत्मीयता और रेवा की प्राणवन्त रवानी भूलकर विंध्याचल और सतपुड़ा की दृढ़ता का प्रतीक बिठाया करते हैं। मोटे तथ्य लें तो उन्होंने पहाड़ों, घाटियों आदि की अनुकूलता स्वीकारी ही नहीं है। वे तो पहाड़ों और पहाड़ियों के जरिये बनी विभाजक रेखाओं के आलोचक रहे हैं और इन्हें लाँघकर दो वनों, दो जीवनों को मिलाने की वकालत करते रहे हैं

(प्रमाणगीतफरोश की कविता 'पहाड़ी')। प्रकृति और जीवन को एक ही रेखा से रेखांकित करने के आग्रह की मिसाल मैंने इसी निबंध में ऊपर दी है। इन्हें उपमान, प्रतीक, मानवीकरण या रूमानीकरण के साँचे में नहीं बिठाया जा सकता।

भवानीप्रसाद मिश्र के काव्य में जो सहज खुलापन, गहरी संवेदना और पाखण्डहीन सृजनात्मकता है, उसका नतीजा उनके काव्य की व्यापक अपील में देखा जा सकता है। वे आधुनिक और नव्यतर चेतना के अकेले कवि हैं, जिन्होंने सही किस्म की कविता का जनता से सीधा साक्षात्कार कराया। मंच पर कविता पढ़ते हुए उन्हें हर एक श्रोता के बिलकुल करीब पीठ थपथपाते, उकसाते या धीरज बँधाते हुए पकड़ा जा सकता था। मनुष्य के सुख-दुःख, आस्था और संघर्ष के लिए उनकी कविता जैसा तैयार करती है, उसकी सानी पिछली और समकालीन पीढ़ी में मिलना कठिन है। नमूने के लिए कुछ काव्य-पंक्तियाँ लें, जिनका सीधा और आत्मीय संवाद तथा आस्था बँधानेवाली आत्मीय भाषा हमें मुग्ध कर देती है :

सुबह जो किरन निकली थी
वह सादी थी
शायद कमजोर भी
मगर मैंने अपने दुःख से कहा—
भाई, तुम किरन से तो आँख नहीं चुरा सकते!

(अँधेरी कविताएँ)

जितनी देर तुम हो
उतनी देर निर्माण है
शान्ति है, समय है
धर्म-पुस्तक के अनुसार
मुड़नेवाला रास्ता
रास्ते को ढाँकनेवाली धूल।

(अँधेरी कविताएँ)

निराशा, चाहता हूँ मैं कि तू भी आज रौंदा हो
हमारे बेसमझ के काम पर बलिहार जा भाई।

कि मेरे साथ गम को ठेलकर इस पार आ भाई!

(गीतफरोश)

जीवन में पूरी तरह सराबोर और संलग्न कवि की वाणी में ही इतने आत्मीय संवाद की शक्ति हो सकती है।

अपने जीवनकाल में भवानीप्रसाद मिश्र की सरस्वती एक बार सुप्त हुई थी, बल्कि सतपुड़ा के जंगलों की तरह ऊँघी थी। लेकिन फिर अनूठे ढंग से वह जाग्रत हुई; ऐसी कि फिर तो सम्पन्नता का अवभृथ स्नान चलता रहा :

सुबह का सूरज आता है
मित्र की तरह
मुझे दस्तक देकर
जगाता है।

ऋतुएँ
लगता है
मेरे लिए आती हैं।

हिरन
चौकड़ी भरकर निकल जाता है मेरे सामने से
सो शायद इसलिए
कि गुमसुम था मेरा मन
थोड़ी देर से। (व्यक्तिगत)

भक्त-कवि राम के मिलने पर जैसी अपरिमित विह्वलता और अगाध भराव का अनुभव करता था, वैसा ही कुछ अनुभव भवानीप्रसाद मिश्र को बाद के वक्त में होता रहा। परन्तु इतनी विपुलता ने किसी हद तक उनके मार्मिक कवित्व का हरण भी किया—हरिण ने जैसे सीता का हरण किया था। 'अँधेरी कविताएँ', 'खुशबू के शिलालेख' और 'व्यक्तिगत' के बाद उनके कई संग्रह आये। मन बहुत भरा रहा। लेकिन अंत तक उनकी सृजन-प्यास नहीं मिटी :

किन्तु लिखना भी ऐसा है
जैसे बादल बरसे, मन सूखा रह जाए।

नरेश मेहता

एक अलग लकीर

'हमारे तुम्हारे बीच
मेरी कविता के अतिरिक्त
कोई तीसरा उपस्थित नहीं है।'

नरेश मेहता ने दूसरा सप्तक के 'वक्तव्य' में कहा था —'नया तो मेरा युग है, मेरी प्रकृति है तथा सबसे नया मैं हूँ।' यह बोध एक युवा सर्जक को अकुंठ विश्वास, उर्वरता, सचेतनता और अदम्यता देता है। नयेपन या मौलिकता के प्रति नरेश मेहता को हमेशा-हमेशा चाव रहा, इतना कि उन्होंने छायावाद के प्रभाव में लिखी अपनी प्रारंभिक कविताओं को कविता मानने से इनकार कर दिया।

आरम्भ काल की दो मान्यताओं को उन्होंने अपने शेष जीवन में अस्वीकार किया, एक—'संस्कृति एक भ्रामक शब्द है', और दो—'राजनीति और साहित्य पर्यायवाची हैं'।

नरेश का सृजन जितना मौलिक है, उतना ही व्यक्तित्व स्वनिर्मित है। वे अपने ही बूते खड़े होकर बड़े हुए और उन्हीं के शब्दों में, 'जो भी अपनी भूमि पर अँगूठे के बल खड़ा हो जाता है, वट वृक्ष हो जाता है।' यह जमाने की बीनाई का नुस्ख कि उसे कोई देख न सके।

नरेश ने कभी अपांक्तेय होना नहीं चाहा, वे समाज के बीच रमते-विचरते अपने को देखना चाहते रहे। पर प्रचलित धारा के विरोध में रहने या कम-से-कम, उसके साथ न दिखाई देने, भाषा और शिल्प में तोड़-फोड़ करने और मांत्रिक-औपनिषिदिक-आरण्यक अभिधानों से जुड़ने के कारण वे 'विरल' बन गये और अंततः अनचाहे 'अकेले' भी। परन्तु संयोगवश उन्होंने उपन्यास रचने में विरुद पाया और वे जनप्रिय लेखक के रूप में मान्य हुए। 'बारीक पलकों वाले' लेखकों, बुद्धिजीवियों को भी फिर झख मारकर नरेश को कवि-पंक्ति में

मान देना पड़ा—गो कि भीतर से रंदा चलता रहा, कटाई होती रही।

शुरू में नरेश के लिए संस्कृति भले ही एक भ्रामक शब्द था, फिर भी वे उसकी शोध करने पर सहमत थे, संभवतः इसी शोध का परिणाम था कि फिर उनके भीतर निरन्तर 'अग्निहोत्र' चलता रहा, 'अहोरात्र प्रार्थनाएँ' होती रहीं। यह उनकी कविता में न 'उपनिषद-काल' का लौटना था, न 'विनय पत्रिका'-काल का। यह नरेश महेता के भीतर ज्वलित जाग्रत आधुनिकता थी, जो अपनी जड़ों से नया जीवन-रस खींचती रही, जैसे फूल खींचता है, फल खींचता है। उन्होंने प्राचीन को अर्वाचीन अर्थ दिया। धधकती समयाग्नि में अभाव और असुरक्षा का एकान्त भोगती फिर भी स्निग्ध सौम्यता से आप्लावित करती नरेश मेहता की आत्मा का भूगोल, लगता है, भारत के सांस्कृतिक उपादानों ने खुद रचा है।

नरेश मेहता जीवन और कविता में 'दो' नहीं लगते। इस नकली जमाने में उनका 'एक' होना ही जैसे कई लोगों के लिए विस्मय और अविश्वास का कारण था। अपने ही रचे पात्रों की तरह नरेश जी पीड़ाएँ अपने में ढालकर कविता में रस उलीचते थे। अनासक्ति, आत्मीयता और उच्चाशय उनकी रचनाओं में है, वही उनका जीवन भी था। इस युग में शब्द और कर्म किसी व्यक्ति में गुँथे मिल जाएँ तो समझ लीजिए, हमने अलभ्य पा लिया।

नरेश मेहता के काव्य में प्रकाश, ताप और पवित्रता तीनों हैं। उनका सर्जना-फलक खूब खुला है—उनके पास पूरा आकाश ही नहीं, पूरा भूमण्डल है, उसकी वानस्पतिकता, पुष्पिता, उसका वन्य जीवन है। दूसरा सप्तक की 'उषस्' और 'समय देवता' से लगाकर 'उत्सवा, अरण्या, तुम मेरा मौन हो, पिछले दिनों नंगे पैरों, आखिर समुद्र से तात्पर्य, देखना एक दिन' जैसी कृतियाँ हैं। एकदम क्लासिक उदात्तता और सौन्दर्य का वनानी परिवेश है। यहाँ हम क्लासिक से नरेशजी का ही अर्थ लेते हैं—'वह काल वाची नहीं, मूल्यवाची होता है।'

नरेश मेहता की दूसरी महत्त्वपूर्ण विधा उपन्यास है। उनके अनुसार वह धरती की विधा है जहाँ मनुष्य घटनाओं के सलीब पर, देश और काल में घटित और क्षग्ति हो रहा है और इतिहास बनने की त्रासदी भोग रहा है।

कविता उनके लिए न केवल देश से, बल्कि काल से, यहाँ तक कि भाषा से भी मुक्त हो जाना है :

और कविता में
शब्द

सरोवर में डूबी सीढ़ी है
जहाँ हम समाप्त होते हैं
और सरोवर प्रारम्भ होता है।
× × ×
शब्द पर जाकर मत खड़े रहो
शब्द का उल्लंघन ही कविता है।

(उल्लंघन, उत्सवा)

हालाँकि 'प्रार्थना' (मेरा समर्पित एकान्त) और 'अरण्यानी से वापसी' (अरण्या) कविताएँ नरेशजी के उक्त कथन का प्रतिवाद करती हैं। क्योंकि वे कविता को जीवन, देशकाल में घटित देखना चाहती हैं।

नरेश मेहता के भीतर लौकिक और वैदिक की आवाजाही लगातार बनी रही। इसलिए उनके उत्सवा जैसे काव्य-संग्रह में लोकान्वेषी सांस्कृतिकता है तो यह पथ बन्धु था, उत्तर कथा जैसे उपन्यासों, बनपाखी सुनो, बोलने दो चीड़ को, आखिर समुद्र से तात्पर्य, देखना एक दिन जैसी काव्य-रचनाओं में 'संस्कृति अन्वेषी लौकिकता' है। पिछले दिनों नंगे पैरों में एक सांस्कृतिक, स्निग्ध, कोमल, उदात्त कवि की खूनी इतिहास के बीचों बीच यात्रा है—यह एक तरह से इतिहास की त्रासदी है। संशय की एक रात, प्रवाद पर्व, महाप्रस्थान और शबरी की कथा-काव्य-यात्रा पुराणों के गंगावतरण जैसी हैं, जिसे नरेश अपनी आधुनिकता, विचार, कल्पना और सनातन बोध की जटाओं में बाँधने की कोशिश करते हैं, वैसे ही अन्त में लिखी उनकी कथा और काव्य-कृतियों में ग्रामीणता, अद्यतनता, सांस्कृतिकता और करुणामय कवित्व एकत्र हो गये हैं। ये सब उनमें सोच और दृष्टि का कैसा ताना-बाना बुनते हैं, इसका एक इशारा उनके इस कथन में है :

'नये के लिए प्राचीन को छोड़ना नहीं होता है, लेकिन यह भी सही है कि सर्जनात्मकता की दृष्टि से जितना प्राचीन आवश्यक होता है, वह नित्य उपस्थित होता है। वह गर्मियों की रात्रि में पीपल का हरहराना भी हो सकता है, जाड़ों में सस्ती ऊनी हिरावल ओढ़े तथा काली टोपी लगाये दूध लेने के लिए जाते हुए नारायण बा भी हो सकते हैं। ऐसे सैकड़ों व्यक्ति, सन्दर्भ और प्रसंग प्रत्येक क्षण अपने पर से प्राचीनता के कलेवर को उतारते हुए आपके साथ आप ही की तरह घाट-घाट घूम रहे होते हैं।'

कवि के भीतर युद्ध और हिंस्रता (जो कि सनातन है) के विरुद्ध एक

विद्रोह है, जिसे संशय की एक रात में देख सकते हैं। यह सन्देहभरी प्राश्निकता नरेश को अपने समय में और आने वाले समयों में प्रासंगिक बनाती है। दरअसल कोई भी नयायुग या नयी अवधारणा हमेशा प्रश्न या संशय से ही जन्म लेती है। युवा काल के प्रारंभिक दौर में नरेश मेहता जब कम्युनिस्ट पार्टी से जुड़े थे, एक वैष्णव भाव उनमें तब भी था। वे 'श्रम की विजय' पर तो पुलकित थे, परन्तु द्वेष, संघर्ष या रक्त की लाली पर नहीं। प्रसंगवश उनकी 'वैष्णवता' को लेकर भाँति-भाँति की बातें कही गयीं, यहाँ तक कि उपहास भी किया गया। उसे गंभीरता और अनुकूलता से लेनेवालों ने भी विचित्र धार्मिकता और वायवीय आध्यात्मिकता दे डाली, जबकि यह नरेश द्वारा परिपाक किया शब्द है; यहाँ 'पिताओं का जल' भी है, 'अपनी वानस्पतिक गन्ध' भी, और मनुष्य होने की परिभाषा भी। अपने पिता के बारे में बात करते हुए अनायास नरेश मेहता जब कहते हैं, 'परम दैन्यता में जीवन यापन करनेवाले इन साधारण जनों के पास भले ही हमारे जैसी भाषा न हो, परन्तु वास्तव में तो ये ही मूर्त वैष्णव होते हैं, मनुष्य होते हैं।' इसका अर्थ यह हुआ कि वैष्णव होना भाषा-भूषा-धर्म-कर्म कुछ नहीं होता, केवल मनुष्य होना होता है और मनुष्य का अर्थ संवेदनशील मानवीय गुणों से युक्त होना है।

'समय देवता' कविता में समकालीन देश-काल की उपस्थिति के बावजूद लगता है कि एक भारतीय घुमक्कड़ कवि विश्व-यात्रा पर अपनी कथरी लिये निकल पड़ा हो।

उसने कहा भी है कि 'उसे दो बातें प्रिय रही हैं। पहली तो यह कि वह वैसा ही घूमता रहे, जैसा कि उसने अपने बचपन में खानाबदोश लुहारों को अपने बैलों की घटियाँ बजाते हुए विंध्य की घाटियों में घूमते हुए देखा। क्योंकि उसे एक सजे हुए कमरे से कहीं अधिक किसी तम्बू में केवल पड़े रहना और कुहरे को देखना ज्यादा अच्छा लगता है। और दूसरी यह कि वह लिखे और आगे लिखे।'

(दूसरा सप्तक, वक्तव्य)

कवि के भीतर प्राचीन की उपस्थिति नवीनता के विकास की एक सम्यक दृष्टि का उद्घाटन करती है जैसे-जैसे वैष्णव का अर्थ खुलता जाता है, वैसे-वैसे सृष्टि या प्रकृति का अर्थ भी खुलता जाता है :

मेरे लिए पृथ्वी

दिशाओं पर जाकर समाप्त हो जानेवाली
मात्र धरती नहीं है
वरन् जीवन की कवच
नारायणी है।

(वैष्णव यात्रा, उत्सवा)

फूल और मंत्र, चींटी और संहिता में अभेद का माध्यम है वेदना या करुणा; वही तो एक रचनाकार को नीतिकार, दार्शनिक आदि-आदि से अलग करती है :

जब भी कोई फूल
पैरों के नीचे आ जाता है
लगता है कोई मन्त्र दब गया है
चींटी के आहत होते ही संहिता की हत्या-सा लगता है।

(वही)

'समय देवता' से लगाकर अन्तिम रचना 'प्रदक्षिणा' : अपने समय तक की उनकी यात्रा में फैली हिंस्रता, द्वेष और संवेदना के दारिद्र्य पर भाँति-भाँति से तीखी टिप्पणी है। इसे उन्होंने कितनी तरह से, अनेक पात्रों, कथाओं, वर्णनों, सूक्तियों, बिम्बों और अर्थों में कहा है।

अगर नरेश मेहता को जानना है तो उनके संपूर्ण को जानना होगा। हालाँकि नरेशजी की सभी कविताएँ आत्मा की ऊँचाइयों की कविताएँ नहीं हैं, प्रारंभ और अन्त की कविताएँ तो लोक-सामान्य भाव-भूमि पर हैं, लेकिन अगर हम यही धारणा बनाये बैठे हों कि उनकी कविताएँ वैदिक, औपनिषदिक भूमि की कविताएँ हैं और उनमें सृष्टि और प्रकृति को लेकर उदात्त वैष्णव भाव है तो यह भी मानना होगा कि उनके उपन्यास, कहानियाँ और नाटक सामाजिक यथार्थ और मानवीय सम्बन्धों की व्यावहारिक जमीन पर रचे गये हैं। फिर नरेश मेहता के प्रति आलोचक-बौद्धिक जगत का रवैया उन्हें लौकिकता और यथार्थ से खारिज करनेवाला क्यों है?

जब हम कबीर या निराला के एक साथ दो स्तरों पर सक्रिय रहने में कोई विसंगति नहीं देखते, जब हमें कार्ल मार्क्स की जैनी के प्रति लिखी गयी थरथराती, भावात्मक संगीत से भरी कविताओं का उनके 'वाद' से कोई विरोध प्रतीत नहीं होता, तब नरेश मेहता अगर अपनी कविताओं और उपन्यासों में दो स्तरों पर सक्रिय हैं तो हमें उनके सन्दर्भ में अपने मानदण्ड क्यों बदलने चाहिए? मान लीजिए कि नरेशजी सिर्फ कविताएँ लिखते और उन्हीं परिणतियों या वैसे

ही रुझानों की लिखते, जैसी वे आठवें दशक के पूर्वार्द्ध तक लिख रहे थे तो हम इन्हें लेकर उनसे अनेक सवाल पूछते, अनेक सन्देह प्रकट करते, रचनाओं से बननेवाले जीवन के बारे में आशंका प्रकट करते और संभव है, उन्हें भक्तियुगीन, अतीतजीवी कवि घोषित कर देते। लेकिन उन्हें समग्रता में समझने के लिए हमारे सामने उनके उपन्यासों और नाटकों के साथ उनकी परवर्ती कविताएँ भी हैं, जिन्हें छोड़कर हम उनका अधूरा साक्षात्कार ही करेंगे। रचनात्मक समग्रता में एक कृति दूसरी कृति को या एक विधा दूसरी विधा को ही प्रभावित नहीं करती, बल्कि वह रचना-बोध को भी प्रभावित करती है। सूर की चाहे जितनी अश्लील पंक्तियाँ हों, उन्हें बिहारी की कोटि में नहीं रखा जा सकता। इसलिए कि दोनों को हम अपनी-अपनी समग्रता में देखते हैं।

नरेशजी की कविताओं में निहित वैष्णवी आस्तिकता 'आत्मा-परमात्मा' या 'मैं और तुम' जैसी रहस्यवादी भी नहीं हैं। वह एक तरफ मूल्यात्मक न्यायबोध या काव्यात्मक सर्वात्मवाद है (इसका प्रमाण उनकी पूर्व उद्धृत पहले संग्रह की पहली ही कविता 'प्रार्थना' है;), जिसके जरिये वे संस्कृति, प्रकृति और जीवन में व्याप्त महाराग का अन्वेषण भी करते हैं और विषमता के प्रति वेदना से भी भर उठते हैं, क्योंकि अगर वे चरम तक पहुँचे हैं तो संसार को लाँघ-कर नहीं, उसमें से होते हुए पहुँचे हैं। उनकी पूर्वकालीन और उत्तरकालीन कविताओं को एक साथ रखने पर यह विकास-क्रम साफ दिखाई पड़ता है। उनका उत्सर्ग और समर्पण वस्तुगत धरातल से ही शुरू होता है :

नाँध गया सरिता के उत्सर्गों से कोई
खोल गया धरती यात्रा हित
सब अभाव को भरो
समर्पण करो प्यास के उत्सव को
ओ तृप्ति हमारी।

(देव कृपाएँ, बनपाखी सुनो)

इस काल की कविताओं में शून्यलोक में उड़ने की बजाय उनका 'मेघ' खेतों, खलिहानों में बरसना चाहता है :

ईंट-पत्थरों की बाँहों से मुझे घेर लो
मैं न चाहता और भटकना शून्य लोक में

बरस रहा हूँ चट्टानों पर खलिहानों में
नगर, ग्राम के मन आँगन पर
मैं पृथ्वी का सदा पुत्र हूँ।

इसी दृष्टि से जनता का भिनसारा करने का निश्चय, 'हमें शेष से जोड़ो, जोड़ो, जोड़ो' की तीव्र पुकार उनके भीतर मचती रही है। भक्त कवियों जैसी प्रार्थना के विह्वल स्वरों में जन-कल्याण की व्याकुलता है। ऐसी कविताओं में सामाजिकता होते हुए भी विलक्षण आध्यात्मिक ध्वनि है, जो धीरे-धीरे तीव्रतर होती जाती है। इसी के साथ लोकभाषा के शब्द और मुहावरे सांस्कृतिक काव्य-भाषा को अपनी मृदुता सौंपते हुए उसमें लय होने लगते हैं, लौकिक और ऐन्द्रिय बिम्ब अनुभव में बदलने लगते हैं और भाषा में वैदिक, औपनिषदिक, कर्मकांडी और वानस्पतिक शब्दों का बाहुल्य हो जाता है। यहाँ उनका किसी तरह का धार्मिक उद्देश्य नहीं है। संभवतः वे युग-युग से पकाये गये शब्दों का पूरा रस, पूरी साधना अथवा पूरी परम्परा की क्लासिक सिद्धि को अपनी कविता के लिए इस्तेमाल करना चाहते हों।

असल में परंपरासिद्ध भाषा की एक विशेषता यह होती है कि उसकी मूल अवधारणाएँ किसी हद तक हमारे भीतर पहले ही जमी होती हैं, उनसे अधिक सूक्ष्म, गहरे और नए अर्थ संप्रेषित कर पाना पाठक के साथ मिलकर समय और जीवन का नया अन्वेषण है। यह एक अनोखी बात है कि पारंपरिक भाषा का सचेत इस्तेमाल हमारे जड़ता से भरे अतीत-मोह को न केवल क्षीण करता है, वरन् नये सन्दर्भ विकसित करने में उदात्तीकरण और मार्गान्तरण में भी अधिक सहायक होता है। नरेश मेहता ने जिस तरह शुरू में लोकभाषा से, सहज अभिव्यक्ति से लेकर गम्भीर विचार वहन करने तक का काम लिया था, वैसे ही बाद में उन्होंने सांस्कृतिक भाषा से आत्मिक उदात्तता और आधुनिक जीवन के रूपायन जैसा दोहरा काम लिया है। अगर वर्तमान सामाजिक और वैयक्तिक जीवनानुभूति उनमें कमजोर होती तो इन उपादानों के जरिये वे खुद को और पाठक को भी पीछे खींचकर ले जाते, परन्तु उन्होंने इनसे प्रायः विपरीत घटित करवा लिया है। यह उनकी सचेत बोध-शक्ति का प्रमाण है :

कवच की इस अभेद्यता
प्रार्थना की इस अनुग्रहता

मन्त्र की इस शक्तिमत्ता को
कभी अपने में अनुभव किया है ?
प्रतिदिन के इस नित्य रास का भी साक्षात नहीं किया होगा।
घास की अनाम से अनाम पत्ती को छूकर देखा है ?
क्या वह स्पर्श चरण-स्पर्श सा नहीं लगता ?

(प्रार्थना पुरुष, उत्सवा)

यह ध्यान देने योग्य है कि यहाँ अभेद्यता, अनुग्रह, शक्तिमत्ता, जीवनोल्लास, रास और चरण-स्पर्श को ही परम्परा से खींचा गया है, समूची परम्परा को नहीं। लगता है। नरेशजी आदमी से गायब हो गयी संवेदना और सृष्टिबोध को जगाने के लिए पूरी सांस्कृतिक परंपरासहित अपने कवित्व की शक्ति आहूत करने पर तुले हैं। वे मनुष्य के कलुष और संकीर्ण स्वार्थों में विचलन पैदा करना चाहते हैं, लेकिन इस दौर में वे यदा-कदा तत्त्वज्ञ जैसे भी प्रतीत होते हैं। शायद इसीलिए आलोचक उनके काव्य पर प्रतीकात्मक दृष्टि से विचार करने की अपेक्षा दार्शनिक तत्त्ववाद की दृष्टि से विचार करने लगे हैं। इसमें कवि का योगदान भी कम नहीं है। कविता के साथ अगर यह सब किसी भी कारण से घटित हो तो इसे हादसा ही मानना चाहिए। एक अरसे तक तो नरेशजी के काव्य में यह शब्दावली विपुलता से और एक ही डिजाइन में आवृत्त होने लगी थी तब मुझे लगता था कि यह कुछ जरूरत से ज्यादा ही हो गया है—और ज्यादा भले 'रस' ही क्यों न हो, एक हद के बाद वह खुद अपने को ही पीने लगता है।

नरेश मेहता जैसे सतेज, सतर्क कवि ने खुद इसे पहचाना; और वह सर्जक ही क्या, जो आत्मालोचन न कर सके और अपने को ठीक उस बिन्दु पर न तोड़ सके, जिस पर तोड़े बगैर कुछ भी नया रचा नहीं जा सकता। नरेशजी के अन्तिम तीन काव्य-संग्रह इस बात के साक्षी हैं। उन्होंने हर संग्रह में अपने नये और बदले हुए होने का आभास दिया है। अब देखिए आज के आदमी के दोहरे, खंडित व्यक्तित्व का यह यथार्थ :

इधर वह
कई दिनों से मनुष्य नहीं था
तभी तो—
जब भी मिला
जहाँ भी मिला

असुविधा के साथ ही कुछ-कुछ मिला
कुछ-कुछ नहीं मिला
जब भी दिखा
जहाँ भी दिखा
गर्म जेब को छुपाते, आँखें चुराते कुछ-कुछ दिखा
कुछ-कुछ नहीं दिखा
आखिरकार एक दिन पूछ ही बैठा
—क्यों भाई, कितने दिनों से मनुष्य नहीं बन सके हो?

(सिर्फ हाथ, आखिर समुद्र से तात्पर्य)

कभी स्त्रीवादी पुरुष के द्वारा भी स्त्री-पुरुष की ऐसी तुलनात्मक परिभाषा शायद ही सुनी गयी होगी :

'सिर से पैर तक
विवश देवत्व का नाम
स्त्री
और सिर से पैर तक
आक्रामक पशुता का नाम
पुरुष।

(सिर्फ हाथ, आखिर समुद्र से तात्पर्य)

स्त्री के पक्ष-विपक्ष में तमाम गाली-गलौच भी क्या ऐसी भाषा का सामना कर सकते हैं? दूसरी ओर प्रकृति से सान्निध्य की एक अलंकरणहीन सादा कविता भीतर को खींचती हुई :

जाऊँगा, चन्द्रदय हो लेने दो
वन में नदी को ऐसे अकेला छोड़कर
कैसे चला जाऊँ?
जाऊँगा, पर चन्द्रदय हो लेने दो।

(सिर्फ हाथ, आखिर समुद्र से तात्पर्य)

उन्होंने मनुष्य के सम्बन्धों में आयी दरार को एक रोमानी, लेकिन, बाध्यकारी विलगता से ऐसी भाषा में रचा है, जो संक्षेप के बावजूद बेध देती है :

शायद सब नदियों पर
सम्भव नहीं होते
सेतु,
बनाए जाने पर भी
यदि होते
तो क्या हम-तुम ऐसे होते—
इस पार
उस पार।

(सेतुहीनता, देखना एक दिन)

'पिछले दिनों नंगे पैरों' में नरेश बहुत अलग हैं :

यह कैसा मौन है...
एक एक सीढ़ी
अनबाँची पंक्तियों-सी बूढ़ी हो रही है
विशाल दरवाजे
आबनूस हब्शियों जैसे
भारी फाटकों का बोझा उठाये
सूजे पैरों पर
सदियों से खड़े-खड़े कितने थके
नहीं, टूटे लग रहे हैं।
फाँसीघर का अन्धा कुआँ
जीभ कटे खोखले मुँह-सा
चीत्कार में फटा पड़ा है।
इतिहास का जाना यहाँ से
निश्चित ही
किसी एक तारीख पर समाप्त हो गया होगा
मगर इन गुम्बदों, मीनारों, मेहराबों और गलियारों का जाना
कैसा पैर तोड़ कर बैठा है
जैसे पैरों में कीलें ठोंक
खड़े कर दिये गये हैं

मुरदे
ताकि जिन्दा लगें।

इसमें इतिहास, इतिहास के परे का इतिहास, मानवीय हिंस्रता की कहानी की जो व्याख्या और दृष्टि है, वह आधुनिक काव्य में अद्वितीय है।

संधि-वेला में नरेशजी ने 'कॉमिक रिलीफ' की भाँति, लेकिन अपनी पूरी सन्निधियों के एकत्रण से प्रेम-कविताएँ लिखीं—'तुम मेरा मौन हो' ऐसी प्रेम-कविता भी हिन्दी के पैताने से चुपचाप गुजर गयीं। इतनी सुकुमार, महीन और पवित्र प्रेम-कविताएँ इतिहास में कभी-कभी ही लिखी जाती हैं :

मत बजाओ
अपने इन आसावरी नेत्रों की बाँशी में
मत बजाओ मेरा नाम
यह साधारण-सा नाम
तुम्हारी बाँशी में बजकर उत्सव हो जायेगा
प्रिया! मेरे नाम को
अपने एकान्त का सम्बोधन ही रहने दो।

× × × (नेत्र बाँशी)

प्रिया! कभी तो इस भाषा से बाहर निकलकर
मेरे सामने बैठो
विश्वास करो
लोग तुम्हें केवल कविता ही समझेंगे।

(कभी तो)

× × ×

मुझे उपस्थित हुआ देख
तुमने अपने नारी-एकान्त से चौंककर
देखा, और पूछा—
'किसे खोज रहे हो?'
'अपनी भाषा!!'
अँगुलियों में

अपने केश और भी प्रलम्ब करते हुए
आश्चर्य से बोलीं—
'यहाँ?'
'देखो न—
मैं कमरे में था और जाने कब से
निर्निमेष तुम्हें
और तुम्हारे केशों की इस माधवता को देखते हुए
मेरी भाषा
भाषा सीखती यहाँ बैठी है।'

(मेरी भाषा)

(यों पूरा संग्रह ही उद्धृत किया जा सकता है।)

नरेश जी के काव्य में भले ही गीत का रूपविधान प्रायः न हो, लेकिन वह मूलतः गीति-संवेदना का काव्य है। क्योंकि उन्होंने जीवन और भाषा (चाहे लोक की या संस्कृति की) का आंतरिक संगीत पहचाना है। इसी से उसमें लोक-जीवन का लालित्यपूर्ण मिठास है, भक्तों जैसी विह्वल प्रार्थनात्मकता है, यहाँ तक कि एक महाभाव के तारल्य की वजह से उनकी दार्शनिक रुझानोंवाली कविताएँ भी एक तरल गीतात्मक गूँज से भरी हैं।

नरेशजी ने कविता और कथा में अपनी एक अलग पहचान बनायी है, जो एक ओर प्रेमचंद और मुक्तिबोध से अलग है तो दूसरी ओर जैनेन्द्र और अज्ञेय से भी। उन्होंने न अनुकरण किया, न अनुकृत किये जा सके। जैसे उनका पूरा व्यक्तित्व कहना चाहता है :

हम आयु के अश्वत्थ
अपनी छाह भी स्वीकार जिसको है नहीं।

नरेशजी गुटों की त्रिवेणी में निष्कम्प कमल रहे, वे टूटे नहीं, कुंठित नहीं हुए, न पराजित ही हुए, और हाँ, याचक भी नहीं हुए (जो कुछ लेखकों का हर युग में पेशा रहता है), न उनका सर झुका, न ओठ फैले। ये उस मालव मिट्टी की खास पहचानें हैं, जहाँ नरेश मेहता पैदा हुए। मालवे का पट्ठा यों बहुत नम्र और निर्मल होता है, मगर स्वाभिमान के दाँव पर खूब अड़ियल और

अकड़बाज है। नरेश मेहता की ऊपर से नाजुक कविताओं के भीतर जो दृढ़ता, तीक्ष्णता और संकल्प है *(ओ मेरे दाता/दी है फकीरी तो संकल्प भी देना)* उनके उपन्यासों में, कटाचूर संकटों के बीच पात्रों की जो अविचलता और स्थितप्रज्ञता है—वह इसी मालवी संस्कृति के अवदान हैं—जिसे नरेशजी ने गहन अवबोधन और दार्शनिक प्रज्ञा में प्रांजल किया है और अपनी रचनाओं में प्रामाणिकता से रचा है।

अगर उनके जीवन को भी देखें तो नरेश मेहता की स्वतंत्र आत्मा सिर्फ अपने बंधन में ही बँधती थी, यह बात तभी तय हो गयी थी जब उन्हें पार्टी का बंधन और नौकरी की गुलामी दोनों रास नहीं आयी। उन्होंने कम्युनिस्ट पार्टी और रेडियो की नौकरी हालाँकि वितृष्णा के ही तहत नहीं छोड़ी, क्योंकि एक ओर समाज की संवेदनीयता में वे बँधे रहे, जबकि स्वार्थ के खातिर नौकरशाही से जुड़े न रह सके। उन्होंने लेखक के एकान्त और उसकी सामाजिकता को अपनी तरह जिया। अस्मिता के प्रति पूरी जागरूकता के बावजूद वे निषेधार्थ में व्यक्तिवादी नहीं हुए, क्योंकि ऐसा व्यक्ति शुरू से आखिर तक अहंकारी होता है। रचना के एकान्त और अहंकार के एकान्त में फर्क है—पहला एकान्त अपने में जन-जीवन को; पूरे चराचर को समाहित कर लेनेवाली समाधि है, जबकि दूसरा एकान्त पत्थर की तरह जड़ अपनी कठोरता का बंदी होता है। नरेशजी के काव्य की ऐहिक सार्थकता, प्रासंगिकता और लोकोत्तरता को लेकर अनेक बहसें हैं, लेकिन वे स्व-केन्द्रित, अहंलीन और आत्मग्रस्त नहीं रहे—अलबत्ता आत्मवान जरूर रहे।

नरेश मेहता की कविता का फलक व्यापक है, जहाँ नयी चेतना और उदात्तता उनकी कविता से निःसृत होती है। यह छोटी चुनौती नहीं है, जो नरेश ने समय के इस दौर में आजीवन अपने सामने रखी और शायद इसी कारण वे पद, प्रताड़णा और पुरस्कार से बेपरवाह अपने को निरासक्त बना सके। उनकी रचनाओं को पढ़कर और उनके जीवन को देखकर लगता है कि उन्होंने अपने युग का वह समर लगभग अकेले ही लड़ा है, जिसे मनुष्य की उदात्तता के लिए अहर्निश युद्ध कहा जा सकता है। तभी वे मनुष्य मात्र के लिए कविता की सार्थकता को निर्भय, निरपेक्ष, व्यक्तकर सके : *'मनुष्य मात्र को इतिहास और राजनीति नहीं एक कविता चाहिए।'*

(अरण्यानी से वापसी)

ऐसा नहीं है कि नरेशजी की रचनाओं के बारे में मेरी आशंकाएँ न हों या उनकी सर्जना और दृष्टि हर स्तर पर एक पाठक के नाते मुझे आश्वस्त करती हो, या उनकी भाषा और उनके स्थापत्य के बारे में मुझे कुछ न कहना हो, ये सारे सवाल मैंने उनकी रचनाओं को लेकर कई जगह उठाये हैं। लेकिन नरेशजी के लगभग पूरे सृजन से गुजरते हुए और कुछ-कुछ उनको जानते हुए भी मुझे लगता है कि उन्होंने अपने पूरे चरित्र से सिद्ध किया है कि जो जितना भरा है, वह उतना गहरा है; जो जितना ऊँचा है, वह उतना खुला है; जो जितना फैला है, वह उतना समग्र है। नरेश मेहता को उदात्तता और व्यापकता काल और देश में व्याप्ति देती है, लोकानुभव और जन-चेतना उन्हें गहरी आत्मीयता से सिक्त करती है, मानवता के लिए उनकी चिन्ता उन्हें विश्लेषणपरक बनाती है, और संस्कृति तथा दर्शन के संवेदन उन्हें आत्मवान बनाते हैं।

स्वप्न, संघर्ष और उपलब्धियाँ

भारती संक्रान्ति काल की उपज थे, जहाँ टकराहटें थीं, अन्तर्विरोध थे और चौतरफा विघटन के बीच मानवीय अस्तित्व के सम्मुख गम्भीर चुनौतियाँ थीं। भारती ने अपनी विचार-पुस्तक 'मानव:मूल्य और साहित्य' में लिखा है—'एक भयानक विघटन उपस्थित है, शब्द और अर्थ के बीच विघटन है, आचरण और धारणा के बीच खाई है, भाषा अशुद्ध और अक्षम है, अनुभूति के धरातल विक्षुब्ध हो गये हैं और मिथ्या को प्रश्रय देने लगे हैं और परिणाम यह है कि भारतीय गौरव कभी प्रजातंत्रवाद और कभी अध्यात्मवाद और कभी स्वातंत्र्य, कभी दायित्व और कभी अलौकिकता के नाम पर प्रतिक्षण आहत और पददलित किया जा रहा है।' भारती के लेखक, और उनकी राय में लेखक मात्र के सामने यह संकट उपस्थित था, परन्तु क्या सभी इसे महसूस कर रहे थे? लेखकों ने अपने-अपने दल और पक्ष तय कर लिये थे। किशोर मानस 'रेड-गार्ड' बन गया था, दूसरी ओर 'बीटनिक्स' थे, पाखण्ड का एक अदना प्रवक्ता मार्क्सवाद का झण्डा हाथ में लेकर मारिजुआना की तिजारत और मानसिक ऐयाशी की वकालत करता नजर आता था। उधर 'मानवता पूँजीवाद के आश्वासनों पर अपना विश्वास खो बैठी थी, उसका दम पूँजीवादी शिकंजे में घुट रहा था, लेकिन वह विद्रोह कर पाने में सर्वथा असमर्थ थी। वह सिर्फ एक 'नपुंसक गुस्सा', 'खीज','कटुता, ही प्रकट कर सकती थी।' जाहिर है, भारती चीजों के कई पहलू देख रहे थे और यही उनके उत्पीड़न का कारण था जिसने क्रमश: रचनाकार का मानस और उसका संघर्ष रचा था। इसीलिए भारती ढली-ढलायी राह पर नहीं चले और यही उस समय का सबसे बड़ा जोखिम था। वैसे भी स्वयं अपने मार्ग का उत्खनन करना, अपने लक्ष्य की खोज में भटकना और तरह-तरह की मुठभेड़ें करना, अपने आपको पहचानने की कोशिश और अपनी दुर्बलता को सीमा न बनने देने का संघर्ष जटिल और जोखिमभरा रास्ता तो है ही। लेकिन अन्वेषणधर्मी

रचनाकार को खतरे उठाने ही होते हैं और कई अंतर्विरोधों से भी गुजरना होता है। विभिन्न रचनाओं में दिये भारती के वक्तव्य और भूमिकाओं को जब हम उनकी रचना के बरक्स देखते हैं तो कई जगह हमें सोचने और रचने की दरारों के बीच छटपटाती आत्मा की झलक मिलती है। 'दूसरा सप्तक' के अपने वक्तव्य में वे दो बातें लिखते हैं :

1. 'भारती की सबसे प्रिय कविताएँ वे हैं जो गटर में पड़े शराबियों, हथौड़ा चलाते लौहारों और धूल में खेलते बच्चों की भोली आँखों में झलकती हैं, लेकिन जिसे न अभी तक किसी ने लिखा और न किसी ने छापा।' (तो क्या भारती ने भी इसे लिखा? आप स्वयं उनसे सुनें दूसरी बात :)

2. 'भारती ने सबसे पहले लिखे सरलतम भाषा में रंग-बिरंगी चित्रात्मकता से समन्वित साहसपूर्ण उन्मुक्त रूपोपासना और उद्दाम यौवन के मांसल गीत, जो न तो मन की प्यास जुठलाएँ और न उसके प्रति कोई कुंठा प्रकट करें—जो सीधे ढंग से पूरी ताकत से अपनी बात आगे रखें।'

यह भारती की रचना का आरंभिक काल था। भले ही इन्हें कथनी और करनी के फासले न मानें, परन्तु भारती को जो कविता पसन्द थी और भारती ने इस वक्त जो कविता लिखी—दोनों के बीच क्या समानताएँ हैं? हम पूछ सकते हैं कि क्या 'किशोर रेड गार्ड' या 'बीटनिक्स' का विकल्प किशोर रूमानियत होती है?

भारती स्वभावतः रोमानी रचनाकार हैं, हालाँकि यह बात उनके अन्तर्द्वन्द्व के परिणाम अंततः उनके विपक्ष में नहीं जाती। फिर रोमानियत एक मुक्त आत्मा का भी सृजन करती है, उसकी अनेक प्रियताएँ भी हैं, परन्तु उसके आग्रह सबसे पहले उसे तर्क और बौद्धिकता से विलग करते हैं, जबकि भारती की समकालीन नयी कविता तर्क-बुद्धि की आग्रही थी और उसकी पहली मुठभेड़ ही रूमानियत से थी—न सिर्फ कविता की बल्कि सम्पूर्ण रचनाशीलता की।

भारती की प्रतिभा और चेतना उन्हें नव्यतम के पास ले जाती है, पर नव्यतम उनसे दूर था। बौद्धिकता और यथार्थ दोनों उनसे माँग करते थे कि वे अपनी मूल प्रकृति से हटें जबकि तब तक संभवतः वे इसके लिए तैयार नहीं थे; क्योंकि वाक्स्फीति और वाग्मिता की जगह वाक् संयम, भाषा की पूरी संकेत क्षमता और अर्थसत्ता की तलाश, बौद्धिक विवेकवाद और कठोर यथार्थ की अपेक्षाएँ भारती की प्रारंभिक रचनाएँ पूरी नहीं करतीं।

उद्दाम रोमांस और लुब्धक सौन्दर्य भारती को रीति कवियों से नहीं, लेकिन छायावाद और छायावादोत्तर कवियों से अवश्य जोड़ते थे। सुसंस्कृत लीला भाषा को लोक भाषा में गूँथकर राग-सृष्टि ने भले ही भारती को लोकप्रियता दी, परन्तु वह नयी सृजन-चेतना की केन्द्र भूमि नहीं थी। क्या भारती इससे अपरिचित या इस ओर से निश्चिंत थे ? उनका रचना विकास दिखाता है कि वे नयी चेतना की अभिव्यक्ति के लिए संघर्ष कर रहे थे। तभी वे 'सप्तक', 'सात गीत वर्ष' से चलकर 'अंधायुग' और उधर 'गुनाहों का देवता' से चलकर 'सूरज का सातवाँ घोड़ा' और 'बंद गली का आखिरी मकान' तक पहुँचे। उनकी वैचारिक कृतियाँ भी बाद की हैं और 'गुनाहों का देवता' की अपरिपक्वता का स्वीकार भी। इसीलिए अन्यत्र मैंने कहा था कि भारती ने नयी कविता या नयी रचनाशीलता की परिधि से यात्रा प्रारंभ की थी, परन्तु वह केन्द्रगामी थी। परिधि से केन्द्र तक पहुँचना अत्यंत दूभर होता है, परन्तु इसी ने रचनाकार का व्यास बड़ा बनाया है और उसे एकांगी नहीं रहने देता। इसे देखने के लिए भारती के विकास को देखना रोचक होगा।

इसमें शक नहीं कि 'सप्तक', 'ठण्डा लोहा' और 'सात गीत वर्ष' ने भारती को एक अनुभूतिप्रवण कवि के रूप में पहचान दी, जिसके भीतर एक लयात्मक रागिनी में आशा, निराशा, अनुराग, आवेग की सम-विषम अनुगूँजें सक्रिय हैं। यहाँ भाषा की सुकुमार दक्षता, अनुभूति की तीव्रता और सपना देखती आँखें हैं, जो एक रूमानी अतीत को मानो अधिक परिष्कृत, प्रांजल और आधुनिक शिल्प में अवतरित करना चाहती है। लेकिन इस बीच विभिन्न भाव स्थितियों, यथार्थ के संकटों और बौद्धिक जटिलताओं से भी उसका परिचय हो रहा है और धीरे-धीरे प्रेम में से कई नोकें उभर रही हैं। वहाँ झुँझलाहट, उदग्रता, चुनौती, हताशा भी झाँक रही है। इससे भारती के भीतर चल रहे आन्दोलनों का कुछ अनुमान लगाया जा सकता है।

रागावेश की प्रबलता ने यहाँ भी भारती के मूल्य-बोध को धुँधला बनाया है, यहाँ तक कि अपने आसपास की दुनिया और यथार्थ को भी धुन्ध से घेर दिया है। इसलिए भारती का कवि, जब गाँव की तरफ घूमता भी है तो जीवन के त्रास और शोषण के बजाय राग-स्मृतियाँ ही उसका पीछा करती हैं। व्यक्तियों से आकृष्ट होता है, तो वे स्वप्न के जाल में उलझ जाते हैं। 'सुभाष की मृत्यु' पर लिखी कविता किसी अदम्य पीड़ा और उत्सर्ग की व्याकुलता नहीं, स्वर्ग में

सुभाष की काल्पनिक उपस्थिति से पुराणों-जैसा मिथक रचती है। कलम जब यथार्थ लिखना चाहती है तो मन की रंगीनी भाषा में छलककर उसे रोमानी बना देती है। इसलिए यह कहना अत्युक्ति नहीं होगी कि 'दूसरा सप्तक' में समय के दबाव को सबसे कम महसूस करनेवाले कवियों में भारती अग्रगण्य हैं। आविष्ट पवित्रता झलकाता-सा समर्पण समय के प्रश्नों और तनावों से निर्लिप्त है, मानो मंगल-कलश, बाँसुरी और चंपई छाँह भर मिल जाए, तो जरूरत क्या है कोई और जिल्लत उठाने की!

लेकिन, यहाँ रुककर कहना आवश्यक है कि युग की तमाम बौद्धिक, यथार्थवादी और विसंगत स्थितियों के चलते हुए भी न तो प्रेम अप्रासंगिक हो जाता है और न प्रेम-कविताएँ या कथाएँ लिखने से ही कोई स्रष्टा कवियों या लेखकों की पंक्ति से खारिज करने लायक है। लेकिन हर प्रकार की रचना की तरह प्रेम-कृति से भी उसकी प्रासंगिकता का सवाल पूछा जा सकता है। एक चिरंतन अनुभव को हर युग में लिखने के लिए जरूरी होता है उस बदलती प्रक्रिया, रुझान और चेतना के स्वभाव को पहचानना, जिसमें चीजों के अर्थ बदल जाते हैं। यथार्थ के साथ एक सुविधा है, वह प्रमुखतः बाह्याश्रित होता है, इसलिए हमेशा तरोताजा रहता है, और विचार के साथ यह कि वह यथार्थाश्रित तार्किकता और जटिलता में भी कोई नयी अद्‌भुतता रच सकता है। लेकिन आत्मपरक अनुभूति के लिए बहुत आसान नहीं होता कि सिर्फ अनुभूति की वजह से ही उसे ताजगी माना जाए। अगर वह चिरंतनता की एक कड़ी है तो उसे जवाब देना होगा कि अनुभूति और व्यंजना के स्तर पर पिछली सर्जना से वह क्यों आगे है, और नये आयामों की सृष्टि कर समय के किस विजन को साधने की क्षमता रखता है।

जहाँ तक भारती की प्रेम-रचना का सवाल है, हम पूछ सकते हैं कि क्या भारती के राग में सांकेतिक सूक्ष्मता, संवर्द्धना और बौद्धिक तटस्थता है—जैसी शमशेर में है? प्रासंगिक अर्थ में उदात्तता और पारलौकिकता है—जैसी वीरेन्द्र कुमार जैन में है? खुलापन है—जैसा भवानीप्रसाद मिश्र में है? सामाजिकता है—जैसी निराला की 'प्रेयसी' जैसी कविताओं में है? प्रासंगिकता, पारदर्शिता, संयम या आधुनिकता के कौन-से लक्षण हैं? और अगर वह इन सबसे परे है तो क्या उसके अनुभव और काव्य की ऊँचाई आधुनिकता का कोई नया शिखर रचती है? निश्चय ही भारती के आरंभिक संग्रहों में कुछ युगबोधी कविताओं के

होने पर भी उनकी रचनाओं से इन प्रश्नों का कोई विश्वसनीय उत्तर नहीं मिल पाता है। वे उपर्युक्त कवियों में किसी एक की तरह हों, यह हमारा आशय नहीं है; वे अपनी निजता किस परिपक्वता और नवीनता से स्थापित करते हैं—प्रश्न यह है।

प्रेम स्वयं ऐसा मनोवेग है जिसे चाहे तो छिछला और हलका बना लें या चाहें तो इस हद तक उदात्त और गम्भीर कि वह साहित्य में अनुभूतिमूलक आवेग बन जाए जिससे हर भाव संप्रेषणीय, क्षिप्र और तरल बनता है। वह साहित्य में पदार्थ को ऊर्जा या वॉल्टेज को विद्युत में बदलनेवाली शक्ति बन सकता है, जो तरह-तरह की क्रियाओं में रूपायित हो सकती है। मैं तो यहाँ तक कहूँगा कि भारती का प्रेम ही 'अंधायुग' में विक्षोभ है और सामाजिक यथार्थ की रचनाओं में आहत संवेदना। इसलिए किसी कृति में प्रेम को देखकर मुग्ध या क्षुब्ध होने की बजाय यह पूछना चाहिए कि प्रेमावेग वहाँ गुणात्मक रूप में कितना घनीभूत, विकसित या विकीर्ण है? क्या वह बुद्धि, विवेक, यथार्थ और चिंतन का आच्छादन है या उसे उद्भासित करनेवाली ऊर्जा ?

भारती में इसकी सबसे मार्मिक परीक्षण-स्थली कनुप्रिया है जिसका प्रेम इतना विस्फोटक है कि अधकचरी रूमानियत और ओढ़े हुए आदर्श की चिंदी-चिंदी उड़ा देता है, लेकिन प्रेम का ऐसा मधुर स्रोत भी खोल देता है जिससे विचार की, औदात्य की और गांभीर्य की स्रोतस्विनी बहकर दिक्काल के ओर-छोर मिला देती है। उदात्तीकरण की पराकाष्ठा यह है कि स्त्री-पुरुष का प्रेम चराचर और परात्पर के प्रेम में ढल जाता है। ऐसी शुचिता, ऐसा माधुर्य और ऐसी प्रगाढ़ता कि लगता है, कनुप्रिया बेहद संवेदनशील उँगली से छुई हुई वीणा है, जिसमें कलाकार ने अपने प्राण उँडेल दिये और छायावाद और पिछली रोमानियत से भिन्न एक महीन और खनकती, गंधमयी भाषा; सौष्ठव और पारदर्शिता के साथ गर्वीली प्रेयसी की तरह झुकी हुई भी है और तनी भी रहती है। प्रेम के सनातन प्रतीकों की उर्वरता, अकुंठ रचना-स्रोत के सहारे शिल्प सहित ऊपर उठ जाती है और सिद्ध करती है कि एक निश्चित ऊँचाई पर पहुँचकर रोमेंटिक ही क्लासिकल हो जाता है। यह भाव-गांभीर्य और रागात्मक मूल्य की पराकाष्ठा है। फर्ज कीजिए कि आरोपों से घबराकर यदि भारती अपनी स्वाभाविक राग-भूमि छोड़ देते तो उनके सिवाय कौन लिखता 'कनुप्रिया'—क्या अज्ञेय? क्या शमशेर? क्या मुक्तिबोध?

'कनुप्रिया' तमाम गुनाहों, चुंबनों, रसिकता और लम्पटता की चाहों को बहुत पीछे छोड़कर विराट कालमापी आयामों को अपने लबालब राग से आसंगित किये है। वह न केवल भारती की शीर्षस्थ कृति है, आधुनिक प्रेम-काव्यों में भी अद्वितीय है। प्रेम के जिस शिखर की बात मैंने ऊपर कही है, लगता है, यहाँ उसे भारती ने पा लिया है। उनके काव्य में दिखाई पड़नेवाले समूचे लक्षण यहाँ भी हैं, मगर इस विराट केनवास में वे गुँथ गये हैं। वे अहि और गज के सिर की मणि नहीं रहे— नारी के अलंकरण हो गये। काव्यानुभूति और अभिव्यंजना की दरारें पट गयी हैं और भाषा सर्जना पर निछावर हो गयी है। ऐसी समग्रता भारती की किसी कृति में नहीं है—'अंधायुग' में भी नहीं, क्योंकि 'कनुप्रिया' कवि के मौलिक स्वभाव का उत्कर्ष है और 'अंधायुग' अपने को तोड़कर दूसरे ढंग से रचने की कोशिश।

'कनुप्रिया' कच्चे प्रेम की कोई किशोर कथा नहीं, चिंतन की, राग-विस्तार और राग-गांभीर्य की ऐसी रचना है—जहाँ से प्रेम प्रश्न की तरह फूटता है और चुनौती की तरह अतीत के साथ हमारे समय को घेर लेता है। नये उपालंभ, आग्रह और प्रश्नों का यह सिलसिला भारती को पीछे नहीं खींचता, आगे ले जाता है। यहाँ प्रेम कौतुक और विगलन-भर नहीं रहा, वयस्क चैतन्य, विराट आयाम, विलक्षण रचना-कौशल और समग्रता का विधान बन गया है। रूप के सँभार से गर्वीली-झुकी हुई शिल्प-सृष्टि, राग की सच्ची भूमि बन जाती है। प्रगाढ़ राग, अदम्य राग, विराट राग और चुनौती देता राग—कितने आयाम नहीं छुए हैं इस कृति ने राग के! भक्ति, रीति, रोमान और अभिमान—इसकी व्यापकता में घुलते हुए एक नये जीवन की कविता बन गये हैं। रचनाकार के संपूर्ण व्यक्तित्व का रूपायन ऐसा ही हो सकता है।

भाव-विह्वल कनुप्रिया अल्हड़ मगर भोली है, लेकिन भीतर से अनेकार्थ भरी, जो उसे 'असाध्य वीणा' (अज्ञेय) बना देती है। 'कनुप्रिया' के प्रश्न जिज्ञासा नहीं हैं, पारदर्शी अनुभव हैं। क्या वह एकालाप है? क्या वह एकान्त प्रेमानुभव है, जो देह से शुरू होकर रीतते-रीतते महज़ 'प्रेम' रह जाता हो? समर्पण और प्रश्न की हमजोली कमान का झुकाव और तीर की प्रखरता के रिश्ते की तरह है।

बेशक 'कनुप्रिया' भारती की सम्पूर्णता है, लेकिन जैसा कहा गया है, 'अंधायुग' प्रतिरोधी, युगचेतना है—एक लड़ाई है जो अतीत में नहीं, वर्तमान में

और खास कर लेखक के भीतर लड़ी जा रही है। अतीत उसकी अलगनी है। 'कनुप्रिया' का कृष्ण 'भागवत' है तो 'अंधायुग' का 'महाभारत'। अर्थपूर्ण इतिहास-बोध ने वहाँ समुद्र में आँखें खोली थीं, यहाँ खुले आकाश में जमीन पर।

'अंधायुग' का रचनाकाल वह समय था जब द्वितीय विश्वयुद्ध, उतरी हुई बाढ़ जैसे विनाश के चिह्न छोड़ गया था। किसी वक्त व्यंग्य में जिसे राजेन्द्र यादव ने 'शैली का राजकुमार' कहा था, वह इस वक्त दो-दो प्रलयंकारी युद्धों का साक्षी था—एक तरह से अभिशप्त इतिहास के पुनर्मंचन का साक्षी! इसके नियामक भी धृतराष्ट्र ही थे, क्योंकि कोई भी युद्ध करते वक्त उसके भीतर छिपे अदृश्य विनाश को देख नहीं पाता, फिर चाहे उसकी परिणति 'प्रभु की हत्या' में हो या 'गाँधी की हत्या' में :

उस दिन जो अंधायुग अवतरित हुआ जग पर
बीतता नहीं, रह-रहकर दोहराता है
हर क्षण होती है प्रभु की मृत्यु कहीं न कहीं
हर क्षण अँधियारा गहरा होता जाता है।

क्या अब भी हम कहना चाहेंगे कि प्रेम के भावावेग में स्थित होने के मानी यथार्थ में अनुपस्थित होना होता है—जबकि यहाँ तो कवि अत्यंत तीव्रता से समयोत्तर उपस्थिति भी दर्ज करा रहा है! क्या उक्त पंक्तियों को हम कल जैसी आज भी महसूस नहीं करते? रागावेग और संवेदन अधोगामी होकर यदि हताशा और अनास्था में पर्यवतित होता है तो वही ऊपर उठकर आस्था को मरने नहीं देता, वरना 'अन्धों के माध्यम से' कोई 'ज्योति की कथा' कह सकता है भला!

इसमें कोई शक नहीं कि जब चौतरफा संकट युद्ध-मुद्रा में खड़ा हो तब यदि रचनाकार अपने राग-लिप्त मन को झटककर समय का सामना न कर पाता, तो इस विपरीत भूमिका में वह बुरी तरह लड़खड़ा जाता। यह उसकी अग्नि-परीक्षा का क्षण था, जिसमें भारती का कवि दूर तक खरा साबित हुआ है। यहीं साफ होता है कि पिछले विरोधाभास और द्वैत, सर्जनात्मकता के भीतर जारी हलचलें—सार्थक चिन्ता की बुनियादें थीं। संसार की कई श्रेष्ठ कृतियाँ ऐसी ही कशमकश में से जन्मी हैं। जो लेखक द्वन्द्वहीन सपाट अनुकर्ता और लीकपंथी होता है—वह जिन्दगी-भर ऐसा कुछ नहीं लिख पाता जो इतिहास में, मन में

दर्ज हो। आत्म-भंजन की क्रूरता और अपूर्णता का अनुभव लेखक को सर्जक बनाता है। यह दौर विचलन और अंतर्विरोधों का भी होता है, जो 'अंधायुग' में भी है—उसकी तमाम खूबियों के बाद भी।

'अंधायुग' महाभारत के अन्तिम दिनों और युद्धोत्तर परिणामों का काव्य नाटक है। मूल घटना को आधुनिक युद्धों के लिए दस्तावेज की तरह इस्तेमाल किया गया है। कृष्ण की पुकार और असहायता के भीतर गाँधी की पुकार और असहायता का दर्शन 'अंधायुग' को भारत-विभाजन और भयावह और कत्लेआम से भी जोड़ता है। क्या 'प्रभु की मृत्यु' गाँधी की 'कायर हत्या' की ओर इशारा नहीं करती है ? दोनों परिणतियाँ अंतत: उस अंधेपन को ही सघन बनाती हैं जो अविवेक और नासमझी की खालिस परंपरा रही है।

यद्यपि मिथक या पुराकथा को आधुनिक यथार्थ में हू-ब-हू घटित कर पाना संभव नहीं हो पाता क्योंकि चरित्र, परिवेश और प्रक्रियाओं के अंतसंबंध काफी हद तक बदले हुए होते हैं। इसके अतिरिक्त पुराकथाएँ एक खास किस्म के लोक-विश्वास और रहस्य का आवरण चढ़ाये रहती हैं, जो उनका अविभाज्य अंग हो जाता है, जिसे हटाने की कोशिश कई बार कथा को ही विकृत कर देती है और क्योंकि रचनाकार भी इन विश्वासों और आस्थाओं से पारंपरिक रूप में जुड़ा होता है, इसलिए वह स्वयं भी उन्हें पूरी तरह नकार नहीं पाता, नतीजे में अधूरेपन की विसंगतियों से घिर जाता है।

महाभारत का बौद्धिक विश्लेषण करने और उसके चरित्रों को अपने ढंग से इस्तेमाल करने की कोशिश में बहुतसे भारतीय लेखक उलझ गये हैं—इसका मूल कारण कृष्ण-चरित्र के विरोधाभास और ईश्वरत्व है जिससे भारतीय लेखक आक्रांत हुए बिना नहीं रह पाता। लक्ष्मीनारायण मिश्र ने 'अपराजित' में चाहा था कि महाभारत के श्रेष्ठ चरित्रों को निकृष्ट और निकृष्ट चरित्रों को श्रेष्ठ साबित कर सकें, लेकिन 'लीला-पुरुष की लीला' के चक्कर में पड़कर सबकुछ निरर्थक हो गया। 'अंधायुग' में भी अगर कृष्ण ही बार-बार मरते हैं, अश्वत्थामा के घाव और पीप खुद में समो लेते हैं, खुद के भीतर सारा नाटक खेलते हैं या सारे नाटक के भीतर खुद खेलते हैं, अतीत और भविष्य दोनों उनकी मुट्ठी में कैद हैं तो शेष चरित्र तो सिर्फ कठपुतली ही बने रह सकते थे, फिर सच-झूठ, न्याय-अन्याय, युद्ध-शान्ति सब औपचारिकता भर रह जाते हैं। भारती ने इस खतरे को पहचानने की भरसक कोशिश की है। विद्रोहिणी गांधारी कृष्ण पर से देवत्व का मुलम्मा

हटा देती है :

विधुर—'प्रभु थे वे'
गांधारी—'कभी नहीं'

फिर भी जाने क्यों, अन्त में कृष्ण-मोह में बँध जाती है :

'कोई नहीं मैं अपने
सौ पुत्रों के लिए
लेकिन कृष्ण, तुम पर
मेरी ममता अगाध है
कर देते शाप यह मेरा तुम अस्वीकार
तो क्या मुझे दुःख होता
मैं थी निराश, मैं कटु थी
पुत्रहीन थी।'

क्या यह वही गांधारी नहीं रही जिसने कहा था, विदुर से :

'माता मत कहो मुझे
तुम जिसे कहते हो प्रभु
वह भी मुझे माता ही कहता है' ...

फिर गांधारी को क्या हो गया कि कृष्ण को शाप देकर अपने को ही अपराधिनी मान रही है? वह स्वीकार करती है कि असंतुलित मनःस्थिति में उसने एक भयानक गलती कर दी है। 'अंधायुग' में केवल गांधारी का चरित्र ही तो ऐसा था जिसने एक प्रभावपूर्ण प्रतिरोध खड़ा किया था। रचनाकार की प्रतिभा का जो कुछ सर्वश्रेष्ठ था, उसका सबसे बड़ा हिस्सा भी उसे ही मिला था। लेकिन ठीक ऐसे वक्त जबकि उसका प्रतिरोध चरम सीमा पर था, वह विगलित हो गयी। जाहिर है कि महाभारत को तर्क की कसौटी पर कसते हुए एक भारतीय लेखक कृष्ण के दिव्य प्रभा-मण्डल से मुक्त नहीं हो पाता और उसकी सशक्त निर्मितियाँ खण्डित हो जाती हैं। 'अंधायुग' में कृष्ण कहीं भी स्वयं उपस्थित नहीं हैं—वे कहीं संवाद में हैं, कहीं कथा में, कहीं छाया तो कहीं ध्वनि में हैं यानी वे परोक्ष रूप में सभी जगह हैं—क्या यह दृष्टि उसी दर्शन को नहीं पोसती जो 'सर्वं-खल्विदं ब्रह्म' में है? ऐसी स्थिति में कृष्ण मानवीय चरित्र

रह ही कैसे सकते थे! वे संपूर्ण घटनाचक्रों के बावजूद परात्पर, लीलापुरुष बने हुए हैं :

'बोले अवसान के क्षणों में प्रभु—
'मरण नहीं है ओ व्याध!
मात्र रूपांतरण है यह...'

धर्मवीर भारती ने भले ही महाभारत की त्रासदी को यथार्थ और अस्तित्वीय चिंतन में ढालने की कोशिश की हो, लेकिन वे उसके नैतिक और आध्यात्मिक स्वरूप को तरह न दे सके। आध्यात्मिकता ने महाभारत की नैतिकता को एक खास अन्दाज दे दिया है। क्योंकि वहाँ नैतिकता का अर्थ है 'कृष्ण का पक्ष'—'यत्र योगेश्वरः कृष्णो यत्र पार्थो धनुर्धरः। तत्र श्रीर्विजयो भूतिर्ध्रुवा नीतिर्मतिर्मम।' इसलिए यथार्थ की दृष्टि से महाभारत की पुनःरचना के बिना आध्यात्मिकता को उससे छीलकर अलग करना असंभव है। भारती ने भी दूर तक यह किया है, पर उसे चरम परिणति पर पहुँचाना उनके लिए कठिन हो गया।

यह बेहिचक स्वीकार किया जाना चाहिए कि बिना एक सुनियोजित घटना और चरित्र-विधान के पारंपरिक चरित्रों के आशय नहीं बदले जा सकते, फिर महाभारत तो संबंधों का अथाह नरक है। वहाँ पात्रों के चरित्र और संबंध कई जगह बड़े दूभर, कई जगह अतार्किक और अविश्वसनीय हैं। यह ग्रंथ एक प्रकार के दैवीय प्रभाव से मढ़ा हुआ है। ऐसी स्थिति में यथार्थ या अस्तित्ववाद को उसके माध्यम से पूरी तरह साध पाना कठिन है। क्योंकि दोनों निर्ममता की अपेक्षा करते हैं। फिर दोनों की तर्कसंगत अन्विति तो और भी कठिन है। गाँधी की हत्या और कृष्ण की हत्या में तात्विक अन्तर है—फिर भी इसे अंधत्व की अन्तिम परिणति के रूप में समन्वित किया जा सकता था। लेकिन गाँधी का यह कहना, 'कोई मेरी सुनता नहीं' और कृष्ण के इस कथन 'क्या कोई सुनेगा?' में मौलिक अन्तर है। स्वयं ही युद्ध के लिए अर्जुन को तैयार करने और उसके परिणामों से अपने को अलग करने में जो विसंगति है, वह गाँधी की अनासक्ति और नैतिक पीड़ा से मेल नहीं खाती। कृष्ण का दैत्य और गाँधी की मध्यस्थता में भी बड़ा अन्तर है। कृष्ण युद्ध का एक पक्ष थे और उन्होंने ऐसा भी कुछ किया था, जिसे अध्यात्म हटा देने पर नैतिक नहीं कहा जा सकता है। इसलिए दोनों के अकेले छूट जाने के अर्थ अलग-अलग हैं।

गहरे विश्लेषण और रचनात्मक धैर्य की कमी या रागात्मक दुर्बलता के

चलते भारती इस प्रासंगिक फ्लैश का अपेक्षित इस्तेमाल न कर सके। अगर भारती ने गांधारी जैसे विद्रोही चरित्र को रचा था, तो उन्हें समझ लेना था कि यह कृष्ण के उत्कर्ष की कीमत पर ही संभव होगा। परन्तु महाभारत के विराट मिथक ने कवि द्वारा निर्मित चरित्रों की आन्तरिक संरचना में कई जगह हस्तक्षेप किया है। गांधारी के अलावा 'युधिष्ठिर' को ही लें। 'विजय : एक क्रमिक आत्महत्या' में युधिष्ठिर की ग्लानि और पीड़ा उतनी व्यक्त न हो सकी, जितना उनका बड़बोलापन। अश्वत्थामा जैसे आलोचक की सृष्टि करके युधिष्ठिर की महत्ता कैसे कायम रखी जा सकती थी?

युद्ध के प्रति तीव्र घृणा और युद्धविहीन विश्व की परिकल्पना की अपेक्षा युद्धों के बाद नव-निर्माण का दर्शन अंधायुग की परिणति में प्रमुख हो गया है। कृष्ण की वाणी में जैसे लेखक कहता है कि 'मानव का भविष्य वही बचाएगा जो अंधा नहीं है, विकृत नहीं है।' 'कृष्ण' का अंश मनुष्यों के 'मन के वृत्त' में रहेगा, जिससे वह सभी परिस्थितियों का अतिक्रमण करते हुए विध्वंसों पर नव-निर्माण करेगा।

यह ठीक है कि मनुष्य बार-बार ध्वंस पर नव-निर्माण की जिजीविषा और क्षमता को रेखांकित करता रहा है, लेकिन क्या यह कारण और कार्य की संगति के बिना ही निष्पन्न हो जाएगा? युद्ध के प्रति घृणा उभारना जिस कृति का लक्ष्य हो, वही अगर नाश और निर्माण की नित्यता स्वीकार कर ले तो क्या युद्ध एक स्वाभाविक और अवश्यंभावी नियति की तरह सरलीकृत नहीं हो जाता? तब युद्ध से क्यों घृणा की जाए और युद्धविहीन विश्व की कल्पना क्यों की जाए? असल में यह कवि के बस में नहीं रहा कि वह कृष्ण की मृत्यु को केवन विनाश की चरम परिणति मानकर नाटक को समाप्त कर दे। उनकी 'मृत्यु' तो 'रूपांतरण' है, जो नव-निर्माण का एक पूरा दर्शन अपने पीछे छोड़ जाती है। एक यथार्थवादी लेखक जानता है कि दर्शन और रहस्य की सूक्ष्मताएँ वस्तु को निराकर बना देती हैं। यह ठीक है कि अन्तिम अंश में कृष्ण का लीलाभाव बहुत ट्रैजिक हो गया है और एक करुण रागिनी की तरह बज उठा है, लेकिन अपनी 'लीलाओं' के प्रति एक गहरी वितृष्णा तब भी उनमें नहीं है। युद्ध के प्रति निराकार निषेध भी तब तक कोई विशेष अर्थ नहीं रखता, जब तक कि युद्ध के कारणों की खोजबीन और उन्हें समाप्त करने के उपायों का सार्थक विश्लेषण न हो। कारणों के रहते हुए, युद्धविहीन विश्व की परिकल्पना एक युटोपिया है। अगर एक पक्ष 'अंधा'

और 'विरक्त' न भी हुआ तक भी युद्ध उस पर थोपा जा सकता है। कोई कम अंधा है या कोई ज्यादा अंधा—यह विश्लेषण खुद संजय का है जो निर्णय के उत्तरदायी क्षणों में भटक गया है।

प्रयोग और परंपरा को लेकर 'अंधायुग' पर बहसें हो चुकी हैं। पिछले दो दशकों में हिन्दी में इतने काव्य-नाट्य-प्रयोग देखने में आये हैं कि अब बहस का यह मुद्दा नहीं रहा है। मेरे खयाल में 'अंधायुग' की मूल समस्या 'कविता में नाटक' या 'नाटक में कविता' से संबंधित है। क्योंकि 'नाटक ' नामकरण के बावजूद 'अंधायुग' की अवधारणा काव्यात्मक है। अंकों के शीर्षकों से लेकर उसके दृश्य-विधान, भाषा और संवादों तक में काव्यात्मक रुझान प्रबल है, कई जगह अभिव्यक्तियाँ बिम्बात्मक हैं, जबकि नाट्य-संवादों से दृश्यपरक होने की अपेक्षा रहती है।

फिर भी यह नहीं कहा जा सकता कि 'अंधायुग' प्रबंध-काव्य की आवश्यकता ही पूरी करता है और उसमें नाट्य-स्थितियाँ नहीं हैं। जिन लेखकों ने नाट्य-शिल्प की दृष्टि से 'अंधायुग' की आलोचना की है, वे भूल गये हैं कि इस कृति ने कविता की नाट्य-संभावनाओं का भरपूर इस्तेमाल करते हुए नाटक को बहुआयामिता भी दी है। मसलन कुछ आलोचकों ने महसूस किया कि 'अंधायुग' के प्रहरी नाटकीय पात्र नहीं हैं। वे तटस्थ हैं। जबकि प्रहरी तटस्थ दृश्यानुभव को ही प्रतीकीकृत करने के लिए यहाँ हैं—इनके नाटकीय पात्र बनने की शर्त ही यह है कि ये नाटक में जय-पराजय से अलग केवल तटस्थ साक्षी बने रहें। इनकी पूर्ति कथा-गायक नहीं कर सकता क्योंकि वह स्थितियों का भोक्ता नहीं है। प्रहरियों की नाटकीयता उनके विवश और यांत्रिक अनुभवों और चेष्टाओं में ही है और वे वास्तविक प्रभाव पैदा करते हैं।

कविता का बेहतर इस्तेमाल भारती ने पात्रों के प्रतीकीकरण में किया है। संजय, संजय भी है और कवि का प्रतीक भी। वृद्ध जो नाटक में बार-बार आता है, वह कहीं 'भविष्य' है, कहीं 'प्रेत' तो कहीं 'जरा' (हालाँकि एक जगह उसे भविष्य-वक्ता शायद भूल से कह दिया गया है)। इस बात पर गौर किया जाना चाहिए कि जब कोई लेखक काव्य-नाटक लिखता है तो अवश्य ही उसका यह इरादा भी होता है कि वह कविता की ऐसी संभावनाओं को नाटक के पक्ष में इस्तेमाल करे जिससे नाटक अधिक सम्पन्न और विशिष्ट हो सके। यह धारणा मूल में ही गलत है कि कविता की उपस्थिति से नाटक नाटक नहीं रहता।

काव्य-नाटक से प्रश्न यह पूछा जाना चाहिए कि कविता नाटक को कौन-से आयाम देती है—या अपनी उपस्थिति से नाटक को नष्ट तो नहीं करती ?

अगर मोटे तौर पर देखें तो महाभारत के अन्तिम दिनों की कथा को युधिष्ठिर के राज्यारोहण और कृष्ण के निधन तक खींचने के कारण 'अंधायुग' की अवधि बहुत लम्बी हो गयी है। पात्रों में एक तहर से पूरा महाभारत आवृत्त होता है। कई घटनाओं को कहने का मोह भी नहीं टाला जा सका। चौथे अंक में तो तमाम भीड़ इकट्ठी हो गयी है जिसने नाटक की रंग-धर्मिता को जटिल फैंटेसी में बदल दिया है। मुझे लगता है कि अगर भारती घटनाओं में इतना न पड़ते और फकत अपने केन्द्रीय विचार के आस-पास, संबद्ध घटनाओं का नाटक रचते, तो शायद वस्तु भी अन्वित होती और विचार भी। गद्य-नाटकों में भी ऐसे विस्तार हुए हैं; प्रसाद के कई नाटकों में यह हुआ है; परन्तु यहाँ कवि की कल्पना ने नाटक को विस्फारित कर दिया है।

नागरिक रंगमंच में लोक-नाट्य-शैली का प्रयोग करके भारती ने नाटक में कविता के लिए उपयुक्त रंगमंच की खोज की है। एक तरह से यह शैली वैचारिक नाटक में 'रिलीफ' का काम भी देती है। आधुनिक नाटकों में लोक-शैली के प्रयोग अकसर हो रहे हैं और इससे अभिजात-नाट्य-शिल्प समृद्ध हुआ है। एक तरह से 'कविता-नाट्य' में इसकी नींव रखने का श्रेय 'अंधायुग' को दिया जा सकता है। 'अंधायुग' यों भी हिन्दी का अपूर्व काव्य-नाटक है। छन्द और मुक्त छंद की रंगधर्मिता की पहली प्रतीति 'अंधायुग' में ही हुई। संवेदन, व्यंग्य, चिन्ता और यातना ही नहीं, विचार, समस्या और प्रश्नों के लिए भी भाषा की क्षमता का परीक्षण-मंच 'अंधायुग' साबित हुआ है। काव्यात्मक संवाद-गुण, जो नाटक को संवेदना, कल्पना और मूर्तिमत्ता देते हैं, गद्य-नाटकों से भिन्न काव्य-नाटकों की विशिष्टता और महत्त्व सिद्ध करते हैं। भारती के बाद काव्य-नाटकों का एक सिलसिला ज़ाहिर करता है कि इस प्रयोग ने युवा रचना-मानस को बहुत प्रभावित किया। इस दिशा में 'एक कंठ विषपायी' जैसा उल्लेखनीय काव्य-नाटक भी लिखा गया, तब भी 'अंधायुग' अपनी ऊँचाई में अद्वितीय है।

'अंधायुग' के कथ्य, विचार और शिल्प पर विस्तृत विमर्श संभवतः इसीलिए किया जाना चाहिए कि यह हिन्दी में मील का पत्थर है और ऐसी कृति को ठोक-बजाकर देखना जरूरी है जो अगली पीढ़ियों को प्रेरणा देती है। इसीलिए

उसकी आलोचना कृति तक सीमित न होकर संभावनाओं तक जाती है।

भारती के संपूर्ण काव्य और काव्य-नाटक के विवेचन से यह स्पष्ट है कि उन्होंने उत्तरोत्तर अपनी जमीन पहचानी और बौद्धिकता से आक्रांत युग में भी रागात्मकता का स्वीकार साहसपूर्वक किया, उसे तराशते हुए नये आयाम खोजे और आधुनिकता को एक भावात्मक, सांवेगिक तरलता से सम्प्रेषित किया।

अन्त में भारती के सम्पूर्ण रचनाकर्म (जिसमें गद्य रचनाएँ भी शामिल हैं) पर एक टिप्पणी करने का मन है कि उनकी इस संपूर्ण साहित्य-यात्रा के आरोह-अवरोह, संघर्ष और समय को चित्रित करने और उसे अर्थ देने के प्रयत्न को यदि गम्भीरता से देखा जाए तो उनके भीतरी महाभारत का अनुमान लगाया जा सकता है। इसी सन्दर्भ में उनके विचलनों और अन्वेषणों को भी देखा जाना चाहिए। परन्तु लेखक की इस कशमकश को कम करके आँकनेवालों ने भारती को फतवों में निपटाने की कोशिश की है। एक वरिष्ठ रचनाकार ने उनकी एक कृति पर बात करते हुए कहा कि 'वे ऐसे लेखक सरीखे हैं जिसे प्रेमचंद भी अच्छा लगता है और प्रसाद भी। जो प्रेमचंद और प्रसाद दोनों का अनुकरण करना चाहते हैं।' कुछ ऐसी ही बातें एक दूसरे लेखक ने अन्य कृति के बारे में जरा फूहड़ ढंग से कही कि 'उनके उपकरण प्रगतिवादी हैं और दृष्टि निर्गुणवादी।'

व्यक्तियों और वादों का नाम लेने में एक सुविधा तो होती है कि आप हर चीज को गलत जगह रख सकते हैं, किसी को किसी से भी जोड़ सकते हैं और उनमें ऐसा साम्य भी कभी-कभार मिल ही जाता है कि कोई आपको गलत भी नहीं कह सकता। वहीं आप रचना की अंतड़ियाँ खोलने से भी साफ बच जाते हैं। ऐसी तुलनाओं से एक साथ कई चीजों का गलत मूल्यांकन हो जाता है।

वास्तव में वैविध्य को आत्मसात करना और उसे अन्वेषित करना एक स्वाधीनचेता लेखक की अपनी माँग होती है। साथ ही यह कहना भी उचित होगा कि शिल्प और वस्तु के संबंध इतने तकनीकी और पूर्वनिर्धारित नहीं होते हैं कि उनकी विभिन्न विचारों और स्तरों पर आवाजाही नहीं हो सकती। मुक्तिबोध ने जिस फैटेंसी शिल्प में रचनाएँ कीं, क्या वह प्रगतिवादी है?

दरअसल शिल्प का प्रयोग, उसका विधान ही उसकी नियति तय करता है, स्वयं शिल्प नहीं। दूसरी बात यह है कि विचार और वस्तु भिन्न-भिन्न लेखकों में भिन्न-भिन्न अर्थ देती है। क्या कबीर का रहस्यवाद अपने पूरे संदर्भ में वही अर्थ देता है जो जायसी का रहस्यवाद? मैं समझता हूँ कि उक्त आक्षेपों के लिए ये संकेत पर्याप्त हैं।

सिद्धान्तों के सामान्यीकरण रचना के संदर्भ में प्राय: उतने कारगर नहीं होते जितने वे स्वयं सिद्धान्तों के बारे में होते हैं। यह सोच की विकलांगता और संकीर्णता कही जाएगी कि जो लेखक अपनी लड़ाई अपने बूते पर लड़ना चाहता है, उसे अकारण इधर-उधर बाँधकर हम उसके संघर्ष की अनदेखी ही नहीं करते उसे अपमानित भी करते हैं। हिन्दी के एक दौर में यही हुआ। जब किसी पर वायवी रूमानियत चिपकानी हुई, 'धड़' से कोई छायावाद चिपका दिया गया और किसी पर आयतन और आकृति में बँधे प्रगतिवाद को फेंककर मार दिया गया, किसी पर अस्तित्ववाद और निर्गुणवाद का लेबल चिपका दिया गया। इस दौर में हर जगह लेबल ही लेबल चिपके मिलेंगे, आप देख ही नहीं पाएँगे कि भीतरी पदार्थ द्रव है या ठोस? दुर्भाग्य से विचारों के ऐसे ढाँचे जिन्हें लोगों ने अपनी समझ से भी गढ़ लिया है, किसी भी लेखक के प्रकृत मूल्यांकन में बाधक रहे हैं, इसके चलते हमने बहुत-सी कालजयी कृतियों का अवमूल्यन और अपमूल्यन किया है।

यद्यपि सर्जक की अंत:प्रेरणा का कोई नैसर्गिक केन्द्र होता है, फिर भी वह अपने में बद्ध नहीं होता, अनेक प्रकार की अवधारणाओं और स्थितियों के घात-प्रतिघात से उसका रचना-मानस व्यापक बनता है, जो अनवरत साधना से सँवरता, विकसित होता—और यहाँ तक कि परिवर्तित भी होता रहता है। क्या कभी यह सोचा गया कि कोई लेखक विचारों को अपनी रचना में सृजित करने के बावजूद विचारधारा या दर्शन-प्रणाली में बँधने से इनकार क्यों करता है? इसलिए कि यह उसकी आत्म-चेतस सर्जना की अनिवार्य माँग है, जो अनेक दिशाओं से प्राणशक्ति ग्रहण करने के लिए अपने को मुक्त रखना चाहती है।

धर्मवीर भारती के रचनाकार से असहमति के अनेक बिन्दु हो सकते हैं— और हैं, लेकिन इससे किसी लेखक का संपूर्ण अवदान छोटा नहीं हो जाता।

अपने दिक्काल की पहचान के लिए बेचैन लेखक का संघर्ष, संकट, सीमाएँ, उत्कर्ष और अपकर्ष रचनाओं में लिखा जाता है, वह उस अकेले का नहीं होता, उसके समय का भी होता है, इसलिए रचना समय को पहचानने में भी सहायक होती है। एक बड़े लेखक की त्रुटियाँ और सीमाएँ आगामी पीढ़ियों को दिशा देती हैं, इसलिए उन्हें भी नज़रअदांज नहीं किया जा सकता, अलबत्ता वे लेखक का मानदण्ड नहीं होतीं, उसका मानदण्ड वे उत्कृष्टताएँ होती हैं जो वह अपने पूरे जीवन-काल में रचता है और जो एक गतिशील प्रणाली में अगले युग में रूपांतरित होती है।

रामविलास शर्मा

प्रकृति का आदमकद कवि

रामविलास शर्मा से मेरा परिचय तब हुआ था जब वे भोपाल में रोडवेज के डिपो मैनेजर थे। वे विधुर थे। उनके बच्चे छोटे थे और पिता नौकरी पूरी कर चुके थे, घर में अकसर वे ही मिलते थे। रिटायर्ड हेडमास्टर की ठसक उनमें बनी हुई थी मगर थे वे जिन्दादिल, फक्कड़ और किस्सेबाज। माँ को बहुत कम बोलते हुए सुना। उनके पेट में बरसों तक अल्सर रहा। अस्पताल से दूर ही रहना चाहती रहीं, मगर मौत के लिए बड़ी कड़ियल साबित हुई। माँ-बाप जब तक थे, रामविलास अपने को युवा मानते रहे। उनके जाने के बाद वे बुजुर्ग हो गये, लेकिन जिन्दादिली ज्यों की त्यों। बार-बार दुर्घटनाग्रस्त होते रहे। टाँगें टूटीं, पसलियाँ दरकीं, अस्पतालों में सालों भर्ती रहे। पैर में अकसर पीप पड़ जाता था, मधुमेही थे और रक्तचाप तो खैर था ही। एक्सीडेंट के ऐसे शौकीन कि उनकी मृत्यु भी दुर्घटना में हुई। उनकी फटफटिया वाहन से टकराकर उन्हें अपने साथ ले गयी।

मैंने रामविलासजी को बहुत करीब से देखा। उम्र के फासले के बावजूद उन्होंने अपनी उम्र का अहसास नहीं होने दिया। दर्द तो रह-रहकर उठ होंगे, मगर किसी को रामविलास ने अपना रुआँसा चेहरा नहीं दिखाया। कविता में भी रोना-धोना नहीं मचाया। प्रकृति, जीवन, राग, उत्पीड़न जो भी रामविलास ने लिखा, उसमें उनका आत्मपरक रोग, शोक नहीं है। इस मामले में वे रोमाण्टिक और गैररोमाण्टिक दोनों कवि-किस्मों से अलग हैं। एक प्रसंग शायद उनके व्यक्ति और कवि को दूध-पानी की तरह अलगाने के लिए काफी होगा। एक बार गम्भीर हालत में वे अस्पताल में भर्ती हुए। उन्होंने प्राइवेट नर्सिंग होम में अपने लिए सबसे अच्छा, महंगा और आकाश की ओर खुलने वाला कमरा लिया। स्थिति यह थी कि डॉक्टर उनके जिन्दा रहने पर हैरत में थे। वहाँ वे ठाठ से एक पखवाड़े से ज्यादा रहे और बादल पर सौ कविताएँ लिख डालीं। दोस्तों

को सिर्फ कविताएँ सुनायीं या नर्सिंग होम के ऐश। इन कविताओं का उनकी तकलीफों से दूर का रिश्ता भी नहीं है।...और लीजिए, इस वक्त फिर से वे नर्सिंग होम में थे। वहीं से उन्होंने एक निजी पत्र में यह ताजा कविता लिख भेजी थी :

'बीता वर्ष
'झाँकता रहा रोशनदान से मुट्ठी भर आसमान
और झरती रही नर्सिंग होम के कमरे में
अंजुरी भर शिशिर-धूप
छीजते रहे क्षीणकाय दिन बूँद-दर-बूँद
सलाइन बोतलों की तरह और गुजर गया इस तरह
उन्नीस सौ पिच्चासी का वर्ष।'

क्या किसी कवि का भोगना और लिखना इस कदर अलग-अलग हो सकता है और तब भी जो लिखा जाता है, वह सच्ची कविता हो सकती है ? इस पहलू पर विचार करने से पहले फिलहाल जारी सिलसिले को ही आगे बढ़ाना मुनासिब होगा।

रामविलास शुरू से कवि रहे। पारिवारिक दायित्व की वजह से संयोगवश वे जिस नौकरी से नत्थी हुए, उसी से अन्त तक जुड़े रहे। वहाँ कविता नहीं थी, उस तरह की तो कतई नहीं जैसी रामविलास लिखते रहे हैं। लेकिन उन्होंने कभी कोशिश नहीं की कि ऐसे असाहित्यिक—बल्कि साहित्य-विरोधी विभाग को छोड़कर शिक्षा, आकाशवाणी, अखबार या किसी और जगह जाएँ। एक संगिनी से बिछड़े तो यादों के सहारे जिन्दगी गुजार दी, किसी और की तलाश उनके लिए जरूरी नहीं हुई। जिसे दोस्त बनाया, उसका हाथ किसी कीमत पर नहीं छोड़ा। दोमुँहे लेखकों, बुद्धिजीवियों की तरह न तो नौकरी को गलियाया न अपने को उसके परे और ऊपर समझने का भ्रम पाला। उलटे, कर्तव्यपालन में पूरी मुस्तैदी बनाये रखी। सन्तान, माता-पिता, मित्र या नौकरी के प्रति रामविलास ने कोई लापरवाही या कर्तव्यहीनता बरती हो, इसका प्रमाण कम-से-कम मुझे तो नहीं मिला।

सांसारिक कर्तव्य में इस तरह लिप्त होना कि एक अलग किस्म की लिप्तता के लिए फिर भी पूरा, साबुत आदमी बाकी रहे, किस तरह होता होगा ? मैंने जितना रामविलास को जाना है, उतने से तो मैं उनपर दोहरा जीवन जीने का

आरोप नहीं लगा सकता। जैसे प्रेम करते हुए हम माँ, प्रेमिका और कुत्ते से एक साथ न टकरानेवाला प्रेम कर सकते हैं और कोई भी झूठा और नकली नहीं हो सकता, वैसा ही कुछ रिश्ता जीवन और कविता के साथ रामविलास का रहा है। दोनों किसी एक निष्ठा के तहत बराबरी से जिये गये। ऐसे कम लोग होते हैं जो कवि होकर जीवन के साथ न्याय कर सकें और जीवन के साथ न्याय करते हुए कवि रह सकें। रामविलास ने वह कर दिखाया।

यों जिन्दगी जीते हुए रामविलास उस तरह से कवि नहीं लगे। भावुकता या बौद्धिकता का कोई आवरण उनपर कभी नहीं सजा। चाल-ढाल, बातचीत, लिबास कहीं से कविता या विशिष्टता का अन्दाज नहीं टपकता था। बात-बात में ठहाके, हाजिरजवाबी, फक्कड़ और बेतकल्लुफी, आप अन्दाजा भी नहीं लगा सकते थे कि जिस आदमी से बात कर रहे हैं वह शब्द और बिम्ब का इतना पारखी, सौन्दर्य के मर्म को छूनेवाला, निहायत बारीक और गहरा कवि है। जिन्दगी को इस तरह जीना कि वह रस में छलके मगर रूप में न दिखे, बहुत विकट कर्म है।

जिन लोगों के साथ इतिहास ने अन्याय किया है, उनमें रामविलास भी हैं। कविता के मामले में आलोचक डॉ. रामविलास शर्मा का जितना जिक्र हुआ है उतना भी इस समूचे कवि रामविलास शर्मा का नहीं हुआ। वे अपनी पीढ़ी के शायद ऐसे अकेले कवि थे जो अपनी तरह के आप होते हुए भी, देश की तमाम पत्रिकाओं में महत्त्व से प्रकाशित होने और नये-पुराने सबके द्वारा एक से प्रशंसित होने के बावजूद 51 वर्ष तक पुस्तक रूप में नहीं आ पाये। उनका पहला काव्य संग्रह 'कविता में सुबह' जीवन की ढलती दोपहर में 1970 में प्रकाशित हुआ। वे उन लोगों में हैं जिनकी जिन्दगी तपस्या करते ही बीतती है। ऐसे लोग शायद इस जमाने में गलत पैदा होते रहे हैं। कभी कोई संग्रह छापाखाने तक पहुँचा तो उसमें से 'छापा' गायब हो गया। किसी संग्रह पर दोस्तों की कृपा हो गयी। ये बातें भी रामविलास इस तरह कह जाते थे मानो 200 ग्राम खरीदे हुए अमरूद दुकानदार के यहाँ छूट गए हों। जैसे रामविलास कवि होकर भी कवि नहीं दिखते थे वैसे ही उनके भीतर का दर्द बाहर नहीं रिसता था। लेकिन अगर कोई बीमार न दिखता हो तो जरूरी नहीं कि वह बीमार और व्याकुल न हो। क्योंकि बिना बेचैनी, तड़प, उत्तेजना, क्षुब्धता और विचलन के वैसी कविताएँ लिखी ही नहीं जा सकती थीं, जैसी रामविलास ने लिखी हैं।

जीवन और कविता के विलगाव और संबंध की जो चर्चा ऊपर की गयी थी

उसे आगे बढ़ाना चाहिए, क्योंकि किसी प्रामाणिक, अर्थवान और गहरी समकालीन रचनाशीलता पर बात करने के लिए यह एक अनिवार्यता है।

रामविलास प्रकृति के कवि हैं। यह अपार संसार उन्हें उसी नौकरी ने दिया था जिसकी नियति लगातार 'सफर' करना रहा। इसी दौर में कवि ने प्रकृति के बारीक-से-बारीक स्पंदनों को महसूस किया, प्रकृति को लोगों के जीवन में और लोगों को प्रकृति के जीवन में भाग लेते हुए जाना। दूसरे कंडक्टरों या अफसरों की तरह वह उनके सिर पर से छूछे बादलों की तरह ही गुजर गयी। मंदसौर की अफीम हो या कट्टीबाड़ा का महुआ; माच हो या भगोरिया; सागोन हो या आम; क्वाँर या फागुन कोई कवि-मन में उतरने से नहीं बचा। प्रतिभा हो, दृष्टि हो, जानने-रमने की इच्छा हो और उसके लिए अवसर मिल जाए तो क्या बाकी रहता है रचना के लिए? यों रोडवेज की नौकरी पूरी निष्ठा के बावजूद रामविलास को जैसी फली, वैसी अध्यापकी, प्रोड्यूसरी और संपादकी क्या फलती? संयोगवश यह कवि जिस रट में पड़ा, उसे उसने वरदान बना लिया। प्रकृति और लोक- जीवन की सन्निधियों का अनिवार्य विस्तार, व्यापक लोक-दृष्टि और लोक चिन्ता में होता है। अगर लेखक का अध्ययन, चिंतन और भीतर की खोज जारी रहती है तो रचना को एक सार्थक दिशा और क्लासिकल सिद्धि भी मिल सकती है। रामविलास ने इसमें कोई कोताही नहीं की। धीरे-धीरे क्षितिज फैलता गया, जीवन की समग्रता खुलती गयी और रचना को स्पष्ट दिशा मिलती गयी। परिपक्वता के काल में मार्क्सवादी चिंतन ने रामविलास के जीवन और प्रकृति को नयी तराश और दीप्ति दी यानी जो जारी था, वह अधिक निखरा और दिशावान हुआ :

अंजुरी भर उजाला
बो दिया था मैंने आँगन में
जिसे सींचता रहा ता-उम्र
बरसों बाद
आँगन से उमड़कर रोशनी का सैलाब
गलियों चौराहों सड़कों को फलाँगता
पसर गया है
गाँव-गाँव और शहर-शहर।

(आस्था, समय को शब्द दो)

यही रामविलास शर्मा के कवि का विकास है जो उनके संग्रहों—'कविता में सुबह', 'ऋतु गंध', 'समय को शब्द दो' और 'बादल'— में क्रमशः देखा जा सकता है। (सम्भव है, प्रकाशन-क्रम में कुछ व्यतिक्रम हुए हों, लेकिन मैं समग्रता के आधार पर यह कह रहा हूँ।)

आदमी अच्छा हो या बुरा, ईमानदार हो या बेईमान, उसकी जो भी मूल प्रवृत्ति होती है (फिर चाहे वह उसे स्वभावतः प्राप्त हुई हो या उसने अर्जित की हो), मनुष्य के कृतित्व में किसी-न-किसी तरह से प्रत्यक्ष या प्रच्छन्न भूमिका निभाती है। हमने देखा है कि रामविलास के व्यक्तित्व का केन्द्रीय गुण उनकी एकनिष्ठा यानी स्वीकार को अन्त तक निर्वाह करने का है। कविता में भी प्रकृति और गीतात्मकता का पल्ला उन्होंने जो पकड़ा तो वे उसे ही ज्यादा-से-ज्यादा मजबूती से पकड़ते चले गये। प्रकृति को तो, खैर, उनकी कविता से अलग करना अर्थ से शब्द को अलग करने की तरह होगा। छंदों के निकल जाने पर भी गीतिमत्ता और गीति रागात्मकता उनकी कविता में बसी रही। सुबह-सुबह दूधवाला अगर आपकी चौखट पर आकर साँकल बजाये तो क्या आप जागेंगे नहीं और दरवाजा नहीं खोलेंगे? गीतिपरकता रामविलास की ऐसी ही मजबूरी है। उन्होंने इस बात की परवाह नहीं की कि जिन दौरों में वे कविता लिख रहे हैं, उनमें कविता के रुझान, तेवर और मुहावरे क्या हैं। इसलिए हर वक्त ताजा लिखते हुए और अपनी पहचान आप होते हुए भी वे नये कवियों के बीच कम ही चर्चित हुए हैं। भले इससे उन्हें जो भी तात्कालिक हानियाँ हुई हों, लेकिन प्रकृति के चिरंतन राग, उसके समयुगीन रूपायन, उससे जुड़े लोक-संवेदन और कवित्व की मार्मिकताओं के कारण वे उन कवियों में होंगे जो कल भी रह जाएँगे। हाँ, इतना जरूर है कि प्रकृति चाहे जितनी विविध और सार्वकालिक हो, अगर कवि के भीतर अपना ढर्रा बना लेती है तो स्वयं कवि की गतिशीलता, उर्वरता और प्रतिभा-विस्फोट की दृष्टि से, अनजाने ही रचना का एक पठार तैयार होने लगता है जबकि अपने को बार-बार तोड़ना और अपने से विचलित होना भी नित्य उर्वरता के लिए किसी हद तक जरूरी होता है। रामविलास की कविताएँ रूप और वस्तु के एक साँचे में ढल गयी प्रतीत होती हैं। जिन बिंबों के लिए हम कवि की प्रशंसा करते हैं, जो विश्लेषण कभी उसकी ताजगी को फबते थे, वे अब कविता पर इतने ज्यादा लद गये हैं कि कई बार कविता के स्थूल हो जाने का खतरा पैदा हो जाता है। जिस युग में थोड़ा कहकर बहुत-सा छोड़ दिया

जाता हो, उसमें विश्लेषण-भरे ब्यौरे देने का लोभ कविता को व्याख्या बना देता है :

कितना सही है
कि आग उगलते सूरज के
जल्लो-जलाल के बावजूद
हर सिम्त
पलाश की नाजुक टहनियों पर
फूट रहे हैं
मुस्कराते मखमली बादामी कोंपल।

(जंगल की दोपहर; कविता में सुबह)

आग उगलते सूरज का जल्लो-जलाल है, टहनियाँ नाजुक हैं, कोपलें बादामी हैं, क्या यह सब सूरज के जल्लो-जलाल, टहनियों और कोपलों के जरिये नहीं कहा जा सकता था? (शायद कवि को खतरा हो कि टहनियों का मतलब लोग डालियाँ और कोपलों का आशय पत्ता समझ लेंगे!) हर निरीक्षण को या उससे संलग्न निहित अर्थ को शब्द देने की अपेक्षा शब्द के भीतर सन्निहित अर्थ या अर्थों का सांकेतिक विस्तार देने से कविता सूक्ष्म और गहरी होती है। फिर भी विशेषणों से अनावश्यक रूप से बिंब को स्फीत कर रामविलास शर्मा शायद चाहते रहे हैं कि चीजों को उन्होंने जिस गहराई और विस्तार में देखा और महसूसा है, उसे ज्यों का त्यों भाषा में अनूदित कर दें। किसी ने, शायद राजशेखर ने कहा है कि कविता-कामिनी आधे घूँघट में ही ज्यादा सुन्दर लगती है। बहरहाल, रामविलास शर्मा से क्या कहते, जिस पल्लू को वे पकड़ते थे, उसे छोड़ने से तो रहे।

ऐसी संरचनात्मक खामियों के बावजूद रामविलास प्रकृति और प्रकृति से संश्लिष्ट जीवन के अनूठे कवि हैं। उनके लिए प्रकृति केंद्रीय संवेदन भी है और शिल्प-माध्यम भी यानी वह उनके काव्य-व्यक्तित्व में इतनी संश्लिष्ट और घनीभूत रही है कि जहाँ एक ओर मौसम, फूल, पहाड़, हवा, नदी पर बात करते हुए पूरा संसार उनमें जन्म लेता है, वहीं जीवन के राग-रंग, शोषण, संघर्ष, अनुभव वगैरह सबकुछ वे प्रकृति की भाषा में ही व्यक्त करते हैं और जहाँ वे प्रकृति के माध्यम के बिना अपनी बात कहने की कोशिश करते हैं, वहाँ अकसर कवि नहीं रहते। अपने तीसरे संकलन 'समय को शब्द दो' में जहाँ एक ओर

उनकी चिंता का दायरा बढ़ा, वहीं दूसरी ओर माध्यम के रूप में प्रकृति का बहुत कम सहारा लेने की वजह से ऐसी कविताएँ अकसर वक्तव्य जैसी और सपाट हो गयीं। यानी यहाँ वे कवित्व का अपना स्तर भी नहीं निभा पाये हैं। ऐसी कविताओं में भी जहाँ प्रकृति-संदर्भ आये हैं, सहसा रचना की दीप्ति और प्रभाव बढ़ गया है। उदाहरण के लिए 'युद्ध' कविता लें :

(1) *हिमालय की शुभ्र नीलम वादियों में*
भटकती
बारूद की दुर्गंध से बोझिल हवाएँ
बर्फ आच्छादित धवल उत्तुंग शिखरों के
दरकते वज्र सीने
गोलियों की निरंतर बौछार से आहत
देवदार, चिनार, चीड़ों के सघन वन
टेरते हैं आज

(2) *क्योंकि फिर से*
स्वार्थ लोलुप
प्रबल आक्रांता पड़ोसी चीन
भूल बैठा पंचशीला प्रतिज्ञाएँ और सह-अस्तित्व
लाँघ कर इनसानियत की हद
दे रहा है द्वार पर दस्तक।

(समय को शब्द दो)

कविता का दूसरा हिस्सा कोई भी मंच-कवि लिख देता, उसके लिए रामविलास की जरूरत नहीं थी। शुरू की आठ पंक्तियों में तो कविता जारी रहती है, लेकिन दूसरे भाग में भाषण बन जाती है, इसका मतलब यह है कि दूसरे भाग को सर्जना के वे माध्यम नहीं मिले, जिनसे वह रामविलास की कविता होती। इसका यह अर्थ नहीं है कि राजनीतिक विषयों पर कविता न लिखी जाती लेकिन वे यदि उन संवेदन-माध्यमों से यह लिखते तो ऐसी कविताएँ ऐसी होतीं जो सिर्फ वे ही लिख सकते थे। दरअसल रामविलास के कवि-व्यक्तित्व से प्रकृति का इतना अपरिहार्य और अविच्छिन्न संबंध था कि उनका कवि-मन और

जीवनानुभव प्रकृति के तादात्म्य में ही एकसाथ और एकसार सक्रिय रहता था।

रामविलास के काव्य की यह सामान्य विशेषता उल्लेखनीय है कि सारे अनुभव उनमें रूपात्मक होकर आये हैं और सारे रूप अनुभवात्मक होकर। ऐसी कविताएँ निश्चय ही अनूठी हैं क्योंकि वे बिंब-प्रतिबिंब या अनुभव-प्रतिअनुभव में रूपायित नहीं होती, बल्कि जीवन के संवेदन-मूल्यों, कर्म-संघर्षों और अन्वित-दृष्टि को रूपायित करती हैं। उदाहरण के बिना शायद ये बातें उलझी हुई लगें। एक कविता है 'फागुन पूनो' 'इस कविता में आदिवासियों का नृत्यानुभव है। इसे कवि ने प्रकृति की रूपात्मकता में बदल दिया है। जंगल बस्ती में आ गया है, पहाड़ियाँ वर्तुलाकार नाच रही हैं, फूलों की महक उन्मादी हो उठी है, जबकि जंगल जहाँ था, वहीं पहाड़ियाँ स्थिर हैं और खुशबू वही है' जो होती है। अनुभव के रूपांतर की यह प्रक्रिया अनुभूति को रूपात्मक बना देती है :

धीरे-धीरे टहलता हुआ
आ जाता है जंगल बस्ती के बीचोंबीच
जहाँ नाच रहे हैं
नशे में झूमते दीन दुनिया से बेखबर
अलमस्त आदिवासी युगल
सन्नाटे में लिपटे
खामोश खड़े काजू के पेड़
हैरान होकर देखते हैं
गरबा नृत्य करती वर्तुलाकार पहाड़ियों को
जो हाथ में हाथ थामे
नाच रही हैं उनके साथ

(ऋतु गंध)

अब अपने कथन के दूसरे हिस्से को प्रमाणित करने के लिए एक दूसरी कविता उद्धृत करता हूँ—'प्रेम':

लकदक टहनियाँ
दहकते गुलमोहर की
भरते ही बाँहों में
महसूसता हूँ मैं

अपनी साँसों में घुलती
रातरानी की मुलायम गन्ध
और देह पर
झरते हुए हरसिंगार के फूल।
एक अजीब सनसनी
व्याप जाती है शिराओं में, झनझना उठता है रोम-रोम
कुलाँचे भरती हिरनी की चाल-सी
तेजतर हो जाती है रक्तचाप की रफ्तार
और नाभि से उठ
फैल जाती है वातावरण में
सम्मोहित तीखी कस्तूरी गन्ध
कितना अच्छा लगता है
कभी-कभी
बन जाना आदमी से
झील
मछली
या कमल!

यह कविता प्रकृति के सान्निध्य से यानी रूप के आस्वादन से उत्पन्न अनुभूति है, जिसे कवि ने प्रेम कहा है। इसे मैंने अन्य कारणों से भी उद्धृत किया है। लगता है, यहाँ बिंबानुभूति का स्थानांतरण हुआ है। बाँहों में भरा जाता है गुलमोहर लेकिन गंध रातरानी की आने लगती है और देह पर हर-सिंगार के फूल झरने लगते हैं। रक्तचाप में हिरनी कुलाँचे भरने लगती है और नाभि से कस्तूरी गंध उठकर वातावरण में फैल जाती है। झील, मछली या कमल जैसा बन जाने का बोध होता है। प्रश्न यह है कि एक सान्निध्य से दूसरी अनुभूति-सन्निधियों में उतरना कब होता है, जबकि ये अनुभूतियाँ आपमें पहले से ही न सिर्फ मौजूद हों, बल्कि बोध में लगातार संक्रमित होकर सृजन-मन में अपनी समग्रता रच लें? झील हो जाना प्रकृति की इसी समग्रता की अनुभूति है, जहाँ सबकुछ प्रतिबिंबित होता है, घिरा रहता है, पारदर्शी होता है और अनवरत रसात्मकता से तरंगित होता रहता है। जल की मछली या कमल भी रंगारंग रस के समग्रता-बोध में अपने स्वरूप को एकाकार कर देने के प्रतीक हैं। यह मात्र

बिंब-प्रतिबिंब भाव नहीं है, एक अन्वित-चेतना और मूल्यदृष्टि भी है, जिसे हम संवेदना कहते हैं। जब उसका वृत्त अवचेतन तक फैल जाता है, तो संवेदना का कोई जैविक और मानवीय पक्ष उससे छूट नहीं पाता। इसलिए जो कवि प्रकृति को सिर्फ क्रीड़ा के लिए या उपमान और सजावट के लिए या रोमानी अनुभूति और वायवीय संसार में पहुँचने के लिए इस्तेमाल करता है, वह अधूरी प्रकृति तक ही पहुँच पाता है। लेकिन जो कवि प्रकृति को अनुभव और यथार्थ-जीवन से संश्लिष्ट महसूस करता है, उसके संवेदन-वृत्त की कोई सीमा नहीं हो सकती।

रामविलास में रोमांटिक और छायावादी संस्कार हैं अवश्य, लेकिन धीरे-धीरे उनकी प्रकृति यथार्थवादी संदर्भों से गुँथती चली गयी। उनके विकासकाल की कविताओं में प्रकृति का रोमांटिक सौंदर्यबोध बहुत कम मिलेगा। 'समय को शब्द दो' में तो सिर्फ ऐसी एक ही कविता है—'फागुन की शाम।' रामविलास की उत्तरकालीन कविताओं में प्रकृति के रम्य और मोहक रूपों से अधिक विकट और दुर्दांत रूप है— अतिवृष्टि, बाढ़, अवर्षा, हाड़ कँपाने वाला जाड़ा, तेज गर्मी और तूफान से परेशान मनुष्य उनका काव्य है। अपने समय की विसंगति, उत्पीड़न, अंधकार बेचैनी को ही जैसे प्रकृति की इन मुद्राओं के जरिये कहा गया है। आँधी सन्निपातग्रस्त लड़की है, यूक्लिप्टस रक्तचाप के रोगी-सा आँधी में काँपता है, क्षितिज पर दहकते अंगार अतृप्त चाहों की तरह बुझकर राख हो जाते हैं, धरती से आकाश तक फैला साँझ का हलका अँधेरा अभावों की मनमानी परछाईं-सा है, घनघोर अँधेरे में घर पतझर की तरह लगते हैं, सावन और फागुन के रंग और उमंग टूट चुकी है, कोयल और मैना के स्वर कीलित हो गये हैं, सुबह का सूरज चार रुपये किलो के टमाटर के रंग का दिखता है, बिजली का डायनामाइट अंतरिक्ष को तेज धमाके से दहला देता है और आकाश से कहर बरसने लगता है। प्रशासकीय हथकंडों जैसी पानी की तीखी धार है, गर्मी में सड़कों को एक्जिमा हो जाता है, गलमुच्छ और सुर्ख आँखोंवाला ग्रीष्म कुख्यात डाकू है, धुआँधार बारिश में दिशाएँ पूछती हैं—'सूर्य कहाँ है ?' शाम को सहमी, डाँट खायी नौकरानी की तरह हवा खामोश है, वगैरह सैकड़ों उपमाएँ हैं जो प्रकृति के बहाने आज के जीवन में मनुष्य की दुर्दशा और तकलीफ को व्यंजित करती हैं।

रामविलास के ये तेवर प्रकृति से कवि के अंतरंग संबंधों की नींव पर खड़े

हैं। प्रकृति उनके भीतर इतनी समा गयी है कि वे उससे एक दोस्त की तरह अनौपचारिक व्यवहार कर सकते हैं और उससे हर रंग में खेल सकते हैं। वे दूर से ही उसके पदचाप सुन सकते हैं और उसकी दिशा भी जान सकते हैं। एक कविता है—'पानी जरूर बरसेगा'। कवि कहता है कि अनसमतल धरती पर बाल बिखराये दुबले इकहरे ताड़ के पेड़ हैं, महुये का छतनार दरख्त गाँव के पटेल जैसा खड़ा है, सूखी नदी के डबरों में नंग-धड़ंग बच्चे मछलियाँ तलाश रहे हैं और :

...और
इन सबके बीच
सागौन वन में
बाँस के अंकुर-सा उग आया
अधूरा इन्द्र धनुष
झोंपड़ी के दरवाजे पर
खड़ी है आर्द्रा
लगता है अब
पानी जरूर बरसेगा'

(समय को शब्द दो)

रामविलास के लिए प्रकृति बिंब, प्रतीक या माध्यम भर नहीं है एक समग्र अनुभूति केंद्र है। वे बोलते ही प्रकृति की जबान में हैं। इस मामले में वे हिन्दी में अद्वितीय कवि हैं। उनकी कविताएँ छायावादोत्तर प्रकृतिविहीन-सी कविताओं की पूर्ति करती है और उसे आगे ले जाती है। क्योंकि इधर के कवियों ने (केदारनाथ अग्रवाल को छोड़कर) प्रकृति को उस तरह जिया ही नहीं है। उन्होंने या तो सड़क चलते प्रकृति को सामान्य ढंग से देखा है और उसके प्रतीकों के सहारे कुछ कहना चाहा है या प्रकृति को अपनी अनुभूति में इतनी महीन बना दिया है कि उसके मांसल स्पर्श गायब होकर या तो वह विचार जैसी लगती है या संवेगों, भावों में नितांत महीन छनी हुई— मसलन शमशेर या अज्ञेय की प्रकृति। कुछ कवियों में वह अनुभव बिंबों में या अपने देखे और जाने हुए हिस्से में अंशतः आयी है, जैसे—केदारनाथ सिंह वगैरह में या किसी में लोक और सांस्कृतिक स्मरण जैसी लगती है, जैसे— नरेश मेहता आदि में। लेकिन सृजन के पूरे आकाश को शब्दशः घेर लेनेवाली इतने विविध रूपों, रंगों, अनुभवों,

विपर्ययों, संपृक्तियों में प्रकृति रामविलास में ही आयी है। अगर वह रामविलास के लिए अपना ही पर्याय न होती तो संभवतः माध्यम की तरह आने पर वह जड़ बनी रह सकती थी। लेकिन कवि का उसके प्रति जिंदा मनुष्य की तरह व्यवहार है तभी वह इस रूप में भी सार्थक, गतिशील और शक्तिसंपन्न है। प्रकृति-बिंबों की इतनी विलक्षणता और मार्मिकता की दृष्टि से आधुनिक हिन्दी कविता में रामविलास की कोई जोड़ नहीं है।

बाद के में दिनों रामविलास शर्मा की कविता में दो नये आयाम दिखाई पड़े। एक तो उन्होंने राजनीतिक संदर्भों की कविताएँ अधिक लिखीं। इन पर मार्क्सवादी विचारों का प्रभाव है। दूसरे, उन्होंने पौराणिक मिथकों को लेकर भी कविताएँ लिखीं। उन्होंने इनमें नया अर्थ भरने की बजाय उन प्रसंगों के जरिये आज की चेतना के विपर्ययों की ओर ही संकेत किया—मसलन, 'आज अट्ठारह अक्षौहिणी सेना नहीं लड़ेगी, क्योंकि जनता प्रजातंत्र का अर्थ समझ चुकी है', वगैरह।

बाद में रामविलास जी ने 'बादल' पर 'नर्सिंग होम' कविताएँ लिखीं जहाँ दुर्घटना में टूटा पैर और तमाम व्याधियाँ लिये उनकी देह को थामे हुए थीं। ये कविताएँ इतनी अद्भुत, प्राकृतिक, लौकिक और समकालीन हैं, कि उन अलग से लिखे बिना नहीं चलेगा। इन कविताओं का संग्रह 'बादल' हिन्दी प्रकाशन तंत्र की महामारी का शिकार हो गया, जो फिर से बहस में आये तो आधुनिक हिन्दी काव्य की उपलब्धि माना जाएगा।

त्रिलोचन

एक : इतने साथ अपने
दो : ओ रे अगिनपाखी

एक

इतने साथ अपने

त्रिलोचन इन दिनों बीमार हैं, कमजोर हैं...सिर्फ शरीर से...। किसी वक्त शमशेर ने त्रिलोचन के प्रिय छन्द सॉनेट से उनकी कद-काठी की तुलना की थी, कहा था—दोनों एक हैं। ठीक ही तो है, दोनों मंझोले कद के पुष्ट, समनाप में ठीक से गठे-बँधे हैं। वे फिर से 'सॉनेट' हो जाएँ, यही कामना है।

जब त्रिलोचन भोपाल में थे, कई रातें दो-दो बजे तक उनके साथ टी.टी. नगर और पं. रविशंकर शुक्ल मार्ग पर पैदल गुज़रीं। पहली बार जब वे हमारे घर आये तो स्नेह से चौंकाया—"आप बहुत लोक प्रिय हैं।" —"कैसे?" एकान्त-प्रिय व्यक्ति लोकप्रिय कैसे हुआ भला?—"उधर टीन शेड के पास हमने एक पढ़े-लिखे दिखने वाले युवक से पूछा, एक प्रभाकर श्रोत्रिय हैं, इधर कहीं रहते हैं, पता हमें याद नहीं, हमीदिया कॉलेज में पढ़ाते हैं, तो उसने कहा— चलिए, हम आपको उनके घर छोड़ देते हैं। छोड़कर चला गया, इसे श्रद्धा कहते हैं।... तो यह है," और उन्होंने जैसे पुष्टि में दायाँ हाथ नीचे की तरफ फैलाया। दरअसल घर खोजकर आने का दबाव न डालने का यह सौजन्यपूर्ण ढंग था, पर अपन ने सोचा—लोक की और आदमी की पहचान इस तरह भी होती है। क्योंकि उस अनजान व्यक्ति ने जो पहचान दी, वह तो आज तक कलमघिसाई ने नहीं दी।

त्रिलोचन हर वाक्य और हर शब्द ही नहीं, हर अक्षर पूरा बोलते हैं जैसे पहले लोग बरू से जमाकर अक्षर लिखते थे। भवानी प्रसाद मिश्र का पाठक यदि लेखक से कहता था :

'जिस तरह हम बोलते हैं उस तरह तू लिख
और इसके बाद भी हमसे बड़ा तू दिख।'

तो त्रिलोचन शायद अपने पाठक से कहेंगे :

'जिस तरह हम बोलते हैं उस तरह तू सुन
और इसके बाद भी हमसे अधिक तू गुन।'

भवानी भाई के भेड़ाघाट की नर्मदा में जैसे मन की नौका ऊँची संगमरमरी चट्टानों से घिरी मुग्ध बाँकी-तिरछी अदा में खेलती-कूदती बहती जाती है, वैसा त्रिलोचन के यहाँ नहीं है। यहाँ समतल गंगा में घाट-घाट को निरखते बहना और कभी निर्वात चौड़ाई में सरकना होता है। चाहें तो नीचे अथाह को महसूस कर सकते हैं। खैर, कविता की बात आगे, फिलहाल सत्संग की बात करें।

त्रिलोचन जितने पण्डित हैं उतने भोले और बेहद सुजन, दूसरे का मन सहेजते हैं एहतियात से। एक बार खाने के वक्त आ गये। कढ़ी बनी थी। एक कटोरी, दो कटोरी, तीन, चार...वे खाली करते जाएँ, ज्योति भरती जाए, यह सोचकर कि इन्हें कढ़ी पसन्द है (जबकि मामला उलटा था।)। पाँचवीं बार उन्होंने हाथ से कटोरी ढँक ली। हँसते हुए कहने लगे, "अब आप कढ़ी रखना बन्द करें तो हम खाना शुरू करें। हम इसलिए इसे जल्दी पी डालते हैं कि इसके बाद आराम से खाना खाएँ! पर आप रखती ही जाती हैं...तो यह है।"

आप त्रिलोचन के साथ अधरात में, दूर तक खिंची सड़क नाप रहे हैं, और त्रिलोचन हैं कि एकालाप में हैं—आपको संबोधित करते, मगर आपको बेदखल करते। वे एक कसी हुई वीणा की तरह हैं कि कोई एक तार कहीं से छू दे तो देर तक झंकार, गूंज-अनुगूँज सुने। त्रिलोचन में ज्ञान सिर्फ 'ज्ञान-राशि' के रूप में ही नहीं है, 'वाक्-राशि' के रूप में भी है। इसमें विलक्षण स्मरण की भूमिका भी है और कहन के रस का आत्मभोग भी।

उन्हें जाने कितने विषयों का, कितनी भाषाओं का ज्ञान है; पता नहीं कब, कैसे अर्जित किया होगा। फाकामस्तियों के ऊबड़-खाबड़ दौरों में, शिक्षाकाल के किसी अव्यवस्थित कालाटन में, पर है वह पुख्ता और प्रामाणिक। यह सिर्फ बहुश्रुत मधुकरी-वृत्ति से संभव नहीं। आप किसी देश-काल, समाज, दर्शन, विज्ञान, विचारधारा, व्यक्ति, इतिहास, सम्बन्ध, युद्ध, अर्थ, कानून, ज्योतिष, गणित, व्याकरण, छन्द, शास्त्र, काव्य, आधुनिकता, परंपरा, कला, यहाँ तक कि

पेड़, पौधे, वनस्पति और पशु-पक्षियों के बारे में बारीक जानकारी त्रिलोचन से पा सकते हैं। पहलवानी, व्यायाम और मालिश के गुर भी आप उनसे चाहें तो जानें। विजय कुमार 'देव' को एक दिन पानी से मालिश के फायदे बताने लगे, क्योंकि वे नहा रहे थे और वह इंतजार कर रहा था।

त्रिलोचन का यह है कि वे चलते-फिरते विश्वविद्यालय हैं, जिसमें कई फैकल्टियाँ हैं। आप जिस विभाग में पढ़ना चाहें, पढ़ें। कई प्राध्यापक तो क्लास में पढ़ाने से पहले उनसे नियमित पढ़कर जाते थे। त्रिलोचन कहीं से भी शुरू हो जाते हैं और अगर आप कोई नयी बात कह दें या नया प्रश्न कर दें तो जारी विषय की पोटली वहीं पटक कर, दूसरी बाँधने लगते हैं। जैसे कुछ लोग, लोगों की व्यक्तिगत जिन्दगी में घुसकर, ताक-झाँक और ऐय्यारी-जासूसी करते रहते हैं, वैसे ही त्रिलोचन विषय के भीतर घुसते, उसकी जड़ों तक पहुँचते और विस्तार में फैलते हैं। यदि आप उन्हें भटकाएँ नहीं, या बाधा न दें तो वे किसी बात को पक्के राग की तरह आलाप से उठाने, बढ़त लेने और अपनी पूर्णता तक पहुँचाने पर भरोसा करते हैं। इसमें संगीत का जो जरूरी लक्षण 'रंजकता' है, इसकी उम्मीद वे खुद तो अपनी गायकी से शायद ही करते हों। हाँ, श्रोता की सहृदयता से अलबत्ता करते होंगे। इसीलिए जरूरी धैर्य के अभाव में अगर उनका कोई नादान श्रोता बीच ही में कोई दूसरी फर्माइश कर बैठता है तो वे उसी के संग चल पड़ते हैं।

कलकत्ता में कभी-कभी आते थे, तब उनका बेटा अमितप्रकाश सिंह वहाँ सपरिवार रहता था। एक बार त्रिलोचन के साथ कलकत्ता के प्रसिद्ध बॉटोनिकल गार्डन का कार्यक्रम बना। वहाँ वह प्रसिद्ध वटवृक्ष है जिसकी जड़ें और तना कहते हैं, दो मील क्षेत्र में फैला है। हमारे साथ बेटी अनामिका जैसी छात्रा थी और त्रिलोचन जैसा शिक्षक। वे चलते जाएँ और उसे हर पौदे का, पेड़ का, वनस्पति का, चिड़िया का नाम बताते जाएँ, लक्षण बताते जाएँ। माली भी हैरत में। ज्योति और मेरे लिए भी यह सब ज्ञानवर्द्धक और रोचक था। कुसुम खेमानी भी खूब उत्साहित थीं। वह अटवी-अटन सचमुच सार्थक हो गया। अनामिका खुश थी। यह वही लड़की थी जिसने तीन-चार साल की उम्र में घर आये अज्ञेय द्वारा एक सुन्दर पीला विदेशी सेबफल हाथ में देने पर उसे आँगन में झटके से फेंक दिया था! और भोपाल में जब पहली बार यही त्रिलोचन घर आये थे तब वह शायद दो-तीन साल की रही होगी। उनकी दाढ़ी देखकर डाढ़ मारकर जो

रोयी तो चुप होने का नाम ही न ले। त्रिलोचन प्यार करना चाहें तो वह और चीखे। उसे उस कमरे से जब तक हटाया नहीं, चुप नहीं हुई। उस दिन त्रिलोचन बहुत उदास हुए। रंग फीका पड़ गया। त्रिलोचन को ऐसा कभी नहीं देखा था—न पहले, न बाद में! खैर, अब वही नकचढ़ी बड़ी हो गयी थी, शायद बी.ए. में पहुँची थी। उनसे लगी-लगी पार्क में सब देखती-सुनती रही। उस दिन का फीकापन आज जाकर सुर्ख हुआ।

त्रिलोचन से साहित्य-चर्चा खूब हुई। चर्चा माने एकालाप। भरोसा है कि वे भी ऐसा श्रोता पाकर जरूर खुश हुए होंगे, क्योंकि भोपाल में (और अन्यत्र भी) उन्हें वाचाल या चपरकनाती तो बहुत मिले होंगे पर ऐसा मौन जिज्ञासु शायद ही मिला हो, जिसे मालवा में 'घुन्ना' कहते हैं। शायद इसमें वक्रोक्ति के साथ चुपचाप सुनते हुए 'गुनने' की ध्वनि भी है। त्रिलोचन से हर अध्यापक एकालाप की दीक्षा ले सकता है ताकि घण्टों निरर्थक बकवास न करता रहे। 'गुरु-मुख' से शिक्षा या ज्ञान का महत्त्व ही यह है कि मनों किताबों का, जीवनानुभव, प्रतिभा और मनन का निचोड़ विद्यार्थी को गुरु-मुख से सुनने पर मिल जाता है। त्रिलोचन ऐसा ही गुरु-मुख है।

यों त्रिलोचन से आप संसार के कई-कई कवियों और लेखकों पर चर्चा कर सकते हैं, परन्तु तुलसी और निराला उन्हें बहुत प्रिय हैं। यों वे संस्कृत के शास्त्री हैं और शास्त्र और साहित्य के मर्मज्ञ हैं, पर लोक में भी उनकी गहरी पैठ है। दोनों के मेल से वे तुलसी की पंक्ति-पंक्ति, शब्द-शब्द की अनूठी व्याख्या करते हैं—'निज मुख मुकुर मुकुर निज पानि। गहि न जाइ असि अद्‌भुत बानि॥' पंक्ति के भीतर छिपा वागर्थ इतना सुन्दर, पहली बार उन्हीं से जाना। 'राम की शक्ति-पूजा' तो उन्हें कंठस्थ है। (अब पता नही, स्मरण रही हो या न...) इसकी अद्‌भुत व्याख्या और अप्रतिम विवेचना वे करते हैं। जिस कवि को उठा लेते हैं, उसकी रचनाओं से वे ऐसे अनूठे और चकित करनेवाले उदाहरण चुनते हैं कि परिचित कवि से एक अपरिचित मुलाकात होती है।

भाषा त्रिलोचन का बड़ा ही प्रिय विषय है। वे कहीं न कहीं से घूम-फिर-कर भाषा तक जरूर आ जाते हैं। विगत कुछ वर्षों से तो वे तुरन्त भाषिक होते रहे हैं। शब्द के पूरे प्रयोग, व्याकरण, इतिहास, सन्दर्भ समझाते वे एक तरह से भाषा की सोनोग्राफी कर देते हैं। दूसरे शब्दों में जब वे भाषा की राह पकड़ लेते हैं तो वह कहाँ तक जाएग,ी आप नहीं कह सकते—'इस पथ का उद्देश्य नहीं है श्रान्त

भवन में टिक रहना/ किन्तु पहुँचना उस सीमा तक जिसके आगे राह नहीं' (प्रसाद)! तो यह है। कलकत्ता में जब एक बार भारतीय भाषा परिषद की व्याख्यान-माला के लिए उन्हें आमंत्रित किया तो सोचा कि कोई भी विषय दिया जाएगा, त्रिलोचन भाषा पर ही आएँगे तो क्यों न विषय ही भाषा से सम्बन्धित दिया जाए! तो कुछ ऐसा विषय दिया जिसका तात्पर्य था 'बदलते सर्जना युगों में बदलती भाषा'। अब त्रिलोचन को इस विषय पर घूम-फिरकर आने की जरूरत नहीं थी।

वैसे भी त्रिलोचन सीधी राह पर चलनेवाले पथिक और लेखक हैं। उनमें कोई छल-छन्द और वक्रता नहीं, उतनी भी नहीं जितनी वे भाषाई बहस में समझाते हैं। और वह छलाघात तो उन्हें जन्मजात अप्राप्य है, जो उस शिविर ने उनके साथ किया जिसकी नायकी करते हुए वे हलाक हुए। क्या इन लोगों को पहले पता नहीं था कि त्रिलोचन जन्म से सर्वहारा होते हुए भी ऐसे औढर दानी हैं जिन्होंने कलकत्ता में हाथरिक्शा खींचने पर भी साहित्य, संस्कृति, दर्शन, परम्परा और सुजनता को कभी अपने दलीय गणित के दायरे में नहीं रखा; खुले आकाश में हर पल उछाला है। क्या इन्हें पता नहीं कि त्रिलोचन धरती के ही नहीं? 'दिगंत' के भी कवि हैं, सिर्फ इस वजह से भी उन्हें जो त्रास झेलना पड़ा, उससे भी वे कई स्तरों पर हमारे समय का इतिहास बनते हैं; यथार्थ और संस्कृति दोनों का। सीमित बुद्धि को सोचना चाहिए कि वामन अगर बँध जाएँ तो क्या यह आपकी फाँस और ताकत का कमाल है या आपको उत्साहित करने के लिए उसकी छूट!

दो

ओ रे अगिन पाखी

सौभाग्य की तरह त्रिलोचन से भोपाल में मुझे उनका संग्रह 'धरती' मिला था। पहले पृष्ठ के पीछे शमशेर की यह पंक्ति उद्धृत है—'तुमने धरती का पद्य पढ़ा है, उसकी सहजता प्राण है।' और नीचे लिखा था, 'ये पंक्तियाँ न केवल त्रिलोचन की कविता, वरन स्वयं त्रिलोचन के व्यक्तित्व की उपयुक्त व्याख्या

है।' इसी के साथ याद आती है शमशेर की ही यह पंक्ति भी—'सरलता का आकाश जैसे त्रिलोचन की रचनाएँ'। एक अनन्त और निर्मल फलक के लिए किसी कवि के समूचे काव्य-संसार की उपमा साहित्य के इतिहास में कम देखी गयी है और वह भी शमशेर जैसे कवि की कलम से। संयोगवश, लेकिन क्या सचमुच यह संयोगवश हुआ कि 'धरती' के बाद 'दिगंत' संग्रह निकला—क्या 'धरती' और 'दिगंत' की खुली बाँहों में झूलती सादगी के सौन्दर्य का नाम है त्रिलोचन की कविता?

इसे लेकर एक वक्त मैं बड़े पशोपेश में था। कविता को जिस तरह आँकने और चाहने की आदत थी; वर्तुलता, वक्रता, व्यंजना, आवेग, कोमलता, कल्पना, संवेदन, बौद्धिक प्रणाली—वैसी कविता त्रिलोचन में नहीं दिखती थी, तो मैंने एक बार शमशेर से ही पूछ लिया, "त्रिलोचन पर लिखना चाहता हूँ पर मुझे उत्साह नहीं होता, भीतर से कोई प्रेरणा उकसाती नहीं; और सच तो यह है कि उनमें कविता अकसर नजर नहीं आती।" चुप देखकर यह भी जोड़ दिया था कि "यह मेरी समझ की सीमा हो सकती है, पर आपकी क्या राय है?" शमशेर ने सिर्फ इतना कहा—"बहुत-से लोग ऐसा कहते हैं।" वे इस तरह गुप हुए जैसे हिदायत हो कि उन्हें इस विषय पर और न छुआ जाए। जाने किस नादानी के बारे में सोच रहे होंगे वे, लेकिन उस दिन तो मुझे लगा था कि मैं ठीक ही सोचता हूँ। लेकिन आज मैं सोचता हूँ कि क्या मैं ठीक सोचता था? पूरी तरह से 'नहीं' तो आज भी नहीं कह सकता पर अब उतनी हिम्मत से 'हाँ' भी नहीं कह सकता, बल्कि 'हाँ' कहना मुझे ढिठाई लगती है। क्योंकि इस बीच मैंने 'धरती' का पद्य बार-बार पढ़ा है, उसकी सहजता... और शायद इस लेख के अन्त तक पहुँचते-पहुँचते कल मेरा 'नहीं' कहीं बिला जाए...

कोई आश्चर्य नहीं कि त्रिलोचन को जानने के लिए उनकी कविताओं के साथ ही एक गहन शास्त्र-परपंरा और लोकपरंपरा से भी जुड़ना अनिवार्य लगे। सॉनेट की जड़ तलाशते-तलाशते संस्कृत के गझिन और लम्बे छन्द-संस्कार तक पहुँचना पड़े और लोक-भाषा, लोक-जीवन का छन्द भी सुनना पड़े जो त्रिलोचन में हर कहीं बजता है—विशेषकर सहजता के पीछे संवेदना के फक्कड़ लहजे में और भाषा के परिवेशसहित गुँथे इस्तेमाल में।

फिर भी आज हिन्दी में त्रिलोचन के सिवा क्या कोई दिखता है जो भीतर से बाहर तक पूरा कवि हो— सरलता के आकाश जैसा कवि! बातबात में 'मेरा यह

कहना है' कहनेवाले त्रिलोचन खुद से इतने असम्पृक्त हैं कि आप जब उनसे उनकी कविता पर बात करें तो दूसरे कवि पहले ही दखल देने आ पहुँचते हैं, कभी निराला, कभी तुलसी, कभी शमशेर, गालिब या कोई और। खुद के बारे में उनसे सुनना शायद सबसे कठिन है। और जब सुनाते हैं तो अपने को वे जिस नाजुक जगह रखते हैं, वह भी 'काशी करवत' से कम नहीं। श्याम सुशील को दिये साक्षात्कार में उन्होंने किसी के आगे हाथ न फैलाने के स्वभाव का जिक्र किया तो बरबस उन्हें अपनी ही यह पंक्ति याद हो आयी—' *भीख माँगते उसी त्रिलोचन को देखा कल* '—इसका मतलब ? अगर मतलब त्रिलोचन न बताते तो ये पंक्तियाँ हमेशा के लिए अबूझ रहतीं, और यह भी कि बड़ा कवि और बड़ा इनसान किसे कहते हैं ? आप भी सुनें—'*इसको लेकर कुछ लोग सोचते हैं कि मैंने जीवन में दूसरे के सामने हाथ फैलाया है, लेकिन भाई, सच यह है कि यह त्रिलोचन नहीं, बल्कि वे हैं जिन्हें त्रिलोचन ने देखा है भीख माँगते, लेकिन उनका नाम कविता में लेना असम्मानजनक होता, इसलिए मैंने उनका नाम न देकर वहाँ अपना दिया।*" कैसी विकट संवेदना और भलमनसाहत है यह! ठीक है कि आप प्रवृत्ति पर आक्रमण करते हैं, व्यक्ति पर नहीं, लेकिन आक्रमण के पात्र की जगह अपने को रखना एक तरह से तो खुदकुशी ही हुई। यह त्रिलोचन से ही संभव है। उनके काव्य में पचासों पंक्तियाँ हैं जिनमें उन्होंने अपने-आप पर व्यंग्य किया है। कवि के इस मनोविज्ञान के भीतर, उसे अनावृत करने के लिए जरूर झाँकना चाहिए।

त्रिलोचन नयी तेजस्विता के साथ हिन्दी के दिगंत पर उदित होते हैं। उनकी ये पंक्तियाँ प्रगतिशील युग की सबसे सशक्त आवाज बनती है :

'लड़ता हुआ समाज नयी आशा अभिलाषा
नये चित्र के साथ नयी देता हूँ भाषा।'

(दिगंत)

निश्चय ही त्रिलोचन ने चित्र भी नये दिये और भाषा भी। लोक और वेद के संस्कार की एक लम्बी परम्परा के साथ वे आधुनिकतम मनुष्य की लड़ाई के साथी हुए। पारंपरिक काव्य-रूपों को खंगालते, हिन्दी के समकालीन छंद और छंद-मुक्तता के साथ उर्दू-फारसी की छांदसता और अँग्रेजी सॉनेट को साधने के

लिए संघर्षरत यह कवि अनुभव के अनके क्षितिजों से टकराते हुए अभिव्यक्ति की उत्कृष्टता के लिए जूझता है। इसकी गवाही उसकी रचनाएँ और जीवन दोनों देते हैं। 'दुःख ही जीवन की कथा' रहने के बावजूद वह नहीं टूटता :

'जब देखा आनन्द मिला आँसुओं नहाया,
निष्कलंक, निर्बाध एकरस हास न पाया।' *(दिगंत)*

उत्पीड़न और संघर्ष के लिए बार-बार उद्यतता को वह ऐसे प्रतीक में ढालता है जिसके भीतर के तार कई देश-कालों से जुड़े हैं :

'क्यों कही यह बात वीणापाणि ने तुझसे त्रिलोचन
आज ओ क़ुक़्नुस गाकर तार जीवन के हिला दो।'

'क़ुक़्नुस' शब्द अरबी का है, पर यह है यूनानी मिथक पक्षी जिसे फीनिक्स (Phoenix) भी कहते हैं। इससे यूनानियों ने गाना सीखा है। कबीर में भी 'अगिनपाखी' आता है, वह भी शायद यही है। यह पक्षी जब गाता है तो इसके मुँह से ज्वाला निकलती है, जिसमें यह स्वयं राख हो जाता है। फिर बारिश होती है तो वह अपनी ही राख से दुबारा जन्म लेता है। यही क्रम जारी रहता है युग-युगांतरों तक...याद आता है कि ऋग्वेद में भी अग्नि का जन्म परमपुरुष के मुख से माना गया है। यह सब संयोगवश नहीं है, चेतना के भीतर सृजन की ब्रह्मांड-व्यापी अनंत, पुनर्नवा लय की अनुगूँजें हैं। खैर 'क़ुक़्नुस' पर सुनिए त्रिलोचन उवाच :

"तो क़ुक़्नुस जैसे अपने स्वर की अग्नि में जल जाता है वैसे ही मैं यह मानता हूँ कि कविता अगर बनती जाएगी तो कवि नष्ट होता जाएगा। कोई कवि सहज और स्वस्थ रहे तो समझ लीजिए, कुछ कसर है। *'कविता तो एक जीवन को तोड़कर सकल जीवन बनाती है।* और जो जीवन टूटता है वह कवि का है। भोगना उसे ही है। माने यह इन्द्र का वज्र है जो केवल रघु ही झेल सकता था।'

'क़ुक़्नुस' त्रिलोचन की बेचैन आत्मा का प्रतीक है जो बार-बार अपनी आग में भस्म होता और बार-बार सृजन की बारिश से जीवित होता है। यही दग्ध यात्रा उसकी जीवन-यात्रा भी है और काव्य-यात्रा भी। शायद हिन्दी के सच्चे सर्जक का तो भवितव्य ही यह है। त्रिलोचन लिखते हैं :

'हिन्दी की कविता उनकी कविता है जिनकी

साँसों को आराम नहीं था, और जिन्होंने
सारा जीवन लगा दिया कल्मष को धोने
में समाज के, नहीं काम करने में घिन की।'

हिन्दी का आँगन उन्हीं के भावों से भरा है जो स्वयं 'अभावमय' थे। जब वे न हारे तो त्रिलोचन कैसे हारें!

त्रिलोचन प्रगतिवाद में देर से पहचाने गये क्योंकि वे श्रम-संघर्ष के अंतर्बाह्य अनुभव के साथ सांस्कृतिक-साहित्यिक परंपरा और लोक—दोनों का बहुत ही समृद्ध प्रभाव लेकर आये थे। वे इस 'सकल' को अपने स्वाभाविक ढंग से प्रकट कर रहे थे। साम्राज्यवाद, पूँजीवाद, वर्ग शत्रु वगैरह शब्द उनके लिए नये और विजातीय थे। क्योंकि ये ही बातें वे अपनी सहजबानी में कह सकते थे, जिसे शब्दावली पण्डित प्रगतिवादी नहीं मानते थे। त्रिलोचन ने बाद में इन शब्दों का प्रयोग भी किया, पर वे उनकी काव्यभाषा में रचे-बसे नहीं। प्रगतिवाद के नाम पर जो बहिर्मुखी, विस्फोटक, उपदेश और आह्वानधर्मी कविताएँ लिखी जा रही थीं—उसी से लोग कवियों को इस धारा में पहचानते थे। त्रिलोचन न तो उफान के कवि हैं, न किताबी जुमलों के। वे जन से, उसकी रोजमर्रा की समस्याओं से अंतरंग रूप से प्रतिबद्ध होने के कारण प्रगतिशील हैं, सिर्फ प्रगतिशील दिखने-वाली कविताएँ लिखने के कारण नहीं। दूसरी बात यह है कि त्रिलोचन ने मनुष्य को और काव्य को किसी काल-खण्ड में नहीं देखा, एक लम्बी परम्परा और देश के अपने स्व-भाव में देखा है। इसलिए जड़ों से जुड़कर अनुभूति के रूपांतरण की अंतरंग कोशिशों में भीतर से कशमकशवाली उनकी कविता ऊपर से ठण्डे मुहावरेवाली हुई। इस ठण्डे मुहावरे को उस समय का 'ऊफान' वाला मौसम किस तरह सहज स्वीकारता जिसके पास एक खास शब्दावली, खास तरह का जोश और खास-खास नारे थे और उन्हीं में बात करनेवाले प्रगतिवादी कहे जाते थे। परन्तु देर-सबेर लोगों ने जनता के जीवन की वास्तविकता को समझने और उसमें परिवर्तन करनेवाली बुनियादी प्रवृत्ति के कारण त्रिलोचन को पहचानने की कोशिश की। वे पहचान सके, यह कहना अतिव्याप्ति होगी।

त्रिलोचन के भीतर ज्ञान की परतों और भाषाओं के गूढ़ अभिप्रायों का जो समुद्र-मन्थन है, एक तो वह हमारे और त्रिलोचन के बीच का ख़ला है; दूसरे, त्रिलोचन की अन्तर्हित गहनता को समझे बिना कई बार उनकी सरलता समझ में नहीं आती यानी कविता की सरलता में डूबकर गहनता का बिम्ब पाना अन्य

कवियों की तुलना में, त्रिलोचन में कठिन है।

जहाँ तक काव्यशिल्प का सवाल है, पता नहीं क्यों त्रिलोचन ने सॉनेट को अपना पर्याय बनाया? वे कई तरह के अच्छे खासे काव्य-प्रयोग कर रहे थे। विभिन्न भाषाओं के शास्त्र को यानी उनकी देह और आत्मा को वे पूरी प्रामाणिकता से जानते हैं—फिर भी उन्होंने शेक्सपीयर, मिल्टन आदि के सॉनेट जैसे कठिन और गद्यरूपात्मक काव्य-प्रकार को जाने क्यों चुना! वे भलीभाँति जानते हैं कि अँग्रेजी विन्यासपरक भाषा है और हिन्दी ध्वन्यात्मक। दोनों अलग प्रकार की छांदसता माँगती हैं। प्रयोग की तरह तो ठीक था, लेकिन नैरंतर्य में रचा गया यह काव्य-रूप त्रिलोचन के काव्यत्व को बहुत सधे-गठे, नियमित और अनियमित पदों की सानुप्रासिकता में ठहराता और जटिल रचनात्मकता में जकड़ता है। इस दृष्टि से त्रिलोचन के आस्वादन में सॉनेट की जटिलता और ठोस गद्य-परकलय भी बाधक बनी। यह विचित्र है कि त्रिलोचन इस सत्य से परिचित भी हैं पर जाने क्यों विवश भी हैं। उन्हीं से सुनिए :

'इधर त्रिलोचन सॉनेट के ही पथ पर दौड़ा;
सॉनेट, सॉनेट, सॉनेट, सॉनेट—क्या कर डाला
यह उसने भी अजब तमाशा। मन की माला
गले डाल ली। इस सॉनेट का रस्ता चौड़ा
अधिक नहीं है। कसे-कसाये भाव अनूठे
ऐसे आएँ जैसे किला आगरे में जो
नग है, दिखलाता है पूरे ताजमहल को।

वे यह भी जानते हैं कि यह 'किराये' की चीज है, फिर भी वे उसे पकड़े रहे।

परन्तु 'चंपा काले अक्षर नहीं चीन्हती', 'नगई महरा', 'चित्रा जांबोरकर' जैसी अनेक कविताएँ हैं जो अपनी सहजता में विलक्षण हैं। ऐसी कविताओं और अनेक छोटे-बड़े गीतों, रुबाइयों, ग़ज़लों और हाँ, कुछ सॉनेटों के बावजूद त्रिलोचन को हमेशा यह पीड़ा सालती रही कि *'मेरी बात मेरी भाषा के ओठों को/ पार नहीं कर पाती'* पर वे इससे बेरवाह रहने की कोशिश करते रहे। वे कहते हैं कि अगर मेरी भाषा यह नहीं कर पाती तो 'बुरा क्या है?' वे अपने को तसल्ली देते हैं कि *'कह-कहवाव से भी अलग कभी-कभी बात होती है।'* जो

हो, यदि अपने युग का सबसे ज्यादा किसान, सबसे ज्यादा मजदूर और पैदल व्यक्ति आम आदमी की भी प्रियता हासिल नहीं कर पाता तो यह पीड़ाजनक है। त्रिलोचन भी इस अहसास से विचलित हुए होंगे, तभी तुलसी के 'स्वांत: सुखाय' की तरह निहायत आत्मपरिताप से उन्होंने कहा होगा :

'मेरी कविताओं के सब सपने मेरे हैं
मुझे प्रसन्नता है कि
यदि मेरे सपनों को कोई भी नहीं कहता
मेरे हैं।' (चैती,)

इस वक़्त स्टीफेन स्पेंडर सहसा कौंध रहे हैं। अपनी डायरी में वे शायद ऐसे ही अनुभव से गुजरते हुए लिखते हैं—'मुझे वह विनम्रता और विवेकशीलता मिले कि मैं स्व-अर्जित संतोष की गहराई और समृद्धि में अकेला रह सकूँ, तिरस्कार या अस्वीकृति का एक शब्द भी मुझे संदेह में न डाल सके।'—जिन्हें सृजन जारी रखना है उनका संकल्प शायद ऐसी बाधाओं को नजरअन्दाज करने से ही पूरा हो सकता है।

सच तो यह है कि त्रिलोचन की कविता को अलग तरह से पढ़ने और पाठक तक पहुँचाने की जरूरत है, क्योंकि वे हमारी भाषा के सही माने में उदात्त मेधा और अनूठी प्रतिभा के मेहनतकश कवि हैं। उन्होंने अलग तरह से अपना एक कवि-मुहावरा रचा है जिसकी कद-काठी, दृढ़ चरण, और सादा लिबास हमारी जातीय धरोहर है। वह हमारी कविता की शास्त्रीय आस्वादन-परम्परा और हमारे अभ्यास से भले ही कम मिलता हो, पर हमारी किसानी, मजदूरी का संतोष और सहने की दर्शन-परंपरा तो मिलता है, जिसकी बानगी संतों की बानी में है। जहाँ भीतर ज्वाला धनधकाती है, लेकिन बाहर केवल एक शान्त तप झलकता है। निराला की 'तोड़ती पत्थर' में कर्म की भाषा का यह इशारा देखें—*'नत नयन प्रिय कर्मरत मन,/ गुरु हथौड़ा हाथ, / करती बार-बार प्रहार/... सजा सहज सितार/ सुनी मैंने वह नहीं जो थी सुनी झंकार/ ...लीन होते कर्म में फिर ज्यों कहा—मैं तोड़ती पत्थर'*/ यह 'कह कहवाव से अलग बात' है, यह भाषा का कर्म नहीं, कर्म की भाषा है जिसे निराला और त्रिलोचन दोनों पहचानते हैं। इस चेतना को, इस स्वर को पकड़ने की एक चिमटी हमारे पास होनी चाहिए,—अगर हम कहते हैं कि हमारी भाषा बहुलता और विविधता की एक खुली भाषा

है, उसमें बड़े कवि को पाने और परखने के साथ उसके 'जन कवित्व' को जनता तक पहुँचाने का भी माद्दा होना चाहिए। 'मेरा घर' संग्रह की कविताओं को ही लें। लोक-भाषा का ऐसा जीवंत प्रयोग हिन्दी कविता में दुर्लभ है। पर क्या इसे ठीक पहचाना गया?

उदाहरण के लिए इसी संग्रह से यदि 'ईख पकने पर' लिखी तीन कविताओं को लें, तो देखेंगे कि इनमें देशज भाषा ही नहीं, समूचा ग्राम-जीवन उतर आया है। यह कहना इसलिए जरूरी है कि इधर जीवन के बिना भी देशज शब्द कविता में बतौर फैशन टाँके जा रहे हैं। त्रिलोचन से सीखा जा सकता है कि लोक-भाषा में लोक-यात्रा कैसे होती है। इन तीन कविताओं में पके ईख की पत्तियाँ सामूहिक रूप से 'छोलने' से लेकर गुड़ की भेली बनाने और उसके बाद कड़ाह धोकर जो 'पनुआ' निकलता है, उसे 'पूछकर', आये हुओं को पिलाने तक की प्रक्रिया में गाँव के घर-परिवार, रीति-रिवाज, सामाजिकता, परस्पर संबंध, सहयोग, अपनी प्राप्ति में सबकी हिस्सेदारी सहजता में उतर आयी है। कुछ पंक्तियाँ देखें—'' *कोल्हाड़ में /ईख आयी/तो नन्हे बच्चों ने /अपनी पसन्द से/ एक एक ईख / उठा ली / उसे चुहने लगे।*' हर कोई अपनी ईख को सबसे अच्छी कहता। आखिरकार 'काकी' और 'आजी' से पूछने लगे—' *काकी और आजी ने/ सबसे कहा /सबकी ईख/ सबसे अच्छी है, कोल्हू के नीचे/ जब हौदी भर गयी/ तो रस के लिए/ परजा पावनिए आए/ और अपना-अपना अंश/ लेकर गए।*' (मेरा घर, पृ. 42-47) लोकभाषा को ऐसा सम्पूर्ण लोक-बिम्ब सहज सुलभ नहीं होता।

नये चित्र और नये भाषा का संकल्प लेकर आये त्रिलोचन उन कवियों में से नहीं जो वांछित-अवांछित का भेद किये बिना लीक-पीटते हुए समर्थन और विरोध की बानक बनाते हैं। इसीलिए कई समकालीनों की तरह त्रिलोचन ने प्रकृति को कविता से निष्कासित नहीं किया। वे गाँव के कवि थे, गाँव के रग-रग में प्रकृति होती है तो त्रिलोचन प्रकृति को कैसे त्यागते? हाँ, वे छायावाद की प्रकृति से अपनी ग्रामीण प्रकृति को अलग करते हैं। उनका पहला ही संकलन है 'धरती'। वे नये प्रतीक, उपमा, भाषा की सरलवृत्ति और वस्तुगत अल्पना रचते हैं जिसकी समरसता अर्थ के वैविध्य से टूटती है; जैसे, गाँव-घर की दीवालों पर बनी आकृतियाँ, माँडने वगैरह दृश्य के भीतर दृश्यांतर लपेटे होते हैं। त्रिलोचन की प्रकृति में न निराला जैसे झकोरे हैं, न पन्त जैसी वर्तुलता, न बच्चन जैसी

लोच और मादकता; और तो और, उनका 'अलग' इतना दीप्त है कि उनके सामाजिक चित्र और भाषिक लक्षण केदार, नागार्जुन और सुमन से भी नहीं मिलते। न केदार जैसी कला-प्रवीणता वे दिखाते हैं, न नागार्जुन जैसी फक्कड़ लोकायती, न सुमन जैसा आवेश-आवेग। कई जगह तो त्रिलोचन धरती से, यथार्थ से बिना रूपकात्मक सम्बन्ध के जुड़े हैं, यानी सीधे गाँव से, मनुष्य के अकृत्रित, मौलिक निरीक्षण और निर्वसन प्रकृति से निर्वसन शिशु की तरह; बीच में कोई पर्दा नहीं न कोई उत्तेजन। इस दृष्टि से भी वे अलग स्रष्टा हैं।

त्रिलोचन को उनकी भाषा के तापमान, उसमें अदृश्य बहती व्याकरण और लोक-दर्शन की परंपरा से पहचानना पड़ेगा। और सबसे अधिक भाषा से; क्योंकि वे स्वयं भाषा को रचना में प्रमुखता देते हैं, और वह है भी, क्योंकि भाषा ही सर्जक की आदि-सृष्टि है, वह कविता का डीएनए है। बादलों का *दो दिन पाहुन रहकर चले जाना, भादों का भर आना, दिन की ओखी धार में अकेले नहीं बहे जाने* की विवशता, बादल का *किसान के हरे भरे दिन के साथी होना,* एक तरह से भाषा का नवलेखन है। हवा उसके लिए *'जननी'* है—माँ की तरह चारों तरफ से आँचल से लपेटे हुए। जब कवि कहता है कि *'बादलों में लग गयी है आग दिन की'* तो आप इस विषम-योग को चैत्र की सुबह कोई पौने पाँच से सवा या साढ़े पाँच के बीच पूर्व और दक्षिण पूर्व के आकाश में देख सकते हैं— बशर्ते हलके मेघ छाये हों। पता चलेगा कि यह कैसी आग है, क्या जलाती और क्या दमकाती है। कवि जब छायावाद की प्रिय तितली के बारे में लिखता है — *'पंखों पर तन/फूलों पर मन'* तो यहाँ प्रेम-संयोग की निर्भार सुखद प्रतीति और प्रेम-योग की मार्मिक परिभाषा है। प्रकृति का ऐसा विराट सुनहरा दोपहर-चित्र त्रिलोचन के लोचन से ही देखा जा सकता है— *'धरती से आसमान तक सुन्दरता छायी है सरसों के फूल-सी।'* और अवसान भी इसी तरह— *'यह श्री झर जाएगी सरसों के फूल-सी'* (धरती)। इसमें भावुकता न होकर यथार्थ का सौन्दर्य है। कहूँ कि त्रिलोचन की कविता में सौन्दर्य की एक समशीतोष्ण भाषिक जलवायु है, जो सांगीतिक सम और सहजता का छन्द है, जो तमाम पेचदार, घुमावदार आसपास में अपनी सहजता के कारण अलग आवर्त बनाती जाती है।

त्रिलोचन अपने को छोड़कर हर चीज की परवाह करते हैं। यदि जगत शंखधर और राजेश जोशी उनकी कुछ कविताओं को सहजने और सलीके से प्रस्तुत करने का काम नहीं करते तो पता नहीं कितने ऊबड़-खाबड़ ढंग से वे

प्रस्तुत होतीं। क्योंकि वे तो जीवन-भर फक्कड़ और घुमंतू रहे हैं। उन्होंने न कविता को सहेजा न जीवन का रख-रखाव किया। जब वे सागर में मुक्तिबोध सृजन-पीठ के अध्यक्ष थे तब भी सड़क पर उन्हें आते-जाते देख कुछ लोग समझते थे, यह 'त्रिलोचन साहब' का नौकर है। इस फक्कड़ आत्म-निरपेक्षता के बावजूद वे भीतर से भरे हुए, समृद्ध रचनाकार और इनसान हैं। उनकी रचना की परिपक्वता आज भी मूल्यांकन की बाट जोह रही है। उनकी भाषा व्याकरण, अभिधा, व्यंजना और छंद के चतुष्पाद पर खड़ी दिलीप की नंदिनी है, जिसकी रक्षा में वे धनुष ताने हैं। इससे त्रिलोचन को मनीषा, विद्वत्ता, कविता और जीवन की गहरी पहचान के पूरे ताने-बाने में ही आँका जा सकता है। इससे हम एक महान जीवन को भी पहचानेंगे और बड़ी कविता को भी। और यह काम अभी बाकी है।

□□□

णाणं पयासयं

वीर नि.सं. 2470

ई.सन् 1944

भारतीय ज्ञानपीठ